대양을 항해하자

대양을 항해하자

| 임 종 찬 |

세종출판사

책 머리에

문학은 삶을 구경하는 장터마당입니다. 이 장터마당엔 온갖 물건들(문학작품들)이 널려 있지요. 그 중에서도 대면하기 편한 것이 있습니다. 이것이 수필입니다. 그래서 수필은 읽어 부담되지 않을뿐더러 읽고 나서 내 삶을 반성하게 합니다.

내가 글쓰기를 할 때는 선각들의 말씀을 잣대로 삼아 현실을 자질해보는 버릇이 있습니다. 여기 실은 것들도 그러합니다. 혹 논리상 틀린 점이 있다면 이것은 선각들의 말씀을 잘못 알아들은 나의 난청 때문이니 이해해 주시기 바랍니다.

차례

제1부
지성의 아름다움이 그립다

제2부

행복은 비눗방울

제3부
무기교가 최고의 기교

제1부

지성의 아름다움이 그립다

인간 한 개체의 공화국을 위해선 자기가 기획하고 자기가 결정하고 자기가 판단해야 합니다. 이럴 때, 이 과정의 순탄을 보장하는 길은 사회로부터 학습한 교양의 힘에 의존할 수밖에 없지요. 이 교양은 자기 개체 공화국을 지탱하는 헌법입니다.

대양을 항해하자

인간은 공동체와의 협동, 조화 속에서 자신을 확인하고 자신의 발전을 도모합니다. 말을 배우는 것도 문자생활을 하는 것도 예의, 질서도 공동체 속에서 학습하지요.

한 국가의 발전 역시 국제 관계 속에서 이루어집니다. 서구 문명의 원천으로 평가되는 고대 그리스 문명은 지중해에 위치한 각국과의 교류와 이주에서 활력을 얻었습니다. 일찍부터 지중해 동부엔 해상 교역이 성했습니다. 그 주역은 페니키아(Phenicia)였습니다. 페니키아인들은 활발한 교역을 통해 물질문화와 풍습, 이데올로기는 물론이고, 포도주며 직물, 도자기, 은, 철 등을 서로 교환하면서 건축술, 문자, 철기 사용법, 항해술 등을 터득하였고, 이걸 다른 나라에 퍼뜨렸지요. 이들은 하늘의 별자리에 이름을 붙이고 별자리를 따라 방향을 가늠하여 항해술을 익혔습니다. 별자리에 대한 연구는 약 5000년 전 고대 오리엔트의 바빌로니아 시대까지 거슬러 올라가지만 BC 2000년 무렵 지중해 무역 활동을 한 페니키아인들은 별자리에서 방향을 계절의 변화를 알아냈습니다. 이걸 그리스에 전하자 그리스인들은 별자리이름을 그리스신화에 등장하는 신이나 영웅, 동물 등으로 고쳐 불렀지요. 가을 밤하늘을 물들이는 케페우스자리, 카시오페이아자리, 안드로메다자리, 페르세우스자리 등은 그리스신화의 등장인물들 아닙니까.

그리스인들은 페니키아를 비롯한 지중해 연안국으로부터 동방의 종교, 아시아나 아프리카의 물자 심지어는 노예까지 수입하여 자국 문명의 기초를 닦았습니다. 기원전 8~7 세기경 페니키아인들이 만든 알파벳을 자기네 식의 알파벳으로 개조하여 문자생활까지 하였지요. 오늘의 영어 알파벳 역시 페니키아 알파벳에서 진화한 것입니다. 찬란했던 고대 그리스 문명은 따지고 보면 이웃나라로부터 빌려 온 것에다 자기 것을 혼합하여 보다 크고 멋진 문명을 만든 것에 지나지 않습니다. 이것은 다시 로마 제국 내에 굳건히 뿌리 내렸고, 르네상스의 문명텍스트로 재생되어 나타난 것은 다 아는 일입니다. 국제간의 교류는 새로운 문화체계를 만들어냅니다.

알타이 문화권은 알타이 지역을 중심으로 서쪽의 흑해 북안에서 동쪽의 몽골과 중국 북부 지역까지를 아우르는데, 우리 문화와 긴밀하게 관련되어 있습니다. 고구려 고분, 신라 금관, 체질인류학, 투르크의 문화유적, 스키토 시베리아 유물, 구비서사시, 샤먼 의례 등에 나타난 알타이 문화와 우리 문화와는 많은 공통점이 있습니다. 그뿐 아니라 한반도 주민은 동북아시아 집단의 치아형태학적 특징과 인도 남부 및 인도네시아 계통의 특징이 혼합된 구조를 나타내기 때문에 우린 단일민족이라 말하기 어렵고, 우리 문화 역시 우리만의 독자문화라 말하기 어렵습니다. (한국 문화 원류와 알타이 신문화 벨트.2 : 정석배, 이상훈 외. 한국학중앙연구원 출판부.2017)

일본은 어떤 나라인가. 일본 성 고마(高麗)는 고구려 왕족을 조상으로 하는 도래 씨족이라 합니다. 668년 고구려가 망하자 약 1800명 고구려 유민이 일본으로 망명하였고, 그 유민을 일러 고마라는 성으로 일본에 정착하였다고 합니다.(高麗明律 : 高麗鄕由來, 일본고려신사무소, 1942)

나가오노다이에는 5세기 말 백제 오경박사 '왕인묘'가 있습니다. 이 지역은 백제 계열의 닌토쿠왕(5~6세기, 천황으로 불린 것은 670년 이후부터)에서 간무왕(8~9세기)대에 이르기까지, 백제인 왕족들의 연고지가 여깁니다. 쇼무왕(724~749 재위)은 조칙을 내려 구다라스에 백제 왕족들을 위한 사찰을 세웠다고 일본 역사서에 적혀 있습니다. 일본 고대사에 가장 영향을 끼친 것은 백제입니다. 일본서기에 '백제 근초고왕대 405년에 왕인(王仁) 박사가 천자문과 논어를 가지고 일본으로 건너왔고, 성왕(聖王)대 552년에 노리사치계(怒利斯致契)가 불교를 처음으로 전파했다'고 적혀 있지요.

일본으로 건너간 백제인들 대부분은 지식 계층이었습니다. 이들은 한자를 전파하고, 농기구, 토목기술, 불사, 불경, 침술, 율령체제 등 국가의 근간을 이루는 문화와 문명을 일본사람들에게 가르쳤다는 것 아닙니까. 이렇게 되자 백제인들은 우대 받아 고위층에 등용될 수 있었습니다. 일본이 자랑하는 아스카 문화는 기실 백제문화의 복사판이지요. 일본으로 건너간 신라(新羅)인을 '시라기', 고구려(高句麗)인 '고쿠리' 백제(百濟)인은 '구다라'(큰 나라라는 말이 변전한 말)라고 불렀다고 합니다. 상당히 많은 우리 민족이 일본에 건너가 문화터전을 닦았습니다.

얼마 전 일본 NHK 뉴스에서 히로시마 대학의 명예교수인 코바야시 요시노리는 일본 문자의 기원을 밝히기 위해 10년간 조사한 결과, 일본의 가타가나 문자의 기원은 신라일 가능성이 높다고 밝힌 바 있습니다. 신라는 당시 한자 옆에 발음 기호인 '각필(요미가나)'을 붙여 사용했는데 일본이 헤이안 시대부터 만들어 사용했다던 가타가나 문자의 기원이 바로 740년경 불경을 통해 일본 나라시대에 넘어온 신라의 각필이라는 이야기입니다. 대나무나 뿔, 상아 따위를 뾰족하게 깎아 만든 필기구로 새긴 구결을 각필구결(角筆口訣)이라 하는데 11~12세기 국내에서 간행된 불경들 가운데 각필로 글자 옆 또는 글자 자체에 다양한 형태의 점(點)과 선(線)이 기입돼 있는 구결 자료들이 있습니다. 이게 일본으로 건너가 그들의 문자가 되었다는군요.

요즘 토착왜구(土着倭寇)라는 말이 자주 등장합니다. 일본 해적을 일러 왜구라 하는데, 이를 확대하여 일본침략자를 왜구, 여기서 나아가 일제 강점기 시절 득세한 친일파는 물론이고, 해방 후에도 득세한 친일가족들을 빗대어 토착왜구라 비칭하는 것 같습니다. 일본과의 친화를 강조하는 인물이 있다면 그는 토착왜구란 말을 들을지 모르지요. 특히 문 정권 들어서면서 토착왜구란 말이 자주 등장하더군요. 중국과의 유대를 주장하면 별 문제가 안 되지만 일본과의 친화를 주장하면 당장 토착왜구라 할 것 같습니다. 거기다 친미를 주장하면 미제국주의 앞잡이란 말을 들을 것 같은 생각마저 듭니다. 중국은 한사군 설치 때부터 6.25까지 우리에게 얼마나 많은 해악을 끼친 나라입니까. 미국의 원자탄 아니면 우리는 어찌 일본 식민지로부터 해방될 수 있었으며, 6.25 때 미군의 희생이 없었다면 오늘의 대한민국이 어찌 존재할 수 있었겠습니까.

슬픈 역사지만 일본은 우리 민족혼 말살을 시도했고, 우리말과 글까지 없애려 들었을 뿐 아니라, 독립운동을 철저히 차단하였습니다.

저들이 일으킨 전쟁에 우리 백성들의 희생을 강요했고, 회유와 강압으로 한국 여성 다수를 전쟁터로 끌고 다니며 성 노예생활을 강요했습니다. 이건 지울 수 없고 잊을 수 없는 일본 만행의 역사입니다.

한편, 우리는 일본 식민지 시대를 겪으면서 서구문물을, 근대학문을, 제도를 학습할 수 있었습니다. 항만, 철도, 공항, 전기, 수도, 도로 등 생활의 편의 시설, 심지어는 우리 문화와 역사, 문학까지 일본인 학자들에 의해 연구, 발굴, 교육받았고, 농업기술, 의술 등도 일본인들에 의해 교육받았으니 창피한 역사지요. 우리가 일본 사람들에게서 근대 시민에 대한 교육을 받았고, 위생과 방역과 치료, 사회 질서와 정치제도 같은 것을 배웠긴 해도 과거 우리 민족이 일본으로 건너가 미개한 일본 사람들을 깨치게 한 것, 그들 국가의 초석을 만들어준 것, 이것은 크게 평가될 일이 아닙니까.

지중해를 발판으로 하여 그리스 문화를 꽃피웠듯이 우리 역시 이웃과의 교역과 교류, 이주를 통해 문물을 받아들여 우리 것으로 만들어 세계에 내다 팔아야 합니다. 며칠 전 배우 윤여정씨가 오스카 조연상을 받고 기뻐하는 모습을 봤습니다. 대단한 일이지요. 영화, 연극, 대중가요, 스포츠 등 이것들 역시 일본을 거쳐 우리나라에 들어온 것들이지만 이제 우리는 이런 방면에서 세계를 놀라게 하는 일에 바쁜 나라가 되었습니다.

걸핏하면 일본제품 불매운동을 벌이고, 일본을 경원시하는 것을 애국으로 포장하는 이것, 좀 생각해봐야 할 때입니다. 경쟁으로 맞서면서 실력으로 승리하는 것이 중요하지 과거 일을 들추어 감정싸움을 해대는 건 국가의 이익에 공헌하는 일이 아닙니다. 과거의 한스러운 일은 기억할 일이지만 이것에 매달리지 말고 미래지향적 거대한 담론으로 살자는 뜻입니다. 마이크로가 아니라 마크로로, 좁은 골목길이 아니라 대양의 항해로를 생각해야 대한민국의 미래가 보인다는 말입니다.

예전과 달리 문 정권 들어서면서 문 대통령이 일본을 공식 방문한 적 없고, 일본 수상 역시 한국을 공식 방문한 적 없습니다. 이웃나라끼리 이렇게 냉랭한 관계를 지속하는 것은 피차 손해 보는 입니다. 문 대통령은 1년 남짓 정년이 남았습니다만 청와대를 떠나기 전 한일관계를 보다 가깝게 만들어놓고, 미국과의 관계도 동맹국 위치를 확고히 해놓고 떠나기 바랍니다.

이런 말이 심할지 모르지만, 내 미천한 생각으로는 문 대통령의 역량이 좀 부족하다 느껴집니다. 세계를 내다보는 눈이 근시안인 것 같습니다. 그래서 한 마디 했습니다.

풍산개 두 마리의 욕설

사람으로서는 해서는 안 되는 행위를 한 사람을 두고 '개xx야!'라고 욕을 합니다. 사람이 아니라 짐승 새끼란 말인데, 왜 하필이면 하고 많은 짐승들 중에 개를 들먹여야 했을까요.

인간은 약 600만 년 전 어떤 유인원에서 갈라져 나와 침팬지, 보노보, 그리고 인간으로 분화되었다고 합니다. 프란스 드 발(Frans De Waal, 1948~)이 쓴 『동물의 감정에 관한 생각』(원제목, Mama's Last Hug)은 마마라 이름 붙인 침팬지가 슬픔을 어떻게 표현하는지, 그들 사이의 갈등을 어떻게 해소하는지, 애정, 분노, 또는 감사의 표현은 어떻게 하는지 등 애정, 분노, 슬픔, 감사, 경외감에 이르기까지 마마가 보여줬던 행동들을 살펴본 책입니다. 행동형식이 달라서 그렇지 인간이 그러하듯 그들도 그런 감정 표현을 하고 사는 것을 입증한 책이 바로 이 책이지요.

인간과 가장 가까이서 인간을 보호해주고, 친구 되어주고, 협조와 위안까지 해주는 동물은 개입니다. 프란스 드 발이 개에 대한 연구를 했더라면 역시 침팬지가 그러하듯 개 역시 애정, 분노, 슬픔, 감사, 경외감을 표현하는 동물이라고 하지 않았을까 합니다.

일제 강점기 때 조선총독부는 경성제대 교수였던 모리 다메조(森爲三) 교수의 건의에 따라 1938년 진돗개를 1942년 풍산개를 천연기념물로 지정, 한국의 명견으로 보존하게 하였습니다.

2018년 9월 20일 평양 정상회담에서 북한 김정은은 당시 문재인 대통령에게 풍산개 송강(수컷), 곰이(암컷)를 선물하였습니다. 이 개들을 청와대에서 길러 오다가 2022년 5월 임기 종료일이 가까워 오자 문 대통령은 이 개들을 어찌해야 하나를 고민하게 되었지요. 국가 원수 자격으로 선물 받은 것이기 때문에 이 개들은 국유재산이므로 함부로 개인이 관리할 수 없습니다. 그래서 국유재산의 동식물을 다른 기관이 위탁 관리할 수 있도록 관련 법령을 만들자 문재인(이하 존칭생략)은 이 개 두 마리를 양산 사저로 데려왔습니다. 문재인은 이 개 두 마리 양육비 월 242만원을 세금으로 지원해 줄 것을 요청하였습니다. 한 달에 242만원이라. 어떻게 개 대접을 해야 이런 돈이 드는지 나는 모릅니다.

행정안전부는 세금으로 개 양육비를 지원한 전례가 없어 논란이 일어났지요. 개를 양육하겠다는 의지 안에는 양육에 관한 일체를 책임진다가 포함된다는 정부 측의 해석과 아니지 의탁 양육하는 것만도 고맙게 생각할 일인데 양육비마저 책임지우는 건 안 되는 일이지의 두 의견이 대립된 것 같습니다. 2022년 11월 5일 문재인은 양육비 지원이 어렵게 되자 이들 개를 파양, 결국 이 개들은 떠돌다 지금 광주 우치동물원에서 구경거리 동물이 되었습니다.

지금 문재인은 세금 없이 월 1,890만원 연금에다 여러 가지 특별예우를 받고 삽니다. 얼마 전 문재인의 딸 문다혜는 유기견 돕기 달력을 만들어 팔자, 모 국회의원은 "당신들은 개를 키우면 안 된다."고 하였습니다. 임기 내내 반려동물은 가족이라 해놓고 양육비 몇푼 때문에 파양을 한 가족들이 유기견 돕기한다는 말이 생뚱맞다는 것입니다.

얼마 전, 광주광역시는 이 개들의 양육환경 개선 등의 추진을 위해 1억 5천만 원을 추경에 반영할 계획이 발표되자 거센 반발이 일어났습니다. 동물병원에서 검사받으면 되는데 혈세를 투입, 비싼 장비 구입을 한다는 게 될 말이냐는 것이었습니다. 결국 이는 철회되었지요. 이걸 본 어떤 험구가는 김정은 존경의지가 개에게까지 전이되어 이 지랄을 한다고들 하더군요.

프란스 드 발이 밝힌 바로는 동물도 인간과 같은 감정 세계가 있음은 앞서 밝혔습니다. 그렇다면 지금 광주 우치동물원에 살고 있는 풍산개 두 마리는 어떤 생각을 하고 있을까. 하마나 주인이 나를 데리러 오겠지 하고 기다리고 있지는 않을까요. 그럴 것 같습니다. 아니면 기다리다 지쳐 주인의 방문을 포기한 채 화가 나서 들먹이기 어려운 욕설을 해대고 있지 않을까요.

보통 사람도 아닌 전 대한민국 대통령에게서 버림받은 개의 입장을 상상한다는 게 어려운 일이긴 하지만 앞서 말한 동물도 사람 같이 감정의 세계가 있다는 것을 전제한다면 혹 이런 심한 욕설을 해대고 있으면 어쩌지요. "개보다 못한 XX야!"

두 장의 사진 이야기

사진기자들은 현장을 사진으로 독자들에게 전달해야 하는 책임감을 가진 사람들입니다. 존재해야 할 당위가 결손 또는 파괴되었거나, 진실의 은폐는 물론, 인간이 잊고 있거나 몰랐던 미와 추까지 들추어내는 행위자들이지요.

남아프리카공화국의 사진기자 케빈 카터(Kevin Carter, 1960~1994)는 오래 내전을 겪으면서 비참한 난민생활을 하고 있는 수단 '아요로'란 마을을 찾아가 아래의 사진을 찍어 뉴욕타임스에 실었습니다. 수단 내전 문제에 대해 국제 여론을 환기시킨 것은 물론, 아프리카 식량난을 알리는 계기가 되었지요.

카터는 이 사진 한 장으로 1994년 보도기획 부문 퓰리처상을 수상하였습니다. 그러나 카터는 수상의 영광보다는 온갖 비난의 몰매를 맞았습니다.

"왜 독수리의 공격으로부터 소녀를 구할 생각을 먼저 하지 않았느냐?"

"소녀를 위태롭게 하면서까지 유명하고 싶었던 거냐?"

이런 비난의 내면에는 인정도 눈물도 없는 냉혈동물이 너였구나가 잠복하고 있었던 것이지요. 이런 비난들을 감당하기 어려웠는지는 모르지만, 그가 상을 받았던 그해 33세의 나이로 자살하고 말았습니다. 그의 자살은 자신이 고수해온 가치관이 무의미하게 허물어진 데 대한 반항이었는지 모릅니다. 현장성의 폭로가 생명이라는 사진기자의 사명을 지켰고, 독수리는 주로 죽은 짐승 고기를 먹어치운다는 사실과 그 옆에 소녀의 엄마가 있었다는 사실을 설명했어도 그의 사진기자로서의 진실은 인정되지 않았기 때문에 자살을 선택한 것인지 모릅니다.

카터는 남아프리카 공화국 내 아파르트헤이트(아프리칸스어; apartheid, 백인 우월주의로 남아공의 극단적 인종차별 제도)와 투쟁을 벌인 사진작가로도 유명한 인물이었습니다.

다음 사진은 지난 11월 12일 캄보디아 프놈펜에서 선천성 심장질환을 앓고 있는 아이를 안고 있는 김 건희 여사의 모습입니다.

이 사진을 두고 말이 많습니다. 야당의 모 최고위원은 "'빈곤 포르노' 화보 촬영을 했다"고 한 것에 이어 외국에서, 구호 봉사가 아닌 외교 순방에서 조명까지 설치하고 이 사진을 찍었다는 주장까지 하더군요. 또 다른 평은 1992년 소말리아에서 영양실조 어린이를 안고 있는 영화배우 오드리 헵번 모습을 코스프레(*작품 속의 등장인물로 분장하여 즐기는 일)한 것이라며 "캄보디아를 위한 것이 아니라 김 건희 자신의 이미지를 세탁하기 위한 행보"라는 악평까지 등장하더군요.

조명시설을 갖추었다는 말은 사실이 아님이 판명 났습니다. 동정의 대상이 된 사람들의 존엄을 침해한다는 말이 '빈곤 포르노(poverty porn)'라는 말인데, 그렇다면 카터가 찍은 <수단의 굶주린 소녀> 역시 빈곤 포르노고, 오드리 헵번 모습 역시 빈곤 포르노여야 합니다. 이렇게까지 해석할 필요가 있을까요.

대통령 부인으로서 역할이 이런 것이어야 한다고 단정하기는 어렵지만, 어려운 환경에 놓여 있는 외국 어린이들을 돌보는 그 자세는 나무랄 일이 못됩니다. 실지로 캄보디아 언론들은 김 건희 여사의 이런 행동에 대해 감사하는 기사들을 실었다 합니다. 그렇다면 대단한 일한 건 맞지요.

다른 나라 대통령 부인들 따라 관광을 갔더라면, 환자 어린이 집을 방문했더라도 어린이를 안지 않았더라면 이번에는 더 거센 악평이 날아왔을지 모르지요. 아마 그랬을 것 같습니다.

그런데 아쉬운 게 없진 않지요. 김 건희 여사는 평소 사회에 많은 봉사를 하여 온 이력이 있기보다는 주식투자에 신경 써온 사업가였다고 알려져 있습니다. 그런 그가 전에 하지 않았던 일을 한 것에 대한 비평이라면 김 여사는 이런 악평에 섭섭해 할 필요는 없지요. 이제라도 사회봉사 많이 하시고, 헌금도 많이 하시어 그야말로 이미지 세탁하시기 바랍니다.

어느 재단의 후원에 의해 이 어린이는 한국에 와서 수술을 받는다고 하니 반가운 일입니다.

잡귀의 범접을 막아야겠다

중국인들은 빨간색을 행운의 색으로 여깁니다. 빨간색은 잡귀들이 싫어한다는 믿음을 갖고 있지요. 중국인들은 잡귀를 쫓기 위해 구정이 되면 폭죽을 심하게 터뜨립니다. 우리도 이와 비슷한 풍습이 남아 있어 동짓날 팥죽을 쑤어 집안 곳곳 뿌립니다. 잡귀의 범접을 막아 다행스런 한 해가 되고자 하는 바람 때문이지요.

많은 사람들은 행운이란 어디서 오는 것이 아니라 자신이 노력하기에 달려 있다고 믿습니다. 물려받은 재산이 없이 자기 힘으로 살림과 재산을 이룬 자수성가(自手成家)형, 각고의 노력 끝에 국가고시에 합격하여 일정 지위를 획득한 경우가 여기에 해당합니다. 그래서 성공은 자신의 노력에 의한 것이고 자신의 운명은 자기 책임이라 생각하게 됩니다. 이 논리대로라면 바닥세 인간은 바닥에 떨어질 충분한 이유 때문인 셈이지요.

소 한 마리 판 돈을 들고 가출해서 재벌의 총수가 되었던 정주영의 신화는 자신의 노력에 의해 생긴 겁니다. 시골의 빈한한 집 아들 노무현은 상고를 졸업한 뒤 사법고시에 도전하여 합격, 그 다음 대통령에까지 이르렀지요. 문재인 역시 마찬가지고, 국무총리를 지낸 황교안 역시 자기 운명은 자기 책임이라는 확실한 예이면서, 공정한 기회를 부여한 국가 시스템은 신빙할 만하다는 믿음을 주는 사례입니다.

그러나 이런 성공적 사례가 언제나 어디서나 존재하는 것은 아닙니다. 현재 상대평가에 기초한 수능시험과 내신 성적으로 대학입학이 실행되고, 여기에 따라 대학이 서열화 되어 있습니다. 대학들은 능력에 따라 학생을 선별한다고 자부하지만, 소위 서울대, 고대, 연대 이를 일러 SKY 대학의 신입생 절반 이상이 고소득 가정 출신의 자녀들이라 합니다. 이것은 소위 일류 학교에 진학하기 위해서는 개인의 능력을 발휘할 부모로부터 공급 받을 그 무엇이 있어야 한다는 말과 같습니다. 소위 흙 수저가 아니라 금 수저로의 가정적 배경이 먼저라는 말이 되지요. 개천에서 용 나기 힘든 사회가 되었다는 말이지요.

전두환 정권이 들어서자 졸업정원제가 실시되었습니다. 입학은 쉽게 하고 졸업은 어렵게 하자는 취지였습니다. 입학생들이 불어나자 이들을 가르칠 교수들이 갑자기 필요해져 교수 가뭄 사태가 벌어졌지요. 이때 부모 잘 만난 덕에 유학하여 박사학위를 받은 부유층 자녀들은 쉽게 교수가 되었습니다. 이들이 취득한 박사학위 논문의 질적 평가에 대해서는 따져볼 겨를이 없었지요. 일부 사립대에서는 한 걸음 나아가 벼락치기 박사학위를 양산하기까지 하였습니다. 먹고 살기 힘든 가정의 자식들은 취업하기 바빴기 때문에 대학원 진학이 쉽지 않았고, 외국 유학은 더더욱 어려웠지요. 이렇게 본다면 부모를 잘 만나야 출세의 지름길이 열린다는 말이 틀리지 않습니다.

중앙정부든 지방정부든 학력이 좋고 각 종 자격을 취득한 공무원들이 요직에 앉아 행정을 맡는 것은 당연하고, 이것은 올바른 결정 확은 공동선을 위해 필요한 일이라는 게 일반적 견해입니다. 그래서 그런지 명문대 출신 또는 대학 교수 출신들이 고위층에 많습니다. 존 F 케네디는 바로 이런 논리의 신봉자였습니다. 당시 그는 미국 최고 학벌인 Ivy League라 이르는 미국 동부에 있는 8개 명문 사립대학 출신들로 내각의 판을 짰지요. 그래서 성공했을까요. 그들의 탁월성에도 불구하고 그들은 미국을 베트남 전쟁의 늪에 빠지도록 하였고, 쿠바의 공산정권 타도를 위해 쿠바 침공에 앞장섰지만, 미 해병대가 피그만 해안에 상륙도 못하고, 1400 명 정도의 전사 혹은 포로를 생산하고 말았습니다. 머리 좋은 사람들이 자기 총명만 믿다가 실패한 예가 되었지요.

이 점에 대해 하버드 대 Michael J Sandel 교수의 지적은 이렇습니다.

> 정치를 잘 하기 위해 기술 관료적 전문가들이 필요하기는 하지만 시민적 덕성이 요구된다. 공동선에 대해 숙고하고, 모든 면에서 시민들과 일체감을 갖는 능력 말이다. 지난 역사를 보면 정치적 판단 능력과 엘리트 대학 진학 능력 사이에는 연관성이 거의 없다는 것을 알게 된다. 학력이 떨어지는 자들보다 '가장 뛰어나고 가장 똑똑한 자들'이 정치를 더 잘할 수 있다는 것은 능력주의적 교만에 기초한 허구다.(Michael J Sandel 저, 함규진 역 : 공정하다는 착각, 미래엔, 2020 p.15)

Michael J Sandel 교수는 이 책에서 교육 받은 엘리트가 교육 수준이 낮은 대중보다 깨어있어서 더 관용적이라는 익숙한 생각이 어긋난다고까지 말하고 있더군요. 많이 배운 사람보다 공동선에 대한 일체감으로 시민들과 함께 호흡할 수 있는 덕성의 소지자가 지도적 위치를 점해야 한다는 그의 논리 이걸 오늘 내가 강조하고자 하는 내용입니다.

앞서 케네디 대통령 시절의 엘리트들은 자신들의 능력을 과신하여 성과를 내고자 하는 욕심에서 시작된 사건입니다. 그런데 문 대통령은 이와 반대로 자신의 판단을 우위에 두었기 때문에 어려움을 겪고 있는 사건이 발생했습니다.

월성 원전 1호기는 1983년 4월 22일 준공과 함께 상업 운전을 시작하였습니다. 설계 수명은 30년으로 2012년 11월이 마지막인데, 개보수 비용 7천억 여원을 들여 수명을 10년으로 늘렸습니다. 그래서 2022년까지 상업 운전을 할 수 있었는데도 갑자기 조기 폐쇄 결정이 내려졌습니다.

왜 이런 결정이 내려졌을까요. 문 정부의 국정과제 중 하나는 '그린뉴딜'정책이고 여기에 탈원전 정책이 포함되어 있지요. 월성 1호기가 재가동 된다면 다른 원전들의 가동 중단을 막는 것 역시 어려워지게 되므로 청와대는 이를 폐쇄하려 들었습니다. 경제적 이익을 무시한 희한한 사건이지요. 백운규 전 산업통산부장관은 부하들이 월성 원전 1호 폐쇄조치가 무리라고 반대하자 "너 죽을래"라는 말로 윽박지르면서 경제성 평가 조작을 지시했다는 겁니다. 그래서 월성 1호는 경제성이 없는 발전소로 둔갑되었고 폐쇄되었던 겁니다. 그는 윤석열 총장과는 달리 자기 소신이 없었던 인물로 보입니다. 그런 사람이 장관 되면 안 되는 일입니다.

얼마 전에는 이런 희한한 일이 또 벌어졌습니다. 황희 장관 후보자의 국회 인사청문회에서 '한 달 생활비 60만원', '자녀 편법 조기유학' 등의 의혹으로 황 후보자는 야당의 거센 비판을 받았습니다. 황 후보자가 국회 국토교통위원 시절 자신의 지도교수에게 국회의 연구 용역을 맡기고, 그 보고서를 표절해 박사학위를 받았다는 의혹까지 불거졌습니다. 이렇다면 그는 가짜 박사인 셈입니다. 또 본인과 부인 명의의 통장 계좌가 총 46개나 된다고 해서 그를 '통장왕'이라고 하더군요. 왜 이리 통장이 많아야 하는지 이상하지 않습니까. 또 있습니다. 황 후보자는 2016~2021년 사이 총 17회 국회 본회의에 불참, 이 중 '병가'를 이유로 본회의에 불출석한 것이 8회인데, 다섯 차례는 해외 출장이나 여행을 다녀왔다고 합니다. 몸이 아파 얻는 휴가를 병가(病暇)라 합니다. 아픈 몸으로 해외출장을 갔고 여행을 했다는 말이 됩니다. 그럼에도 문 대통령은 그를 문화체육관광부 장관에 임명했습니다. 이로써 황 장관은 문재인 정부에서 야당 동의 없이 임명된 29번째 장관급 인사가 됐습니다. 청문회를 왜 하는지.

황희 씨는 숭실대 경제학과 졸업, 연세대 대학원 도시공학과를 수료하여 박사학위를 받았더군요. 그렇다면 이 사람에게 일을 맡길 판이면 그의 전문성에 맞는 일자리를 맡겨야 할 것 아닙니까. 그의 전문성이 뭔지는 모르지만.

문화체육관광부 장관 아무나 할 수 있는 자리가 아닙니다. 하고 많은 인재가 있음에도 이런 사람을 이 자리 장관으로 등용하다니. 이건 국민에 대한 모욕입니다. 모독입니다. 능력위주도 아닙니다. Sandel 교수 말대로 "공동선에 대한 일체감으로 시민들과 함께 호흡할 수 있는 덕성의 소지자"는 더욱 아닌 이런 엉터리를 장관으로 뽑는다? 아무래도 잡귀들이 문 대통령의 건전한 정신을 교란시키고 있는 것이

분명합니다. 동지는 지났지만 지금이라도 한 번 더 팥죽을 쑤어 나라 구석구석에 끼트려 잡귀가 물러나도록 해야겠다는 생각 안 듭니까. 아니면 중국인들처럼 잡귀를 쫓는 폭죽이라도 터뜨리든가 해야 하지 않겠습니까. 이대로는 안 될 것 같은데요.

윗물이 탁하니 아랫물도 탁하다

가령 화가가 풍경을 보고 그림을 그린다 합시다. 눈앞에 보이는 물리적 현상을 화필로 그림 그린다면 화가는 자신이 통제하기 어려운 익명의 빛에 의해 물리적 현상을 굴절해서 보게 됩니다. 현상이 축소되거나 확대되거나 다른 어떤 것과의 조합되거나 한다는 말입니다. 화가의 시력은 보이지 않는 것의 보여짐을 찾아내고, 이것을 사실적 구도 속에 던져 넣는다는 말이지요. 같은 장면의 풍경화를 여러 사람이 동시에 그린다 해도 각자는 각자의 세계를 그려낼 것이고, 심지어는 같은 풍경을 몇 시간 뒤에 다시 그린다 해도 앞 것과는 다른 그림을 그릴 것입니다. 화가는 풍경을 보면서 대상을 절취, 재단, 축소, 확대, 결합의 수단을 동원해서 현존의 가시성을 초월하기 때문입니다.

시인도 이와 마찬가지입니다. 물리적 현상 앞에 안경을 닦고 자세히 바라본다 하자. 그의 봄은 놓여 있는 자연적 형태의 고려 없이 자기 인식을 주인으로 사물을 뜯어고쳐 본다는 것이지요. 그런 의미에서 화가나 시인이나 사물에 대한 인식 태도는 닮은 데가 있습니다. 이걸 예술적 상상력이라 합니다.

그렇다면 화가도 시인도 아닌 평범한 시민의 사물 보기는 어떤가.

여기엔 세 각도가 있을 수 있습니다. 1) 이해관계를 무시하고 사물을 본다는 의미에서는 예술가적 견해와 비슷하지만, 주관을 배제한 객관적인 판단에 근거하는 경우입니다. 2) 자기 편의적 시각 또는 자기 이익의 정당성을 고집하여 객관적 이성을 유보한 경우입니다. 3) 관습화된 사회 현상의 하나로 인식하여 묵인하거나 현실을 초월하려는 판단의 경우입니다.

문 대통령이 3월 29일 부동산 투기를 막아야 한다며 그 대책으로 "투기 목적의 토지거래로 수익을 기대할 수 없도록 하고, 농지 취득 심사도 대폭 강화하겠다"고 밝혔습니다. 옳은 말이고 그래야 되겠지요.

문 대통령은 반부패정책협의회에서도 "농지 취득 심사를 대폭 강화하라"고 지시했습니다. 그때 '부동산 부패 청산'이라고 적힌 마스크까지 썼더군요. 문 대통령은 작년 4월 경남 양산 농지를 10억4000만원에 사서 이 땅을 대지로 변경하였습니다. 땅값이 무려 3억5000만원 올랐다나요. 농지 취득요건 중 하나는 농업경영계획서를 제출해야 하는데, 문 대통령은 이 계획서에 '영농 경력 11년'이라 적었답니다. 문 대통령이 11년 농사를 지었다? 야당이 이 문제를 제기하니 "좀스럽다"고 비난하더군요.

문 대통령은 "묘목을 빼곡히 심어 투기하는 적폐도 단속하라"고 지시했습니다. 문 대통령 처남이란 자는 경기 성남시에 보유한 그린벨트 땅이 있었는데, 이게 수용되면서 47억 원의 토지 보상 차익을 얻었고, 지금도 인근에 이 사람 소유 그린벨트엔 묘목이 빼곡히 심겨져 있다는 군요. 이 사람 혹시 묘목 보상금 노리고 이런 짓 하고 있다는 생각 안 듭니까.

이해찬 전 민주당 대표 이 사람은 이런 의혹을 받고 있습니다. 2012년 세종시 국회의원에 당선된 직후 세종시 전동면 일대 농지를 1억 3860만원에 매입, 3년 뒤 농지 일부 대지로 전환, 그 땅값이 4배 가까이 올랐다네요. 당 대표 시절인 2019년 한국도로공사는 서울~세종간 고속도로 나들목을 만들기로 했는데, 예비타당성 조사 땐 없었던 이 땅 근방에 나들목이 들어섰다는 겁니다. 그래서 공사비가 4000억원 늘어났다는군요. 주민들은 여길 '이해찬 나들목'이라 부른다고 하네요. 당연히 주변 땅값이 올랐겠지요. 계획에도 없던 나들목이 여당 대표 땅 주변에 생긴 이것, 우연의 일치일까요. 이해찬 전 대표는 "윗물은 맑은데 바닥에 가면 잘못된 관행이 많다"고 아랫물 타령을 한 사람 아닙니까. 김상조 전 청와대정책실장은 자기 주도의 '임대차 3법' 시행 이틀 전 자기 집 전세를 1억2000만원 올려 받았습니다. 국민들에겐 전셋값 못 올리게 막아놓고 정작 자신은 바로 시행 직전에 전셋값을 올리다니. 변명이 걸작입니다. 자신이 사는 전셋값이 올라서 목돈이 필요해 올릴 수밖에 없었다했는데 그의 통장엔 14억원 돈이 꼽혀 있었다고 합니다.

이런 일이 또 있습니다. 더불어민주당 박주민 의원은 21대 국회 1호 법안으로 전·월세 5% 상한제, 계약갱신청구권을 골자로 한 주택임대차보호법 개정안을 발의했습니다. 그런 그가 지난 2020년 7월 임대차 3법 통과를 앞두고 보유 중인 아파트 임대료를 5%를 초과한 상당폭 선제 인상한 것이 드러났습니다. 이게 대한민국 국회의원의 자질됨이라니 아연실색할 일 아닙니까.

'지분 쪼개기' 땅 구입 이런 말 이번에 알았습니다. 이 방법으로 투기 의혹을 받는 여권의 국회의원·단체장만 10명이 넘는다는 보도가 있었는데, 조사를 제대로 하면 10명에 그칠 것 같은 생각이 영 안 듭니다. 윗물이 아주 더러워진 것입니다. 그러니 아랫물도 더러워질 수밖에요. 한심합니다.

1)의 입장에서(법과 질서의 입장에서) 나는 현 사태를 판단하였습니다만 문 대통령, 이해찬 전 대표 그리고 김상조 전 정책실장, 박주민 의원 등은 2)의 입장인 것 같습니다. 나만 그런 게 아닌 이건 일종에 통념화된 풍습이야! 아마 그런 생각하고 있는 것 같습니다. 여기에 침묵하는 분들은 현실을 미화해서 보는 예술가적 시각이 아니라면 3)의 입장이 아닐까요. 그놈이 그놈인 세상인데 그걸 가지고 뭘 그래쌓노? 그것도 아니라면 도인다운 초월적 세계관을 가졌거나. 더러운 세상!!

분노조절장애와 이재명

프로이드(Sigmund Freud 1856~1939)의 정신분석학은 크게 네 갈래로 나누어 연구되었습니다. 무의식 이론, 꿈의 이론, 리비도 이론, 성격 이론이 그것이지요.

인간은 의식 세계와 무의식 세계를 갖고 있습니다. 의식 세계는 인지 세계이므로 달리 말할 필요가 없지요. 인간은 크게 혹은 작게 경험한 충격을 뇌에 저장합니다. 저장된 것 중에는 쉽게 기억해 낼 수 있는 것도 있지만 자극을 주면 그때서야 숨어 있던 기억이 되살아나는 것도 있습니다. 무의식이지요. 이것 외에 인간은 또 다른 본능의 무의식이 저장되어 있습니다.

프로이드는 성 본능 즉 성적 충동이 무의식으로 저장되어 있다고 말했습니다. 다르게 말하면 쾌감의 발산을 유도하는 리비도(Libido)입니다. 갓난애가 엄마의 젖꼭지를 빨 때엔 성적 쾌감을 느끼고 엄마도 동시에 성적 쾌감을 느끼기 때문에 애는 계속 젖꼭지를 빨려 하고 엄마 역시 기분 좋게 젖꼭지를 내민다는 것입니다. 이것은 무의식적 본능이지요.

저장된 무의식 중에는 조금만 자극을 받으면 당장 의식으로 나타나는 전의식이 있고, 전의식 그 아래 저장된 그야말로 잠재되어 있어 쉽게 나타나지 않는 잠재의식이 있습니다. 이 관계를 지하방(잠재의식), 일층 방(전의식), 이층 방(의식)을 갖춘 집 구조로 설명해 보지요. 이층 방은 시야가 트여 있는 것은 물론, 바람이 불고 햇빛이 들어오는 방이라면 일층 방은 오가는 사람들로 분답스럽고, 이층 방보다 시야도 확 트이지 않을 뿐더러 햇빛도 충분히 들지 않은 방입니다. 지하방은 빛이 들어오지 않은 깜깜한 방이라 사물 구별이 어려운 공간입니다. 이층 방에 거주하는 사람은 불편이 없지만 일층 방에 거주하는 사람은 이층 방에 올라와 살고 싶어 합니다. 기회가 되면 이층에 이사 와 살기도 하지요.

문제는 지하 방 거주자입니다. 이 거주자는 밤 고양이처럼 밤이 되면 살금살금 이 층의 방에 무단 침입을 합니다. 이 침입자가 꿈이라는 현실이 되기도 하지만, 어떤 땐 뜻하지 않는 실제 행동으로 나타나지요.

꿈은 아무 근거 없는 것이 아닙니다. 흔히 허황한 개꿈이라 말하지만 허황한 개꿈은 존재하지 않습니다. 왜냐하면 프로이드가 말했듯이 "꿈은 무의식에서 바라는 것이 충동적으로 나타난 것이며 꿈의 본질은 소망의 실현"이기 때문입니다. 꿈은 잠재의식의 현현된 의미의 집합체이고 억압된 무의식의 다른 모습이지요.

잠재의식이 외현적 형태인 꿈으로 나타날 때엔 본래 저장된 잠재의식은 응축(condensation)되거나, 환치(displacement)되거나, 상징화(symbolization)되거나, 퇴행(regression)되거나 하여 본모습을 바꿉니다. 말하자면 실현된 꿈은 애초 저장된 잠재의식보다 크게도, 작게도, 딴 모습으로도,

흡사한 다른 모습으로도 나타난다 이거지요.

이왕 프로이드 심리학을 말했으니 프로이드가 밝힌 인간의 성격 구성에 대해서도 마저 말하지요. 프로이드는 인간 성격 구성을 이드(id), 에고(ego), 슈퍼에고(superego)로 나누어 설명하였습니다. 이드는 앞서 말한 쾌락 추구의 리비도, 다시 말해 이성과 도덕을 무시한 원시적 본능이라면 에고는 이드를 통제하는 이성과 도덕과 상식의 인간 심리입니다. 이드의 무분별한 욕구를 통제하고, 현실과 조화시키려는 욕구이니 인간화된 이드인 셈이지요. 슈퍼에고는 사회화된 에고입니다. 사회적 관념과 도덕 교육을 통해 형성되는 것으로 이드와 자아의 욕구를 비판하여 행동을 사회규범의 범위 안으로 이끄는 일을 합니다. 자기 신원을 긍정적 방향으로 인정받으려는 에고의 다른 모습입니다.

쇼펜하우어(Arthur Schopenhauer, 1788~1860)는 유별나게 여성을 학대하는 행동을 자주 한 인물입니다. 툭하면 여성을 때리고 욕하고. 왜 이런 별난 행동의 소유자가 되었을까요. 여기에 심리학자들의 대체적인 해석은 그의 어머니로부터 받은 충격에 기인한다고 보고 있습니다.

17세 때, 쇼펜하우어는 아버지가 자살하자 큰 충격을 받았습니다. 어머니는 돈만 보고 스무 살이나 많은 아버지와 결혼하여 쇼펜하우어를 낳았지요. 아버지가 죽자 어머니는 막대한 유산을 챙긴 후, 방탕한 생활에 바빴습니다. 쇼펜하우어는 어머니의 이런 모습에 강한 혐오감을 느껴 자주 싸우다가 결국 어머니와 떨어져 혼자 살았습니다.

21세 때, 쇼펜하우어는 어머니를 상대로 소송을 걸어 유산의 삼분의 일을 받아냈습니다. 그 유산 덕분에 평생 풍족하게 살았지만 이기적이면서 억세고 방탕하기조차 한 어머니 영향 때문에 여성에 대한 혐오와 두려움이 그를 평생 독신으로 살게 하였지요.

아버지로부터 받은 충격도 있을 수 있습니다. 이재명 대통령 후보(이하 이재명)는 쇼펜하우어와는 달리 아버지로부터 심적 충격을 강하게 받은 것 같습니다. 아버지는 대학에 다닐 정도의 괜찮은 가정환경을 가졌습니다. 그러나 이재명의 어린 시절에 아버지는 노름으로 가산을 탕진하였다지요. 노름에 빠진 아버지와 이를 말리려는 어머니 사이에는 부부 싸움이 잦을 수밖에 없었겠지요. 가산을 탕진한 뒤 고향을 떠나 살게 되었을 때, 어린 이재명은 많은 상처를 입었을 겁니다.

아버지와 다른 삶을 살기 위해 고시 공부를 한 끝에 이재명은 변호사가 되었고, 그의 형 역시 회계사가 되었습니다. 대단한 일이지요. 이재명 형제에겐 가정적이지 못한 아버지를 닮지 않겠다는 긍정만 있는 건 아니고, 아버지의 부정의 흔적까지도 얼마간은 이들 형제의 마음속에 저장되어 있었는지 모릅니다.

단정하기는 어렵지만 이런 가정 분위기 때문에 이재명은 분노조절장애(Anger management problems)를 갖게 된 건 아닐까요. 설령, 형이 동생에게 어려운 짓을 했다 해도, 또 형이 어머니에게 버릇없는 짓을 했다 해도 동생이 형과 형수에게 화를 내고 넘치는 욕설을 해대는 건 아무나 못하는 일입니다. 이뿐 아니라 과거에도 이재명이 화를 심하게 내는 장면을 화면에서 본 적이 있습니다.

분노조절장애는 유년기 시절 부모의 학대 경험, 충격적인 사건으로 정신적 외상을 입은 경험, 아니면 과도한 스트레스를 받아 뇌 호르몬 불균형이 일어난 경우 때문이라고 심리학자들은 말합니다.

프로이드가 쓴 『일상생활에서의 정신병리학(Psychopathology of Everyday Life)』에서 행위자의 단순한 착오나 실수처럼 보이는 행동은 무의식적인 욕구가 개입되어 있다고 말하더군요. 이렇게 본다면 갑작스러운 분노를 주체하지 못하여 폭발적, 공격적인 형태로 나타나는 이 증후는 개인의 의지로 조절하기가 힘들지요. 개인사의 슬픈 이야기지만, 어쩌면 이재명은 치유되지 않은 유년기적 고통을 지금도 앓고 있는지 모릅니다.

그건 그렇다 치고 그는 천연스럽게 거짓말을 자주 합니다. 곧 들통나고 말 것도 거짓말을 하더군요. 거짓말을 자주하는 이것 역시 아무나 하는 행동이 아니지요. 이건 어떤 심리현상일까요. 내 실력으론 안 되겠고 누가 이 점에 대해 심리학적 진단을 좀 해주면 좋겠는데….

적군의 진군 나팔 소리

- 대장동 특혜의혹 중심 인물들을 위하여

진정 자신만의 시간 앞에 혼자 동그마니 앉는다면 내부로부터 들려오는 양심의 나지막한 소리가 들릴 것이다. 세상 이치는 동지(同志)라 해도 실은 그때 상황에서의 인연일 뿐, 과도한 욕심 앞에는 우정은 무의미한 것임을 알게 될 것이다. 예고하지 않았던 자신을 향한 동지의 적의(敵意) 띤 목소리, 눈앞에 이 소리가 자신을 엄습한다면 어쩌겠는가.

대중을 상대하는 웅변 속에는 막연한 개념들이 섞인다. 꼭 찝어 이것이라 하지 않는 막연한 개념의 말들이 아니라, 자신을 겨냥한 대포를 실은 적군들의 마차 바퀴 소리, 눈앞에 이 소리가 자신을 엄습한다면 어쩌겠는가.

선전 포고에 따라 방어의 벽을 높이 쌓았다 해도 불타는 투쟁심으로 선동하는 구호소리, 들판을 짓밟고 핏물로 땅을 적시려는 적군의 군화들은 전복의 리듬으로 자신을 향해 쩌벅쩌벅 걸어오고, 진군 나팔 소리, 높이 부르는 적군의 군가 소리, 눈앞에 이 소리가 자신을 엄습하면 어쩌겠는가.

나가자! 조국의 아들 딸들아
영광의 날이 왔도다!

라인강 건너 멀지 않은 곳에서 들려오는 총소리와 "시민들이여! 무기를 들라"고 외쳐대는 참전을 위한 선동의 고함소리는 옛 것이다. 이와 비슷하게 부정을 폭로하고, 정의를 부르짖는 시위대의 행진과 함께 징벌하라 외치는 소리, 눈앞에 이 소리가 자신을 엄습하면 어쩌겠는가.

모두가 전사되어 너희들을 물리치고
우리의 젊은 영웅들이 쓰러지면
이 땅은 새로운 영웅들을 태어나게 하리니
모두가 너희와 싸울 준비가 되었다.

프랑스 혁명의 승전가 라 마르세예즈(La Marseillaise)가 새로 단청을 입히어 자신을 향하여 달려오는 듯한 노래 소리, 눈앞에 이 소리가 자신을 엄습하면 어쩌겠는가.

믿었던 비밀협정들은 자기 살 길을 따라 찢어진 깃발로 나부끼고, 거짓으로 포장한 변명은 퇴색된 창호지로 너풀거리는데, 지엄한 법의 큰 칼이 긴 그림자를 이끌고 다가오는 소리, 눈앞에 이 소리가 자신을 엄습하면 어쩌겠는가.

크고 작은 전장(戰場)에서 지성과 행동으로 갈리아 군단을 이끌었던 영웅 카이사르는 마침내 루비콘 강을 건넜다. 그의 야욕이 실현 될 듯이 보였지만 그를 기다리는 건 믿었던 양아들 부루투스의 칼, 그 칼이 심장을 찌르는 소리, 눈앞에 이 소리가 자신을 엄습하면 어쩌겠는가.

헨델이 오라토리오 '메시아'를 작곡하고 맨 끝에 '아멘'을 웅장한 푸가(Fugue) 형식으로 마감하는 그 순간의 황홀은 예사롭지 않았을 것이다. 이와 달리, 온갖 신고 끝에 큰 목적을 위해 큰 돈이 모였지만 이익배분 과정에서 뜻하지 않는 동업자들의 내란에 부의 축적들이 휴지 조각으로 날리는 소리, 눈앞에 이 소리가 자신을 엄습하면 어쩌겠는가.

화두(話頭) 하나를 붙들고 스스로를 동굴에 가둔 채 경지(鏡智)의 빛을 찾아 나선 노스님의 안거(安居)가 아니라, 강제로 철창에 갇힌 후에야 폐부로부터 흘러나오는 자책의 한숨 소리, 눈앞에 이 소리가 자신을 엄습하면 어쩌겠는가.

그러지 말아야 한다. 세상사를 전쟁터로 여기지 말아야 한다. 자신의 목적 달성을 위해 노력할지라도 기초는 언제나 선(善)에서 이탈되지 말아야 한다. 역사적 인물의 최후는 자기 과신, 무리한 과욕, 선에서의 일탈, 여기서 비롯되었다. 그러지 말아야함에도 그랬다면 더 늦기 전에 반성과 자숙과 고백을 아끼지 말아야 한다. 그것만이 자기를 살리는 길이다.

막장 드라마, 마당극 구경하기

'나'라는 존재는 좀처럼 타인의 의지에 좌절하지 않으려 합니다. 왜냐하면 나는 타인에 의존함이 없이 스스로를 주장하면서 살고 싶어 하기 때문이지요. 타인의 권위에 굴종 혹은 이용당하기보다 자기 목적적 존재로 살기를 희망하는 것이 인간 아닙니까. 그리고 '나'라는 존재감, 여기서 비롯되는 존엄성을 지키고자 하는 것 역시 인간이기 때문입니다.

존엄성은 타인이 빼앗을 수 없는 권리이면서 자존감입니다. 존엄성은 내가 나를 어떻게 대접하는가 하는 문제에서부터 타인에 의해 평가되는 내 삶의 가치문제에까지 걸쳐 있지요.

첫 번째 경우는 자신이 타인으로부터 대접받고자 하는 품격의 유지를 어떻게 하고 있는가 하는 자신의 문제입니다. 두 번째 경우는 타인이 나의 품격이나 행동거지에 대한 평가가 정당한 것인가 아닌가 하는 문제입니다.

타인주체로서의 나를 무시하거나 평가 절하를 감행하였다고 느낀다면 나는 굴욕감, 모욕감, 무력감, 분노감을 느끼게 됩니다. 이것은 나 스스로가 나의 가치평가, 존엄성이 제대로 평가되지 않았다고 생각하는 데서 오는 감정세계이지요. 이렇게 되면 상대의 전횡이 나로 하여금 이 같은 감정을 느끼게 하고 그 결과를 상대가 만끽하는 행위라고 간주합니다. 내 행위가 내 의도와 다르게 가해자의 즐거움에 기여한다는 것은 참기 어려운 모멸감입니다.

가해자로서의 즐거움을 봉쇄하려면 나는 그가 그런 시도를 할 틈을 줄이거나 메워버릴 작전을 생각해내야 합니다. 이 작전이 상대를 향한 강도 높은 공격이나 비난일 수도 있지요. 이건 일정 유효할 수 있습니다. 그러나 이 같은 작전은 나의 결함의 틈을 더 크게 확장시키는 결과를 가져와 나를 더욱 곤궁으로 빠뜨릴 수 있음에도 유의해야 합니다.

싸움에 입회하고 있는 구경꾼 입장에서는 싱겁게 싸움이 끝나는 것보다 더 커지어 맹렬한 전쟁터 옆에서 구경하고 싶어 합니다. 싸움하는 당사자는 괴롭겠지만 구경꾼의 입장은 싸움구경은 즐거운 법이니까요. 이렇게 되면 나는 소득 없이 구경꾼을 위한 연기자에 불과하지요. 이런 어리석음에서 탈출하는 방법은 변명할 것 없이 자신의 결함 혹은 실수를 솔직히 시인하는 태도입니다. 이 작전은 싸움의 확장을 막으면서 인간다움을 보여 입회하고 있는 구경꾼들을 감동시킵니다. 내 편이 되게 합니다. 훌륭한 연기 아닌가요.

보통 사람의 상식과 도덕적 기준으로는 이해하거나 받아들이기 어려운 내용의 드라마를 막장 드라마라 합니다. 지금 전 국민의힘당 이준석 대표가 보여주는 행위는 막장 드라마 같은 느낌이 들더군요. 박범계 의원과 한동훈 법무장관과의 입씨름은 질 낮은 마당극 같았습니다. 누가 이기고 졌다는 판가름보다 이 정도의 지적 수준이 한국 정치 마당에서 연출되고 있는 것을 구경하자니 구경꾼의 한사람으로서 한심스럽더군요. 더 한심한 것은 이재명 의원의 행각입니다. 이건 구역질나는 이야기라 그만 두겠습니다. 대한민국의 지도자로서의 존재감과 존엄감이 통째 무너지고 있는 이런 꼴들을 우리는 언제까지 보고 살아야 합니까. 각종 언론들은 언론 판매업에 충실하여 싸움을 부추기는 추태 역시 한심스럽습니다. 어쩌다 대한민국이 이렇게 타락으로 행진하고 있는지 안타깝군요.

폴카(polka) 춤을 춥시다

보헤미아에서 유래한 유명한 구애의 춤이 있습니다. 세 번의 빠른 스텝과 한 번의 뛰어오르는 동작으로 2/4박자의 음악에 맞추어 쌍을 지어 무도장을 빙빙 도는 폴카 춤은 구경만 해도 싱그럽고 아름답습니다. 야로미르 바인베르거의 오페라 <피리 부는 슈반다 Svanda Dudák>, 베드르지흐 스메타나의 오페라 <팔려간 신부 The Bartered Bride>에 이 춤이 등장합니다. 작품의 분위기를 확 바꾸었다지요.

춤만 그런 게 아닙니다. 주고받는 말에서도 우아함이 돋보이면 대화에 성공하게 되지요. 관계가 도타와지지요. 춤이 서로의 감정을 나누는 도구이듯이 말 역시 상대를 앞에 놓고 서로의 감정을 나누는 도구입니다. 술 또한 마찬가지이지요. 잔에 반쯤 와인을 채우고 와인 잔을 가볍게 부딪치면 들려오는 경쾌한 음, 이 여운을 느끼면서 천천히 마주보고 마시는 와인은 보약이고 우정의 확인입니다. 인간은 공감대를 느낄 때에 서로가 서로에게 위안을 주고 기쁨을 주고 더불어 사는 즐거움을 줍니다.

배타적 감정세계는 피차 긴장만 던지지요. 폴카가 상대와의 화합으로 추는 춤이듯이 사회 화합 없이 질서를 유지하기는 어렵습니다.

개인의 자아도취, 자만적 독단은 사회 화합에 역행하는 행위입니다. 한국어가 어느 한 개인의 인격에 의해 만들어진 것이 아니듯이 이웃과 나눈 아름다운 인간 경험은 무의미하게 그냥 뇌리에 남아 있지 않고, 현실 생활에 부단히 나타나 의미의 원천을 제공합니다. 다양하고 훌륭한 문화를 만들어냅니다.

민족 집단 내의 일부 독단적 경험이 주도적으로 행사하는 편협성으로는 평화로운 공동체를 상상할 수 없습니다. 민족 내부의 통합과 더 나아가 다른 민족과의 유대는 마치 폴카의 상대역처럼 조율되어야 바람직한 국제 관계로 정상화 된다 이겁니다.

한 집단, 이를테면 사회주의 정당은 개인의 자아탐구를 용납하는 폭이 좁습니다. 세계를 판독하여 이것과의 교류를 통한 국제화 정책 수립이 쉽지 않습니다. 자본주의 결함을 증폭시켜 자본가란 노동자의 노동 결과를 착취하는 것은 물론, 우월성을 확보한 기업가는 그보다 덜한 기업가를 파산으로 몰아넣는 경우까지 있음을 강조합니다. 총기 개발을 먼저 한 유럽인들이 아프리카를 정복하고, 거기 원주민들을 잡아와 가축처럼 부려먹은 인간 역사와 흡사한 난폭이라고까지 주장하지요. 그래서 낙오되지 않으려면 능력의 수월성, 새로운 지식 확보, 진보적 기술이 단시간에 완성되어야 하고, 강력한 지도력이 추진세력으로 앞서야 한다는 주장이 이래서 힘을 발휘합니다. 이런 논리가 발전하면 특정 민족 혹은 정당이 사회나 인류에 진보의 엔진 역할을 할 수 있다는 자만이 발생합니다.

히틀러, 무솔리니, 스탈린은 초강력 민족주의 감정에 불을 붙여 인간 역사의 비극을 연출한 인물들입니다. 이들처럼 인간의 지성적 가치가 실질 가치로 활용되어야 함에도 인권이나 인간 평등을 명목 가치로 전락시키고, 힘이 곧 정의로 포장되어 여기에 동조세력을 구축, 끝내 비극적 인간 역사를 만들고 말았지요.

고조선은 하늘의 자손임을 내세운 환웅의 부족이 태백산 신시를 중심으로 자신들의 우월함을 과시한 데서 시작된 신화입니다. 신화로 보면 단군은 세습 권력을 행사하는 정치와 종교의 지배자였습지요. 북한은 백두산 정기가 행사하는 지역이고, 백두산을 중심으로 정치 활동을 전개한 나라임을 강조하면서 단군을 대신해서 김일성 신화를 창조하여 이 신화가 강제력을 행사합니다. 조작된 신화를 현실화하여 단군 대신 김일성, 태백산 대신 백두산, 고조선 대신 조선민주주의인민공화국(DPRK)이 들어섰지요. 주체사상이라는 절대가치로 다스리는 초강력 민족주의 나라가 등장한 겁니다.

물론 허구신화를 해독할 지적 능력은 얼마든지 북한 내부에 존재하지만 강압적 폭력에 맞설 수 없기 때문에 표면화 되지 못하는 것 아니겠습니까. 국제관계에서든 사회관계에서든 조화로운 만남과 소통을 통해 신뢰를 구축하여야 제대로 된 나라라 할 수 있습니다. 용납과 설득력을 배제한 논리, 무모한 폭력적 독주는 고립을 자초합니다. 혼자 추는 폴카 춤. 혼자 주절대는 독백. 혼자 마시는 와인 맛, 이걸 상상해 보십시오. 얼마나 무미건조한 일입니까. 지배층(지배층이라도 그렇지)을 제외한 인민들의 삶은 황폐 그것 아니겠습니까. 정치는 혼자 즐기는 담배 피우기가 아닙니다. 독재자의 무모함의 결말은 어느 하나 예외 없이 비극으로 끝났습니다. 이걸 모른다는 데에 독재자의 비극이 있습니다.

자아도취의 가림막, 이게 문제다

기차가 일정 속도로 달린다 합시다. 터널을 통과한다 합시다. 기차가 터널 안에서 사고를 당하지 않은 한 얼마 후에는 조금 전 모습의 기차를 다시 확인하게 되겠지요. 가려서 안 보이니 기차가 없어졌다는 순간적 착각에 빠질 때가 있듯이 삶의 양식에도 간혹 터널 같은 가림막을 발견하게 됩니다.

인간은 가끔 술로 현재의 나를 부수려 합니다. 술로 기분전환을 하는 건 좋은데 나중에 후회하기에 충분한 행동을 저지르기조차 하지요. 술이 아니라 해도 행위의 배후에 자신을 행동하게 하는 엉뚱한 원인이 작용할 때가 있습니다. 나를 엉뚱한 집착에 내모는 정신 자세가 나를 지배할 때가 있고 이것이 문제가 될 때가 있다 이 말입니다. 사랑에 집착하는 것은 상대의 장점이 돋보인 데서 출발합니다. 사랑에 빠지면 상대의 단점이 보이지 않지요. 집착은 이렇게 자기를 속이는 결과를 가져옵니다. 이런 정도야 큰 문제랄 것이 없습니다. 다행으로 연결 짓는 경우마저 있으니까요.

내가 처한 현실을 수용하는 태도 이것은 자기 확신입니다. 그러나 현실을 부정하고 왜곡하는 건 자기 기만(self-deception)입니다. 다른 사람의 관점에서 자신을 보려 하지 않고 자기가 자신에 집착하는 도취는 자기 기만이라 이 말입니다.

과학고, 하버드대 졸업생 이준석(존칭 생략)은 한때 젊은이의 우상이었습니다. 20대에 새누리당 비대위원으로 벼락출세를 하였지요. 여기에 도취하여 3번 총선에 출마했으나 낙방하였습니다. 다시 도전하여 퀴퀴한 꼰대들 집합소라 평 받는 국민의힘 당 대표가 되었습니다. 한 번도 금배지를 단 적 없는 30대 젊은이가 당 대표로 등극하다니 놀라운 일 아닙니까.

얼마 전 이준석은 윤리위에서 6개월 대표정지 처분을 받았습니다. 성 상납을 받았다는 혐의 때문입니다. 이 처분에 대해 이준석은 용납하기 어렵고 자기를 몰라주는 데 대해 섭섭함을 나타내더군요. 그럴 겁니다. 여타한 나라에서는 성 상납이란 말도 그것이 죄가 된다는 말도 있는 것 같지 않더군요. 그건 그 나라 사정이고, 어쨌든 그는 눈 감아줄만한데도 이렇게 욕보이니 야속하다 이거겠지요.

첫째, 윤리위가 '성 상납이 없었고, 각서(7억원 투자유치)를 몰랐다는 이준석의 소명을 믿기 어렵다'고 판단한 사실에 대해 이준석은 '징계처분 보류, 재심청구, 효력정지 가처분신청 등 모든 조치를 다 취하겠다'고 우겨대었습니다. 윤리위와 맞대질 싸움을 하려는 것 같습니다. 경찰의 수사 결과가 곧 발표되면 재판에 회부될지 모르는 마당에 이런 태도를 취하고 있습니다. 어리석은 일이지요.

둘째, 윤리위 처분 뉴스를 본 이준석은 '정말 지난 1년 설움이란 것이 아까 그 보도(JTBC) 보고 진짜 북받쳐 올랐다. 대선 승리하고도 어느 누구에게도 축하 받지 못했으며 어느 누구에게도 대접받지 못했으며… 지방선거 승리하고도 공격당하고 무시당하고…'라고 한 말은 스스로의 공적을 치하하는 자아도취입니다. 어리석은 일이지요.

셋째, 밤낮가리지 않고 SNS로 자신의 의사를 알아듣기 어려운 은유가 아니면 직설로 그것도 속사포로 기성세대를 향해 공격하기를 즐겼습니다. 싸움닭으로 내비치는 건 정치 초짜도 하지 않는 짓이지요. 거기다 논쟁으로 결판내려 하고 말로서 복수하려는 태도를 자주 보였기 때문에 사람들이 그를 두고 싸가지 없다는 말까지 합니다. 어리석은 일이지요.

넷째, 당 대표가 6개월 정지 처분을 받았는데 이게 부당하다고 당사 앞에 시위하는 우군 한 사람이 없습니다. 여론조사를 보면 60%가 넘는 응답자가 이준석에 대한 징계가 적절하거나 미흡하다고 답한다 하지 않습니까. 그는 선거 운동이 한창일 때 당 대표인 사람이 몇 번 가출소년행세를 보였고, 내부 총질을 해댔습니다. '윤석열이 대통령 되면 지구를 떠나겠다' '유승민을 대통령으로 만들겠다'는 발언을 해댔습니다. 어떤 이는 너무 촐랑거린다고 하더군요. 어리석은 일이지요.

자신을 행동하게 하는 원인이 자아도취였다면 이것은 자기를 가리는 가림막입니다. 자아도취에 취한 환각의 상태는 겸손과 예의를 몰각하기 쉽습니다. 이준석은 여태 보여준 행동이 눈 감아줄만한 데까지 미치지 못했기 때문이라고는 생각하지 않는 모양입니다.

정치적 총명으로 행사되리라 여겼던 선망의 하버드 졸업생이 이렇게 무너지다니. 기차가 곧 터널을 통과하듯이 이준석도 자신의 가림막을 스스로 제거할 날이 오겠지요. 와야 하지요. 이준석은 청년 정치의 가능성과 당 쇄신에 영향을 줄 것이란 기대가 컸고, 대선 때 일정 효과가 있었던 건 부정하기 어렵습니다.

한편, 이준석의 일탈에 대해 훈교(訓敎)할 지도력의 부재가 국민의힘당의 한계로 보입니다. 이준석만 나무랄 일이 못 된다는 걸 국민의힘당이 알기나 할까요. 알면 국민 앞에 고개 푹 숙이고 사과문을 몇 번이고 발표해야 하지요. 아니 실세라는 윤핵관(윤석열 핵심 관계자)들이 이럴 때 등장하여 당을 걱정하고 대통령 지지도를 걱정하고 이준석을 걱정해야 윤핵관답다라 하겠는데 그렇지 않는 것 또한 한심합니다.

윤리를 벗어난 정치

육체의 죽음은 삶으로서의 마감을 의미합니다. 누구도 피할 수 없습니다. 그런데 삶을 마감하였지만 죽지 않는 사람도 있습니다. 그는 죽었지만 많은 사람들 기억 속에 살아 있다면 그는 죽어도 죽지 않은 인물인 셈이지요. 인간으로서의 죽음은 일차적 죽음이라면 한동안 다른 사람의 기억 속에 살아 있다가 지워져 버리면 이차적 죽음이고 그러면 그의 죽음은 완성됩니다.

호메로스의 서사시에 등장하는 인물, 가령 일리아드에 등장하는 영웅들은 트로이 전쟁터에서 조국의 명예와 자신의 명예를 지키기 위해 육체적 죽음을 각오한 인물들입니다. 조국 수호를 위해 전장에서 명예롭게 죽는 것은 비겁한 짓거리로 목숨을 구걸하며 오래 사는 행위보다 값지다는 의미를 내포하고 있지요. 또 있습니다. 아킬레우스는 죽음을 애원하던 친구 파트로클로스의 요청을 들어 주고, 죽은 다음의 일을 간청하던 친구의 원수 헥토르의 간청도 들어줍니다. 사랑하던 친구와 그 친구를 죽인 원수에게 동등한 명예를 부여하면서 성대한 장례식을 거행하는 아킬레우스, 그의 분노와 동정심이 교차하는 아킬레우스의 정서에 대해서도 독자에게 인간적 고상성이 어떤 것인가를 생각하게 합니다.

플라톤은 그의 스승 소크라테스를 주역으로 소크라테스가 주장한 윤리의식을 대화체로 남겼습니다. 이 책이 플라톤이 쓴 『대화편』입니다. 플라톤은 이 책에서 한 번도 자신의 목소리를 드러내진 않았지요. 그렇다고 해서 플라톤의 사상이 이 책에서 제외될 수야 없지요.

윤리학은 인간의 도덕 판단의 중요성, 도덕의 구체적 규범에 관한 관계를 따지는 학문입니다. 인간이 하지 말아야 하는 것과 해야 하는 것을 분별하게 하는 학문이 윤리학이라는 말입니다. 플라톤은 이 책에서 정치도 윤리에 기반이 되어야 함을 강조하고 있습니다. 정치학은 국가 및 국가 기능을 담당하는 제도와 장치에 관한 학문입니다. 그러면서 국가 내에 존재하는 인간 행위가 공평하고, 안정적으로 작동하게 하는 제도적 장치가 정치여야 함을 강조하는 학문입니다. 플라톤 시대는 정치와 윤리가 함께 논의되던 시대입니다. 지금도 윤리와 유리된 정치는 옳은 정치라 할 수 없지요.

『대화편』 중에는 「고르기아스」라는 제목의 긴 글이 나옵니다. 내용은 소크라테스와 고르기아스와의 논쟁이지요. 고르기아스는 프로타고라스와 함께 당시 최고의 소피스트(궤변논자)였지요.

당시 아테네는 직접 민주정 시대였음을 감안한다면 정치인들은 대중 집회에서 연설을 잘해서 자신의 정치적 성패를 가늠해야 하였습니다. 그러자니 연설술 또는 수사술이 정치적 성공여부와 직결되었고, 법정에서조차 유죄가 무죄로 바뀔 수 있다고 생각하여 연설술, 수사술이 큰 힘을 발휘한 시대였습니다. 소크라테스는 바로 이 점에 대한 우려를 표명한 내용이 「고르기아스」의 주된 내용입니다.

플라톤이 이런 책을 스승의 이름을 빌어 왜 썼느냐 이게 오늘 말씀드리고자 하는 요점입니다. 세계 정치사에 큰 이름을 남긴 사람들은 일단 자신의 안녕을 위해 노력하기 보다는 죽어도 죽지 않은 사람으로 살아남기를 희망하였던 사람들이었습니다. 이를 달성한 사람을 일러 위대하다 혹은 영웅이다라고 말하지요. 그 반대도 있습니다. 추악한 이름으로 지워지지 않고 오래 남는 인물!

소피스트들은 국민을 어떻게 설득시키느냐 여기에 주목하였습니다만, 소크라테스는 설사 그렇다 해도 정의가 무언가를 그래서 정의를 어떻게 설득해서 보다 나은 나라를 만들 것인가를 고민해야 함을 말하고 있습니다. 윤리가 바탕이 된 정치를 해야 한다고 가르친 셈이지요.

오늘 조선일보 사설(2021.05.29.)에 이런 내용이 실렸습니다.

> 문재인 대통령이 올해 '국가재정전략회의'를 주재하면서 "내년까지는 확장 재정 기조 유지가 필요하다"고 주문했다. "국가 채무가 빠른 속도로 증가하고 있지만 다른 나라들에 비해 증가 폭이 작고 재정 건전성이 양호한 편"이라는 말도 했다. 4년 내내 초대형 적자 예산을 편성하고 세금을 펑펑 뿌리더니 내년에도 재정 중독 행태를 반복하겠다는 것이다.
>
> 저출산 · 고령화에 따른 복지 수요 급증, 비(非)기축 통화국이면서 대외 의존도가 높은 점, 천문학적 재정이 소요될 미래 통일 비용 등을 감안하면 나라빚 관리는 국가 운명을 좌우할 중요한 이슈다. 하지만 문 대통령은 수십 년간 지켜온 '국가 채무 비율 40%'의 마지노선을 "근거가 뭐냐"는 한 마디로 허물고 재정 폭주를 거듭해왔다. 정부 수립 후 70년간 누적 국가 부채가 660조원인데, 문 정부는 집권 5년간 그 3분의 2가 넘는 421조원의 빚을 늘려 놓았다. 국가 부채 비율은 2017년 36%에서 내년엔 51%로 뛰어오르게 된다. 국제신용평가사 무디스는 "한국의 국가 채무가 역사적으로 높은 수준"이라고 경고하고 있다.

> 채무 관리에 실패할 경우 국가 신용도가 위협받을 수 있다는 뜻이다.
>
> 코로나 위기 대응을 위한 재정의 역할을 부정할 사람은 없다. 하지만 문 정부의 재정 폭주는 코로나 때문이 아니다. 그 이전부터 정상 궤도를 벗어났고, 코로나 국면에선 탈선의 정도가 더 심해졌다. 2019년 이후 예산증가율이 3년 연속 9%선을 웃돌았다. 최저임금 과속 인상의 부작용을 가리기 위해 세금으로 근로자 임금을 보태주고, 세금 알바 일자리를 매년 수십만개 양산하는 정책을 지속했다. 기초연금, 아동수당, 실업급여, 건강보험 등 복지 관련 지출을 마구 확내하면서 재정 지출이 통제 불능 상태로 커졌다. 작년 총선을 전후해 전 국민에게 4인 가구당 100만원의 재난지원금을 뿌렸다. 전국에 선심을 쓰기 위해 타당성 조사조차 무시하고 토목 건설 예산을 퍼부으려 한다. 이런 대규모 재정 낭비는 전무후무할 것이다.

국가 채무가 이래도 되는지. 국민의 환심 사는 데 혈세를 뿌리는 정치가 옳은 건지. 정상 궤도를 이탈한 이 현상 앞에 야당은 뭘 하고 있는지. 거기다 범법자(밀수업자도 장관하려 하더군요.)들이 총리나 장관으로 추천되고 임명되는 나라. 남의 논문 도둑질해도 장관 되는 나라, 정권 출범 3년 8개월 만에 공무원 수 10만 명 늘인 나라, 편 가르기로 국론 분열을 일삼는 나라, 적으로 대치하고 있는 북한에 일방적 구애를 펼치는 나라, 부채 덩어리 공기업을 방치하고, 백신 공백에도 잘 못 없다고 우기는 나라, 귀에 거슬리는 소리 했다고 국민을 고소하는 대통령이 사는 나라, 법무부장관과 차관, 검찰총장, 서울 중앙지검장이 피의자 또는 피고로 법정에 서는 나라, 이게 어느 나라 이야기입니까.

이번에 내용이 궁금한 책 한 권이 나왔다네요. 『조국의 시간』이란 책이 나오자마자 베스트 셀러가 되었답니다. 이번엔 조국이 무슨 변명을 어찌 하는지, 어떤 수사력을 발휘하여 호도하려 하는지 이점이 궁금해서 책을 사는 사람들이 많을 것 같습니다.

윤리가 바탕 된 정치, 정의와 부정의에 대해 냉혹한 판단을 하려 했던 아테네 사람들, 참 그런 정치문화가 그럴듯하다는 생각이 오늘 문득 납니다.

영혼이 건전한 대통령

계몽주의 철학자 루소(Jean Jacques Rousseau 1712~1794)가 쓴 『에밀』에 "자연으로 돌아가라"란 말이 나옵니다. 여기서의 자연은 인간의 타고난 본성이란 뜻으로 해석됩니다. 루소는 인간이 조물주의 손을 떠나 인간의 손에 양육되면서부터 타락하기 쉬운 존재로 전락할 우려가 있다고 보았습니다. 그는 성선설의 입장에서 인위적 사회제도, 문화에 얽매어 살면서부터 인간은 자기애를 키우기 시작하는데, 이성을 잘못 교육 받으면 자기편애와 허영의 포로가 된다고 하였습니다. 여기에서의 탈출은 인간성 회복과 도덕적 존재로서 자신을 구제하는 길이라 하였지요. 이것의 추구가 행복 추구의 본질이라 본 것입니다.

어느 나라든 대통령 부인의 옷차림은 관심의 대상이기도, 패션을 선도하기도 합니다. 마르코스 전 필리핀 대통령 부인 이멜다의 옷차림은 세계적 주목거리가 되었습니다. 아름다운 미모에 입은 옷이 화려하여 세계 여성들이 부러워하였지만 다른 한 편에서는 국민 혈세로 고가의 옷차림을 하고는 시도 때도 없이 걸치고 다니느냐는 힐난이 따랐습니다. 1986년 마르코스와 이멜다가 하와이로 망명한 뒤 대통령 거처 말라카냥궁에서 발견된 이멜다의 의류, 구두, 핸드백 등은 모두 값진 명품들이었습니다. 명품 신발만 해도 3,000 켤레였다나요. 하와이 현지 세관에서 압류한 보석 300점의 평가액만 160억 원이었다니 놀라지 않을 수 없지요. 도널드 트럼프 전 미국 대통령 부인 멜라니아 역시 유명 디자이너들이 만든 고가 의상과 명품 브랜드를 즐겼습니다. 이멜다와는 달리 부자 남편의 돈으로 그만한 것 사서 입는 걸 미국 사람들은 흉거리로 보지 않는 것 같습니다.

전 독일 수상 메르켈은 단 몇 벌의 옷을 번갈아 입으며 정치했습니다. 검소한 차림을 보여주어 독일 국민 뿐 아니라 세계인들에게 잔잔한 감동을 선사하였지요. 이승만 전 대통령은 물론이고 부인 프란체스카 여사는 평생을 검소한 옷차림이었습니다. 프란체스카 여사는 30년 넘게 입은 회색 정장이 닳고 해지자 천을 덧대 여러 번 바느질로 꿰매어 입었고, 40년간 아껴가며 입은 검정 예복은 며느리에게 물려줬다고 합니다.

요즘 문재인 대통령의 부인 김정숙 여사의 옷값 등 의전비용을 공개하라는 내용이 청와대 국민청원 게시판에 올랐습니다. 언론에 의하면 김정숙 여사가 공개석상에 입고 나온 옷만 178벌이고 착용한 브로치도 207개라 합니다. 청와대의 변명은 빌려 입은 옷, 비싸지 않는 것들이 많다고 말합니다. 착용한 브로치를 두고 '초고가 명품 브랜드'니 '3만 원 대 모조품'이니 하는 말도 있긴 있습니다. 누비 명장의 옷을 카드 결제가 아닌 오만 원 권 700만원을 지불하고 산다는 게 누구나 흔히 하는 일이 아닙니다. 왜 현금을 갖고 다니며 물건을 샀을까요.

국민들은 대통령 연봉이 2억4,065만 원이고, 딸 식구들도 함께 청와대에 산다는데, 이 많은 옷, 브로치, 구두 등을 구입할 여력이 있겠느냐 하는 의구심을 가지고 있는 것 같습니다. 나는 이것들이 모조품이든 아니든 값이 싼 것이든 비싼 것이든 그런 건 관심 없습니다. 그 돈을 특수활동비로 구입했느냐 안 했느냐를 명확히 밝히기를 바라지만 그것마저 거부한다 해도 눈 감아 주면 좋겠다는 생각입니다.(지난 2월 법원으로부터 '청와대 특수활동비 지출 내역과 김정숙 여사의 옷값 등 의전 비용을 공개해야 한다'는 판결을 받고도 청와대는 이에 불복, 항소한 상태다.) 왜냐하면 이 사람이 대한민국 대통령 부인이기 때문입니다. 국가적 창피를 모면해야 한다는 생각이 듭니다. 문재인 대통령 그도 수시로 옷을 갈아입더군요. 한복도 여러 벌인 것 같고. 구두는 몇 켤레인지 이런 것도 알고 싶지 않습니다.

다만 문대통령 부부는 왜 이리 국민의 눈총 맞는 삶을 사는가. 이성을 잘못 교육받아서 그런지 몰라도 왜 국민들로 하여금 화나게 하는가. 퇴임 후 양산 매곡동 저택에서 조용히 살면 되는데 이런 저런 이유를 대어 양산시 하북면에 저택을 새로 지어야 할 이유가 뭔지도 모르겠고, 매곡동 사저를 13년 만에 시세보다 비싸게 팔아 17억의 차익을 남겼다는 소식도 듣기 거북합니다. 시세를 초월해서 비싸게 산 사람은 누군지도 궁금합니다만 이것도 덮기로 합시다. 하북면 사저 건축을 위해 금융기관에서 3억 8900만원 대출, 나머지 11억원을 사인간 채무로 충당하여 지금 짓고 있다는데 빚을 내 큰 집을, 그것도 농지법 위반을 해가며 큰 집 지을 필요 또한 궁금합니다. 이것도 문제 삼지 말았으면 합니다. 이 사람이 대한민국 대통령이라는 신분이니까요.

고 노무현 전 대통령은 봉하 마을에 속칭 아방궁을 지었고, 이명박 전 대통령도 큰 집 지으려다 여론에 몰려 포기한 적이 있지요. 박근혜 전 대통령은 예금 압류, 내곡동 사저 공매처분 등에 따라 수중에 재산이 없는 상태입니다. 그런데 지금 대구 달성군에 큰 저택으로 이주해 살고 있습니다. 이 집의 구입자금을 가로세로 연구소에서 지불했다고 하는데 이렇게 큰 집을 구입해준 이유는 무엇이고 구입해준다고 덥석 받아들이어 이사와 사는 이유 또한 이상합니다. 체면 없는 처사로 비처지지 않습니까.

마르크스(Karl Marx 1818~1883)는 일생이 가난뱅이 신세를 못 면하고 죽었습니다. 그의 자식 일곱 명 중 넷은 어려서 죽었지요. 돈이 없어 병원에 가지 못해 죽었고, 돈이 없어 장례도 치러주지 못했다 합니다. 그는 노동자의 노동으로 만든 잉여가치가 자본가들에 무상점유 당함은 모순이고 이것의 타개를 위해 사유제 폐지를 주장하였습니다. 마르크스처럼 큰 영향을 행사한 철학은 없다할 정도로 큰 충격을 준 철학자이긴 하지만 그의 논리가 절대적 가치라 할 수는 없습니다. 그는 4살 연상인 폰 베스트팔렌 남작의 딸 예니(Jenny von Westphalen)와 결혼하여 고락을 함께 했습니다.

그가 이렇게 위대한 철학자가 되기까지는 예니의 적극적 도움이 있었습니다. 돈 벌어오라 채근하지도 않았고 사치와는 무관한 삶을 살았던 여인입니다. 또 한 사람 엥겔스가 있었습니다. 엥겔스는 마르크스가 학문하도록 열심히 돈을 벌어 마르크스의 가족들을 부양했습니다. 마르크스가 돈 걱정 없이 연구에 몰두할 수 있었던 것은 친구 엥겔스의 공이 크다고 합니다.

한국 역대 대통령 중 검소하고 소박한 삶을 산 대통령은 이승만과 박정희, 최규하 정도라 생각합니다. 다른 대통령들과 그 부인들은 특권 계급의 우아함으로 자신을 치장하려 하는 허영을 버리지 못한 것 같습니다.

아리스토텔레스는 행복이란 이성을 동반한 영혼의 활동과 행위를 통해 인간 고유의 탁월성(arete)을 발휘할 때라고 하였습니다. 영혼의 활동이 탁월해야 행복해진다는 요지겠지요. 이와 비슷한 말을 세네카도 하였습니다. 그는 '행복한 삶에 관하여(De Vita Beata)' 란 글 속에서 재산·명예·쾌락이라고 하는 것은 진정한 행복의 제1 조건이 아니고 영혼(靈魂)의 건전성이야말로 중요한 행복조건이라 말했지요.

예니처럼 재산에 욕심이 없고 자신을 드러내지 않으면서 조용히 남편을 위해 조력하는 아내, 엥겔스처럼 아낌없는 조언과 조력을 하는 친구, 이런 사람들을 옆에 둔 대통령이라면 욕먹지 않은, 욕먹더라도 적게 먹는 대통령으로 임기를 마치지 않나 싶네요.

국민들의 대통령에 대한 기대는 훌륭한 인격과 영혼의 건전성을 행사 하는 인물이지요. 그러나 역대 대통령들 대부분이 실망만 안겨주었습니다. 근사한 마누라, 근사한 친구가 옆에 없었기 때문일까요. 이성을 잘못 교육 받은 본인 책임 때문일까요. 국민들의 바램을 채워줄 그런 대통령, 나 죽기 전에 그런 대통령 한 사람이라도 보고 죽었으면 좋겠는데.

얍삽한 정치꾼들

중국 정부는 1994년부터 10년 8개월에 걸친 대공사를 감행하였습니다. 양쯔 강에 산샤 댐을 완공한 것입니다. 이 댐 건설을 두고 많은 학자들과 이해관계자들이 의견을 냈습니다.

물리학자들이 나섰습니다. 댐 길이 23km에다 높이 185m, 최대 저수량 390 억t, 이렇게 되면 그 지역 기반이 엄청난 물의 하중을 받아 지진이나 해일의 우려가 있을 수 있다는 주장을 했습지요. 만약 여차하여 붕괴되면 어찌 되느냐, 중국 인구 5억 명 넘게 익사, 그해 곡물 40% 감소, 거기다 농토 황폐화마저 우려된다고 반대하였지요.

이번엔 경제학자들이 나섰습니다. 총 250 억 달러가 소용되어 일자리 창출에 기여하고, 130만 명을 이주시켜야 하는 비용이 발생하지만, 거기에 비하여 연간 8,147억 kw의 전기를 얻을 수 있는 것은 희망적이라 하였습니다.

문화 예술가들이 나섰습니다. 구석기 시대 유적지 60 여 곳, 신석기 시대 유적지 80 여 곳, 고대 파촉인(巴蜀人)들의 유적지 100 여 곳, 특히 파촉 지방(파국과 촉국이 있던 지방) 소수민족과 그들의 지방문화가 사라지면 어찌 되느냐. 촉국의 청동기 문화가 무더기로 발견된 삼성퇴

(三星堆)의 유물로 미루어 보아 이 지역은 당시 중원지방 국가와 어깨를 겨누었던 찬란한 문화가 존재하였던 땅입니다. 중국은 소수민족, 이민족들에 의해 광활한 땅과 문화의 다양성을 확보한 나라라는 점에서 이 점을 깊이 생각해야 한다고 주장하였지요.

이번에는 생태학자들이 나섰습니다. 양쯔 강에 살고 있는 민물 돌고래의 멸종은 물론이고, 수백 종에 달하는 생물들의 멸종, 거기다 댐을 막으면서 발생하는 수질 악화 이건 돈으로 바꿀 수 없는 것이라고 주장하였지요.

문화적 가치며, 생태적 가치보다 경제적 가치가 우선이라는 현실적 요구가 받아들여졌습니다. 댐은 완공되었습니다. 예상했던 문제들이 하나 둘 나타나고 있다하네요. 자연을 그대로 두어도 뜻하지 않게 재해가 일어나는 판인데 자연을 잘못 건드려 위험을 자초하면 안되지요. 우리가 알기보다 발해라는 나라는 거대한 나라였습니다. 그런데 당시 과학으로는 상상도 못했던 백두산의 폭발로 발해국은 역사 속으로 사라지고 말았다지요.

일본은 간사이 국제공항을 1994년 개통하였습니다. 일본의 토목공학을 세계에 자랑하려는 뜻이 숨어있는 대토목공사였습니다. 당시에도 찬반이 엇갈렸지요. 어쨌든 해안으로부터 5km 떨어져 인공섬을 만들고 말았습니다. 당시 수심은 약 18m였는데 공사 과정에서 10m가 넘는 침하가 발생하더니, 개항 이후 1기 활주로는 3.4미터, 2007년 완공된 2기 활주로는 4.1미터 정도 침하되었고, 지금도 1년에 약 7cm씩 침하한다는 군요.

2011년 3월 11일 오후 2시 46분 미야기현 앞바다에서 리히터규모

9.0의 초대형 지진이 발생하였습니다. 지진해일로 관제탑일부와 활주로를 포함한 공항의 대부분의 시설이 침수되는 바람에 공항은 폐쇄되었다가 복구되는 시련을 겪었습니다. 자연을 함부로 건드리는 것이 아님을 세계인들이 알게 된 사건이지요.

어느 나라 없이 선거철만 되면 희한한 공약들이 난무합니다만 이 나라에는 선거철만 되면 등장하는 단골 메뉴가 있습니다. 영남권 신공항 건설공약입니다. 2002년 대선에서 노무현 대통령 후보는 부산 신공항 추진 공약을 했지만 흐지부지되었고, 2007년 이명박 대통령 후보 역시 영남권 신공항 건설을 공약했으나 후보지 선정을 두고 극심한 지역갈등만 부추기는 것으로 끝났습니다. 2012년 박근혜 대통령 후보 역시 이걸 또 공약했습니다.

당시 국토부는 객관성의 담보 없이 이 사업을 추진할 수 없다는 취지에서 2015년 6월 프랑스 파리공항공단엔지니어링(ADPI)에 신공항 타당성 검토 용역을 맡겼습니다. 1년 걸려 연구조사를 마친 파리공항공단엔지니어링은 “영남권 신공항 입지로는 현재의 김해공항을 확장하는 방안이 최적의 대안”이라고 발표했지요. 당시 정부는 현재의 김해공항 왼편에 새로운 활주로를 하나 더 건설한다는 걸로 영남권 신공항 부지 논란은 종지부를 찍었던 겁니다. 이게 다시 지자체 선거를 앞두고 한 탕도 두 탕도 세 탕도 아닌 네 탕 째 등장하였습니다. 여러 후보지 중 낙제점을 받았던 가덕도 신공항 건설 주장이 등장한 겁니다.

국토부의 보고서를 다시 들어봅시다. 이 계획대로라면 공항의 43%는 바다를 매립해야 하는 걸로 되어있습니다. 가덕도 신공항은 최대 수심 21m, 연약층 최대 45m에 달하기 때문에 일본의 간사이 공항보다 공항 건설의 취약성을 갖고 있습니다. 그럼에도 여기다 공항 건설을 한다? 국토부 보고서는 "수심과 활주로 표고 등을 고려할 때, 최대 106m 깊이에 1억4200만㎡ 매립이 필요하며 이는 김해신공항 성토량의 8배" 더구나 활주로가 2번 이상 외해에 노출돼(바다-땅-바다) 침하 발생 가능성도 매우 크다며 이런 경우는 전 세계적으로도 유례가 없다는 점을 밝히고 있더군요. 거기다 공항 후보지의 평균 수심이 18m라고 하지만, 활주로 설계 높이까지 흙을 쌓는 평균 성토는 87m로 인천공항(13m)의 6.7배에 이르기 때문에 산과 바다의 훼손이 막심할 것으로 내다보고 있고, 또 활주로가 외해에 위치할 경우 해일의 영향을 줄이기 위해 해수면 위 약 10층 높이의 활주로를 건설해야 하므로 이 높이 성토를 위해 많은 토사와 돌이 필요해진다고 하였습니다. 태풍 경로 정면 바다에다 이런 공항을 건설한다?

국토부는 "해상매립으로 생물 다양성, 보호대상 해양생물 서식지 등으로 보전 가치가 높은 해양생태 1등급 지역이 훼손"되는 것은 물론이고 "해상매립에 필요한 토석 확보를 위해선 국수봉(269m), 남산(188m), 성토봉(179m)을 깎아야 하고, 이 경우 절벽 등 1등급 생태자연 훼손도 불가피하다"고 하여 가덕도 신공항 건설은 안 된다고 보고하였습니다. 한국민간항공조종사협회의 입장도 "가덕도 공항 예정지는 수심이 깊은 외해에 위치해 항공기 안전에 심각한 영향을 미칠 수 있다"고 주장한 바도 있지요.

생존이 달려 있는 어민들이 조용한 것이 이상합니다. 겨울철엔 대구가 찾아와 산란하고는 설을 지나면 대구는 떠납니다. 봄이면 숭어가 역시 이 지역을 찾아와 산란을 하는 보물섬이 가덕도입니다. 가덕도가 매립되면 해류가 바뀌고, 그렇다면 이런 귀한 어족들이 딴 곳으로 가서 산란하면 어쩌지요. 대구나 숭어에 그치지 않고 생태계 교란이 일어나 바다 생물에게 큰 영향을 끼치면 어쩌지요. 가뜩이나 신항만 건설 때문에 조류가 바뀌어 숭어 어획이 확 줄었다고 어민들은 울상을 짓고 있습니다.

세계적 희귀 종 민물 돌고래 몇 종류는 아마존강, 갠지즈강, 양쯔강, 메콩강, 인더스강 등에서 근근이 살아가고 있습니다. 보호어종이지요. 한강 하구에는 돌고래의 일종인 상괭이가 바다와 강을 오가며 살았습니다만 이젠 전설적 어종이 되었지요. 구경 한번 해보시지요.

'한국의 인어'라는 별명을 갖고 있는 보호 대상 해양생물 '상괭이'. 유튜브 캡처

이 아름다운 어종을 왜 보호하지 못했는지. 다른 종류이긴 하지만 이런 희귀 어종의 멸종 같은 것을 문제 삼지 않았던 중국은 그래도 경제적 이익 추구라는 큰 명제는 있었습니다. 경제적 측면에서 김해공

항 확장보다 가덕도 신공항 건설이 월등한가요.

그 많은 환경단체들의 발언이 안 들리는 것 또한 해괴(駭怪)합니다. 안 될 일인 줄 알기 때문에 침묵하는 걸까요. 일제(日帝)는 가덕도에다 해군 기지를 건설하여, 고사포 부대를 주둔시켰지요. 부산 앞바다를 지키는 요새로서 가덕도는 지형적으로 아주 중요한 곳입니다. 가상의 적을 염두에 두고 해군 기지로 활용해야지 여기다 공항을 짓는다?

얕은꾀를 써서 제 잇속 차리는 태도를 두고 얍삽하다고 말합니다. 표의 구걸을 위해 신공항을 공약한 역대 대통령 후보자들 참 얍삽한 사람들입니다. 가덕도는 몇 차례 얍삽한 정치꾼들 때문에 땅값만 곤두박질을 쳤지요. 이 공항 건설을 다시 오거든 전 부산시장이 주장하였고, 그의 친척은 요지 땅을 사들였습니다. 어딘가 구린내가 나는 것 같지 않습니까.

얍삽한 인간들 때문에 나라만 멍들고 있군요. 야바위꾼 같은 정치인들! 퉤퉤!

대통령감이 안 보인다

과거 베네치아(Venezia, 영어로는 Venice)를 두고 사람들은 유럽으로 들어오는 '유럽의 경첩'이라고들 하였습니다. 경첩은 문이나 가구의 문짝을 다는데 쓰는 철물 아닙니까. 베네치아가 바로 유럽의 문을 여는 경첩 역할을 하였다는 겁니다. B.C 1000 년경부터 베네치아는 아드리아 해 주변의 가장 떵떵거리고 잘 살았던 공화국이었지요. 여기가 예루살렘으로 가는 길목인데다가 유럽 십자군이 '거룩한 땅' 이라 하는 팔레스타인으로 가는 경유도시였기 때문에 지정학적으로 동방 교역이 용이하였습니다.

당시는 향신료 장사가 잘 되던 시대였습니다. 후추는 인도나 아프리카 동해안에서, 사프란(Saffron, 붓꽃과 향신료), 육두구(nutmeg, 肉荳蔲) 역시 인도에서, 계피는 실론(Ceylon, 스리랑카 옛 이름)에서 사와 유럽시장에 내다 팔았습니다. 재미가 짭짤했겠지요. 베네치아 인들은 항로 개척을 통한 무역으로 부강을 이루었습니다. 어떤 나라처럼 육지의 땅 확보에 신경 쓸 필요가 없었고, 사람이 장사 잘 해서 잘 살면 되는 것이라는 생각을 먼저하다보니 대부분은 정치를 누가 하건 그건 그들의 할 일이라 생각하여 관심 두지 않았습니다. 아니 개별 상인들은 개별로 장사하고, 정부와 합작한 더 큰 사업가들은 그것대로 큰 돈 벌 생각에만 신경 쓰고 산 사람들입니다.

셰익스피어의 『베니스의 상인』은 르네상스 시대 유럽에서 가장 부유했던 도시 바로 베네치아를 배경으로 하고 있습니다. 여기에 유대인 고리대금업자 샤일록과 함께 거상 안토니오가 등장하리만큼 베네치아는 지중해 무역의 중심역할지이면서 금융업이 성했던 곳이지요.

지금 한창 말썽이 되고 있는 아프가니스탄은 남쪽은 파키스탄과 접하고, 서쪽은 이란, 북쪽은 투르크메니스탄, 우즈베키스탄, 타지키스탄을 경계로 하는 나라입니다. 1인당 국민총생산(GNP)이 세계에서 가장 낮은 편으로, GNP의 2/3는 농업이, 나머지는 광업·제조업·공공사업 부문과 교역으로 먹고사는 나라입니다. 경작지에서 밀·옥수수·쌀·보리를 비롯한 곡식을 재배하며 채소·과일·목화도 재배합니다. 거기에 피스타치오를 비롯한 야생견과류를 수출하지요. 그러나 전국토의 거의 절반을 차지하는 메마른 산악지대이고, 약간의 목초지에서 자급자족에 필요한 육류와 유제품, 가죽과 양털을 생산할 뿐입니다. 가축으로 양이며 소·염소·당나귀·말·낙타를 기릅니다.

전체 노동인구 가운데 3/5 정도가 농업과 목축업에 종사하며 광업은 천연 가스를 제외하고는 개발되지 않은 상태이니 개발 여지가 많은 땅이지요. 여기 저기 관광 명소로 꾸밀만한 유적들이 산재해 있긴 하지만 타종교 유물이라는 이유로 고귀한 유적과 문화재들을 박살내는 걸 보니 돈을 불사르는 것 같은 한심하고 한심한 생각이 들더군요.

내륙국은 그것대로 사방이 장터이므로 자기 나라 것 사방에 내다 팔고 이웃 나라 것 수입해서 반대편 나라에 내다 팔면 그런대로 살만한 구석이 생길 터인데 이 나라는 그렇지 못합니다. 종교가 다르다고, 종족이 같지 않다고, 거기다 미국에 부역했다고 지금 국민들을 마구 죽이는 일까지 한다니 싹수가 노란 나라 같이 보입니다. 현재와 같은 내란이 일어나기 전에 자력으로 나라다운 나라 만들 생각을 하지 않다가 미군이 철수하자 대통령이란 사람부터 훔친 돈 들고 먼저 도망치기 바쁜 걸 보니 너무 심하다는 생각 들더군요.

남의 나라 이야기는 그만 두고 우리나라 이야기를 합시다. 우린 삼면이 바다로 둘러싸여 이웃나라와 교역만 잘하면 그런대로 잘 살 수 있었을 터인데 그런 생각은 안 하고 척화비(斥和碑)만 냅다 세웠습니다.

조선시대 선비는 신분상 존귀한 존재였습니다. 독서를 열심히 한 끝에 기회가 되면 관직에 나아갈 신분이니 벼슬 생각 외에는 다른 생각을 하지 않은 것 같습니다. 유교이념을 실천 강령으로 삼는 도덕 군자연하는 선비들, 장사는 상것들이나 하는 걸로 생각한 어중이들이 큰 소리치고 살았으니 상업이 발달할 리 만무하지요.

> 선비가 거처함에는 반드시 볼만한 것이 있어야 한다. 동작과 위엄 있는 의용(儀容)이 다른 사람의 감모(感慕)를 받아야 하며, 언사와 풍채가 다른 사람을 계발시키므로 일을 행함에 그 조짐은 한가롭게 있을 때 나타나고, 도덕이 빛나는 것도 한가하게 지날 때 드러나게 되는 것이다.(崔漢綺, 『人政』, 卷6, 測人門 6, '相士以居'.)

> 선비는 마음 밝히기를 거울같이 해야 되고, 몸 규제하기를 먹줄같이 해야 한다. 거울은 닦지 않으면 먼지가 끼기 쉽고 먹줄이 바르지 않으면 재목이 굽

기 쉽듯이, 마음을 밝히지 않으면 사욕이 절로 가리고 몸을 규제하지 않으면 게으름이 절로 생기므로, 마음과 몸을 다스리는 데도 의당 거울처럼 닦아야 하고 먹줄처럼 곧게 해야 한다.(李德懋, 『靑莊館全書』, 卷5, 處雜稿 1.戊寅篇.)

선비는 이래야 된다는 건데, 나라에 이런 선비입네 하는 자들만 잔뜩 있어서는 안 되지요. 임진왜란이 일어나자 무수한 의병장 가운데는 무업(武業)에 종사했던 인물보다 글 읽기를 업으로 삼았던 선비들이 절대 다수였습니다. 그건 훌륭한 일이지만 훈련되지 않은 몸으로 활과 칼로 적을 방어하려니 신식 무기 앞에 쪽을 쓰지 못했다는 겁니다. 나라를 구할 길은 상업을 통한 자본의 축적, 산업기술 개발, 세계와의 교류 뭐 이런 일이 중요함을 당시 선비들은 왜 깨닫지 못했을까요. 선비 교육을 받지 않은 서구 관료사회에서도 우리처럼의 선비 정신을 발휘한 사람들이 많이 있어왔고, 선비정신을 고무 찬양하였던 조선조 사회에서도 사욕을 탐한 관리들 또한 많았습니다.

요즘 여당, 야당 간에 대통령 후보로 나선 인물들이 너무 많아 놀랍기는 하지만 대통령감이다 싶은 인물이 안 보인다고 말들을 많이 하더군요. 이 나라를 어떻게 부강한 나라 만들 것인가에 초점을 둔 정책대결은 없고, 저들 끼리 서로 헐뜯고, 표 구걸하고, 인기 발언을 냅다 쏟아내는 작태를 보니 한심하다는 말들을 많이 하더군요.

물건 잘 만들어 외국에 내다 파는 일을 어떻게 도울 건가, 대한민국이 좋아 관광객들이 줄 서서 오도록 어떻게 할 건가, 대한민국의 미래는 청소년들에 달렸으니 이들을 어찌 교육시켜 세계인으로 활보하도록 할 건가 등등의 말소린 영 안 들리더군요.

베네치아 사람들처럼 장사 잘 하도록 도와주려는 대통령감, 그게 누군진 몰라도 그런 사람 뽑읍시다. 세계를 활보할 미래의 역군을 잘 교육시킬 그런 사람 뽑읍시다. 과학과 문화로 승부수 내려는 그런 사람, 좌다 우다 가리지 않고 인재를 고루 쓸 그런 사람 뽑읍시다. 그런 인물이 누군진 몰라도 그런 사람 될 낌새라도 보이는 사람을 대통령으로 뽑읍시다.

윤석열 후보 손바닥의 임금 왕(王) 자(字)

그리스인들은 희극보다는 비극을 즐겼습니다. 그리스 비극은 개인적인 위로를 초월한 공동체 내의 아픔, 연민과 공포의 두려움에서 벗어나기 위해(카타르시스 효과를 얻기 위해) 비극을 택한 것입니다. 정작 그리스인의 기쁨 혹은 찬미는 그들이 남긴 조각품에서 엿볼 수 있지요.

그리스인들이 남긴 조각품들을 보면 육체의 아름다움이 돋보입니다. 육체의 신성함을 강조한다고나 할까, 아니면 올림픽을 시작한 나라답게 건강미와 투지력을 자랑삼는다고나 할까, 어쨌든 그리스인들은 나체의 남성 조각품들을 많이 남겼습니다. 시합에서 이긴 승자에게 월계관을 씌워 영광의 박수를 받게 한 그 순간은 거기 동참한 많은 사람들의 희열 아니었겠습니까.

그런데 <두 형제 상>, <원반 던지는 사람>, <헤르메스 신상> 등의 남성 조각상들은 벌거벗은 알몸에다 남근을 확실하게 드러내고 있습니다. 튼튼한 몸매의 위용을 드러내려니 홀딱 벗긴 걸까요. 여성 조각상들에겐 옷을 입혔지만 남성상만은 벌거벗긴 이유가 궁금하긴 합니다.

전쟁에서의 승리, 운동에서의 승리를 최고의 미덕으로 꼽는 그리스 사회의 이념이 남성 조각품을 만들게 한 건 아닐까요. 당시 그리스인들은 이 남성 조각품들을 구경하면서 찬사와 희열과 행복을 동시에 느꼈을 것입니다.

중세는 그리스 철학과 기독교 주의의 대립에서 시작되었습니다. 마침내 이성적인 것보다는 신의 계시가 값지다는 판단이 우세해지면서부터 구원의 행복을 얻고자 인간의 마음은 신의 신비로움에 기울어졌지요. 마음을 겸허하게 하여 신을 모시는 데에 소홀함이 없어야 행복해진다는 추세가 대세였다 이 말입니다. 신은 엄숙하기 때문에 히죽히죽 웃는 신 모습은 상상할 수 없습니다. 웃는 예수의 모습, 웃는 마리아 상을 구경한 적 있습니까.

세월이 흐르면 모든 것이 달라지는 법입니다. 신의 엄숙한 자세를 누그러뜨린 르네상스 시대를 맞았습니다. 이 시기에 들어서자 진지함으로 통하던 엄숙함의 기독교적 강압 분위기에서 벗어나 웃음을 회복하자는 생각을 하게 된 것이지요. 이것은 신앙에 대한 열망을 넘어 인간의 힘찬 생명력의 발산을 복구하자는 뜻입니다.

라블레(François Rabelais,1494년 경~1553년)는 의사이자 인문주의 문인이었습니다. 신격의 인물 묘사는 진지성으로 일관된다 해도 인간은 웃음을 잃을 필요가 없음을 그의 작품 속에 나타내었습니다. 익살스럽고 풍자적인 걸작 <팡타그뤼엘 Pantagruel>(1532)과 <가르강튀아 Gargantua>(1534)가 그것입니다. 그는 삶의 순간에서 느끼는 즉각적 반응이 웃음이고, 웃음이 어떠한 논리나 이치보다 우선하여 인간을 한때나마 행복하게 한다는 생각을 한 인물입니다.

사람과 더불어 있을 땐 웃음처럼 신선한 청량감이 더 있던가요. 짧은 순간에 환원된 행복감을 느끼게 하는 웃음은 순간적으로 신선한 세계를 호흡하게 하고, 세계를 소유하는 쾌락을 느끼게 하는 것입니다.

얼마 전 TV 토론장에서 윤석열 '국민의 힘' 당 대통령 후보 손바닥에 임금왕(王)이라는 한자가 쓰인 것이 화재로 등장하였습니다. 이웃집 열성 지지자 할머니 한 분이 써주었다는 부적입니다. 부적을 손바닥에다 그린 것도 처음 보는 일이지만 아무리 열성 지지자의 열의라 해도 손을 내밀어 임금왕이라는 글자를 쓰게 한 것도 이걸 지우지 않고 지니고 다닌 것도 코미디입니다. 이걸 두고 반대당에서는 부적 대통령감이라고 놀려대고 야단들이었습니다. 내가 남을 웃기려는 의도는 아니었다 해도 남을 웃도록 하는 데 윤 후보는 일정 역할을 한 셈이지요. 잘 해석하면 앞뒤 계산 두지 않은 순수한 인간 행위에 지나지 않습니다.

이 일이 있고 얼마 안 되어 윤 후보는 "전두환 전 대통령이 잘못한 부분이 있지만, 군사 쿠데타와 5.18만 빼면 정치는 잘했다고 말하는 분들이 많다. 호남에서도 그렇게 말하는 분들이 꽤 있다."란 발언을 하였습니다. 논리적으로는 "전두환의 과오가 충분히 있긴 하지만 노무현 대통령 때처럼 또 현 대통령처럼 자기 편 코드 인사를 하지 않고 고루 인재를 등용한 점은 잘 한 정치라 생각 든다. 나도 그 점만은 배우고 싶다"가 발언 요지로 보입니다. 그러나 5.18 피해자 입장에서 보면 그런 해석을 할 여유가 없어선지 전두환 칭송으로 들리어 마음 편하지 않았던 모양이지요. 잊혀질만한 과거를 다시 일깨운 처사로 해석된 모양이지요. 사태가 이렇게 진전되자 윤 후보는 사과를 했습니다. 사과를 하고 며칠 안 되어 이번에는 집에 기르는 강아지 앞에 사과가 놓인 사진을 온 라인에 올리는 바람에 여론의 질타가 또 따랐지요. 사과의 진정한 의미가 아닌 개판 사과였음의 시사가 아니냐는 엉뚱한 해석들이 등장한 것입니다. 가뜩이나 흠 잡으려는 여당이 가만있을 리 있나요.

이 일련의 사태를 지켜보는 국민들 입장에서는 희극도 비극도 없는 무미건조한 정치판에 윤 후보는 웃음거리를 제공하였고, 한때나마 윤 후보는 우리를 웃겨주었습니다.

라블레는 중세라는 암흑의 긴 터널에 갇혀 웃음을 잃은 대중에게 세상을 희화하여 웃음을 선사할 의도가 분명하여 웃겼다면, 윤 후보는 이런 자기 행동이 사람을 웃기는 일인 줄 모르고 연출한 것이라 라블레와도 다르고 코미디언과도 다릅니다. 세상 물정 모르고 저지른 행동을 감정 섞어 해석하는 이것 또한 코미디입니다. 임금왕자 부적 때문인지 그는 야당 대통령 후보가 되었습니다. 나중에 대통령에 당선된다면 부적 써준 할머니는 대박 날겁니다.

하여간 무료한 일상 속에서 이런 일들을 연출한 윤 후보는 한때 우리를 웃겨주어 고맙기는 하지만 대통령 되고도 이런 유의 코미디로 국민을 웃기면 어쩌나 하는 생각을 지울 수가 없습니다.

선진국이란 말 듣기 부끄럽다

동물들 중에는 포식자로부터 도망치기 위해 죽음을 가장합니다. 개미귀신, 바구미, 소똥구리 같은 것들은 살짝만 건드려도 일정 기간 죽음의 가면을 쓰고 꼼짝하지 않지요. 인간도 마찬가지입니다. 인간은 사회적 동물 중에서 가장 발달한 가면을 활용해서 타자가 요구하는 아니면 타자를 속이기 위한 그때그때 가면을 바꿉니다. 그것이 포효에 가까운 외침이든 침묵의 미소든 아니면 마음에 없는 얄랑거림이든 이런 짓거리에 아주 익숙한 사회적 동물이 바로 인간이다 이겁니다.

어린이는 자기가 원하는 것을 얻기 위해 떼쓰기, 울기, 애정 받기 위한 표정 짓기 같은 것을 학습하고 이것을 유효하게 활용합니다. 인간은 나이가 들어가면서부터 자신을 보호할 많은 가면을 생각합니다. 천연스런 몸짓으로 딴전을 피기도 하고, 위용의 몸짓으로 과장하기도 하지요. 연기는 배우만 하는 것이 아닙니다.

상대방의 지루한 설명을 들을 때도, 예상을 뒤엎는 난폭 행동에 직면할 때도 우리들은 어떤 가면을 쓸 것인가를 고민합니다. 상대의 진지한 언동에 하품을 하거나, 얼굴을 찡그리거나 자리를 박차고 일어나는 이런 행동이 자신을 나타내는데 유효할 것이란 판단에 따른 행동이지요. 연기가 워낙 출중하여 연기하는 자신도 놀라운 경우는 사기 행위를 잘하는 사람 중에 많습니다. 그러나 대부분은 자기 자신의 인간다움을 나타내기 위한, 자신이 업신여김을 당하지 않게 하기 위한 경우가 많습니다.

내가 만약 안동 김씨 누구의 몇 대 손, 그것도 장손이라고 한다면 몇 대 할아버지의 명예를 간접화하기 위해 걸음걸이며, 언행 심지어는 손님을 대하는 태도가 그럴듯해야 함을 알고 그에 적당한 가면을 쓰지요. 이것이 문중의 암묵적 요구이기도 하고.

시인이나 소설가 역시 무수히 많은 가면을 준비해 두고 작품 속에서 자신은 가면을 씁니다. 작중 인물이 바로 자신의 가면이거든요. 가령 김소월은 김씨 가문의 아들로서, 누구의 아버지, 누구의 남편으로서의 사회적 역할을 해야 하지만 작품 속에서는 이것과는 판이한 가면을 쓴 다른 인물로 등장합니다. '진달래꽃'의 작중 인물은 여자 아닙니까. 그것도 이별을 당할 걸 우려하는 조심성 많은 여자입니다. 김소월은 여자의 가면을 쓰고 작품 속에 뛰어들어 여자다움을 잘 나타냈지요. 사지 멀쩡한 남자가 여자의 가면을 쓴 작중 인물로 둔갑한 셈이지요. 그것도 가장 한국적 체념과 한을 안으로 삭이는 우리네 어머니 모습으로 자신을 둔갑시킨 것이 이 작품입니다.

노래가수는 노래하는 순간 가사의 정서에 따라 슬프게 혹은 기쁘게 아니면 아주 엄숙하거나 처연하게 불러야 노래를 듣는 사람에게 감정 전달이 됩니다. 이것이 청중의 요구이기도 하고. 그런데 슬픔이 묻어나는 노래를 웅변조로 부르면 실패입니다. 이 넉살좋은 가짜의 소리를 잘 내는 사람이 유명가수가 되는 것은 물론입니다.

우리의 목표는 삶의 무대에서 내가 감당해야 할 연기가 무엇이어야 하나를 생각한다 이겁니다. 어떤 땐 남의 조그만 성공을 과찬하여 미소 짓는 일에서부터 장례식에서는 거짓의 슬픔을 얼굴에 그릴 줄 알아야 합니다. 정도의 차이는 있으나 우리들 누구 할 것 없이 영특한 연기자들입니다.

인간은 너나 할 것 없이 더불어 살아야 하기 때문에 많든 적든 자주든 아니든 가면의 탈을 쓸 경우가 많지요. 상대의 가면에 대해서 저건 가면이다 아니다를 짐작을 할 뿐, 현실과 너무 동떨어진 가면이라 해도 그 가면 벗으라고 말하긴 어렵습니다. 그러나 상대 가면에 대해 나의 어긋난 판단 때문에 난감한 사태가 왕왕 있는 것 또한 인생살이입니다.

『오셀로』의 주인공 오셀로는 의심이 많습니다. 그의 아내 데스데모나가 오셀로의 동료 카시오와 불륜의 관계에 빠졌다 생각해서 아내를 추궁하지요. 데스데모나는 결백했지만 이를 증명할 길이 없어 초조하고 그의 분노 앞에 불안해하자 이것이야말로 불륜의 입증이라 하여 아내를 죽이는 장면이 나옵니다. 오셀로는 데스데모나의 가면을 잘못 읽은 셈이지요. 초조함과 불안에는 여러 원인이 있음에 대해 숙고했어야 했지만 그의 감정은 거기까지 도달하지 못했습니다. 이같이 상대방이 그리는 가면(메시지)의 해석이 독단에 빠져 일을 그르치는 경우를 일러 '오셀로의 오류'라 합니다.

오셀로의 오류는 개인 간에는 물론 집단 간에도 일어납니다. 2012년 16대 대통령 이회창 유력 후보 이야기입니다. 전직 부사관 김대업이 이회창 후보 아들 병역 비리에 관한 확실한 증거 녹음테이프를 갖고 있다고 폭탄 발언을 하였습니다. 사람들은 설마 그럴리야 보다는 그럴지 모른다, 그럴 것 같다 쪽으로 여론이 기울고 말았지요. 그 결과 이회창 후보는 낙마했습니다. 김대업은 선거가 끝나고 나서야 명예훼손, 무고, 공무원 사칭 등의 죄로 1년 10월 실형을 받았습니다. 그가 너무 천연스럽게 가면을 쓰고 말했기 때문에 사람들이 속은 것이지요.

지금 연일 신문마다 윤석열 전 검찰총장 '고발사주 의혹'에 대해 보도하고 있습니다. 당시 윤석열 검찰총장이 본인의 부하인 손준성 당시 대검 수사정보정책관을 통해 고발장을 작성, 김웅 의원에게 전달하는 방식으로 여당 인사를 공격했다는 게 내용이지요. 이게 사실인지, 사실이면 왜 그런 일이 일어났는지 그리고 이 문건이 엉뚱한 사람을 통해 언론에 새어나온 이유는 뭣 때문인지가 핵심입니다. 이 문건 작성일로부터 세월이 한참 흐른 뒤, 그것도 윤석열이 대선 야권 유력후보로 등판하자 불거진 것 역시 괴이합니다. 손준성은 윤석열 편 인물이 아니더군요. 윤은 딴 사람을 대검 수사정보정책관 자리에 추천했지만 윤을 미워하는 추미애 장관이 손준성을 그 자리에 꽂았다면 그런 인물한테 윤이 모모 인물을 손봐야 하는데 이걸 고발하라고 말하기 어렵지 않을까요. 그리고 상사가 시키는 대로 고분고분하는 검사가 흔할까요. 할 판이면 자기가 직접하지.

조성은이란 여인이 난데없이 등장하는 것 또한 괴이합니다. 그의 말이 사건을 키웠습니다. "우리 원장님(박지원 국정원장)이나 제가 원했던 거나 제가 배려 받아서 상의한 날짜(폭로날짜)가 아니다."란 의미심장한 말을 하였기 때문입니다. 문맥대로라면 박 국정원장이 이 문건 보도에 대해 조와 상의했음이 분명하지 않습니까. 간첩잡기에 바빠야 할 국정원장이 민감한 정치문제에 가담한다?

지난 7월 6일 유엔무역개발회의(UNCTAD)가 '회원국 만장일치 합의'로 대한민국을 개발도상국 그룹에서 선진국 그룹으로 지위를 변경했다는 보도가 있었습니다. 유엔무역개발회의(UNCTAD) 57년 역사에서 개도국에서 선진국으로 지위가 높아진 나라는 한국뿐이라고 하니 듣는 우리는 어깨가 으쓱해졌지요. 2020년 1인당 국내총생산(GDP)은 3만 1,497달러로 주요 7개국(G7)인 이탈리아(3만 1,288달러)를 추월했다니 놀라기에 충분은 합니다. 그런 나라의 국정원장이란 인물이 제자리를 지키지 않고 정치문제에 관여한 것처럼 보이는 건 나라 망신입니다. 위법입니다. 국정원법 제11조는 정치 관여를 엄격히 금지하고, 특히 제2항엔 '그 직위를 이용해 특정 정당이나 정치인에 대하여 지지 또는 반대 의견을 유포하거나, 그러한 여론을 조성할 목적으로 특정 정당이나 정치인에 대하여 찬양하거나 비방하는 내용의 의견 또는 사실을 유포하는 행위'를 불법으로 규정하고 있습니다.

이 사건에 개입설을 주장하고 있는 윤석열에게 박지원이 한 말은 코미디 수준입니다. "왜 잠자는 호랑이 꼬리를 밟느냐. 내가 국정원장이라 말을 못한다. 내가 입 다물고 있는 것이 자기에게 유리하다." 고 하였다나요. 호랑이의 가면을 쓴 위엄의 모습이 아니라 저질 조폭두목의 가면을 쓰고 "너 까불면 재미없어 이 00야!" 같이 들리지 않는가요. 아니 개미귀신 같이 내 말에 죽은 듯이 있어라 이 말 하는 것 같기도 하고. 어쨌든 이 사건을 두고 신판 김대업 사건 같다고 말하는 사람들이 많더군요.

선진국이라. 선진국의 기준이 GDP 여하로 판가름 난다면 중요한 무언가가 빠진 듯 보입니다. 경제에다 문화의 척도, 국민 수준, 특히 정치문화가 그럴듯한 나라, 이를 선진국이라 해야 옳은 것 아닌가 생각 드네요. 현재 한국 정치 문화는 저 아프리카 어느 나라 수준 같아 선진국이란 말 듣기 참 부끄럽다 이 말씀입니다.

공부가 된 사람이 대통령 되어야 한다

플라톤(Platon BC427,428-348,347)은 펠레폰네소스(431BC-404BC) 전쟁이 한창이던 때에 태어나서, 당대 최고 지성이라는 소크라테스(469BC-399BC)의 제자가 되었습니다. 이 시기는 아테네를 중심으로 소피스트들이 설치던 때입니다. 그리스 철학을 말할 때엔 소크라테스가 기초를 닦고, 플라톤에 이르러 절정에 이르렀고, 아리스토텔레스에 의해 보편적인 학문체계를 갖추어 서양철학의 토대를 이룩했다고들 하지요.

플라톤은 소크라테스를 주역으로 등장시킨 대화 형식의 책 『국가』를 저술하였습니다. 사람들은 대략 BC 385-375년 사이에 이 책을 저술한 것으로 추정합니다. 주로 폴레마르코스, 트라쉬마스코스, 글라우콘, 아데아만토스 등과 대화 형식을 빌려 국가를 또 사회 정의를 논하고 있습니다. 이 책 제 1권에 트라쉬마스코스라는 소피스트가 등장합니다. 세상에 존재하는 권력집단은 자신들의 이익을 위해 법과 제도를 만들고, 법과 제도를 정의라 포장하여 보통 사람들을 현혹시키면서 압박의 수단으로 이것을 활용해 왔음을 강조하였습니다. 부정의를 저질러 이익을 얻고 이것이 정의롭다는 평판까지 누려 왔음을 지적하면서 소크라테스에게 정의에 대해 설명해보라고 하는 장면이 나옵니다.

플라톤은 국가란 정의가 행사되어야 함에도 집권자들은 자신들의 이익을 위해 정의의 가치를 도용해 왔고, 자신들의 안정적 이익확보를 위해 그들이 고안한 제도적 수단이 곧 법과 제도라는 것인데, 이것의 모순을 지적하기 위해 트라쉬마스코스를 등장시키고 있습니다. 곧 국가란 이런 논리의 활동무대가 되어서는 안 됨을 강조하기 위해 이 책을 썼다 이겁니다.

국가란 무엇인가. 국가는 인간 사회 속에서 지켜야 할 질서, 보호받아야 할 안전의 확립이 기본입니다. 그러자니 이것의 유지수단은 법규범 아니겠습니까. 국가는 영토 확보, 사법권과 주권의 행사를 갖춘다는 점에서 다른 사회조직과 구별됩니다.

BC 429년 아테네를 습격한 전염병으로 페리클레스가 죽은 뒤 아테네에서는 과두정치파와 민주정치파 사이에 치열한 권력투쟁이 전개되어 흔히 말하는 '중우정치'시대로 돌입하면서 소피스트들의 궤변(詭辯)이 설치기 시작하였습지요. 중우정치(衆愚政治, ochlocracy)란 어리석은 다수 민중이 주도하는 정치를 말합니다. 플라톤은 중우정치를 난폭한 폭민들이 자행하는 '폭민정치'라고 하였고, 그의 제자 아리스토텔레스 역시 빈민들이 이끄는 '빈민정치'라고 하였습니다.

소크라테스는 민중정치인 데모크라티아(Demokratia)는 민의를 반영할 수 있는 장점이 있긴 하지만 중우정치인 오클로크라티아(okhlokratía)로 빠질 우려가 크다는 점 때문에 많은 고민을 한 철학자입니다. 이 우려를 탈피하기 위해선 현명한 철학자가 다스리는 '철인 정치'가 바람직하다는 생각을 하였지요. 이 점이 바로 플라톤의 『국가』에 나옵니다. 플라톤은 아테네의 몰락 원인이 '중우정치'에 있다고 보았지요. 대중적 인기에 부응하는 정치는 틀려먹었다는 겁니다. 개인의 능력과 자질이 행사되기 어렵고, 시민의 덕목이 경시되고, 백성이 무절제와 방종으로 흐를 우려가 있고, 거기다 엘리뜨들의 우수한 지적 세계가 사회에 봉사할 수 있는 출구를 막는다면 안 되는 일이라는 겁니다. 그래서 플라톤은 그가 건설하고자 하는 이상국가는 지혜를 갖춘 통치자(철학자), 용기와 의지를 가진 수호자(군인), 욕구와 충족을 절제하는 생산자로 구성하고 이들 각자는 지혜로 용기로 절제로 자기 맡은 바 소임을 다할 때 이룩된다고 보았지요. 그의 이런 발상은 현실과 동떨어진 데가 있긴 하지만 의미하는 바는 적지 않습니다.

플라톤은 페리클레스라는 한 영웅의 죽음 뒤에 찾아온 중우정치가 아테네의 운명을 바꾼 것에 깊은 회의를 갖고 이 책을 쓴 것은 확실합니다. 더욱이 소피스트들의 준동에 저항하다 스승이 죽임을 당하는 꼴을 보고 제자는 무얼 생각했을까요. 이 중우정치를 끝장내고 싶지 않았겠어요.

시민들은 국가를 생각하기 전 자신의 이익을 위해서 행동하고, 지도자를 자처하는 인물들은 군중을 사로잡는 화술로 여론몰이에 바쁘고, 민회(民會)는 자신과의 관계에서 유불리를 따져 반대 혹은 찬성을 하는 이런 중우정치에 반기를 들었던 소크라테스는 죽임을 자처한 셈입니다.

앞서도 말했지만 민주주의는 합리적인 정치형태라는 점에 대해서는 이의가 없지만 중우정치의 위험은 상존하는 제도입니다. 진실을 왜곡하는 선동정치야말로 위험천만한 것 아닌가요. 그렇다면 깨어 있는 시민의식과 통치자의 자질이 무엇보다 중요하다 하겠습니다. 이 점에 대해 얼마 전 최진석 교수(서강대 명예교수)가 쓴 글 '국가란 무엇인가'(광주일보 2019년 7월 2일)는 시사하는 바가 크더군요.

> 대통령이 현충일 추념사에서 김원봉을 언급하여 많은 논란이 일었다. 대통령도 말했듯이 "현충원은 살아있는 애국의 현장"인데, '애국'(愛國)이라고 할 때의 '국'(國)은 국가로서의 '대한민국'이다. "애국 앞에 보수와 진보가 없습니다"고도 했는데, 애국으로 통합되어야 할 보수와 진보는 중국의 보수와 진보도 아니고, 미국의 보수와 진보도 아니고, 조선민주주의인민공화국의 보수와 진보도 아니다. 배타적으로 대한민국의 보수와 진보일 뿐이다. 문재인 대통령은 이 말을 할 때, 말로는 애국이라고 하면서 느낌은 '민족'을 가졌을지 모른다. 민족적 의미에서 기려야 한다면, 민족적으로 기리면 된다. '애국의 현장'은 대한민국만을 중심에 놓고 배타적으로 적용해야만 한다. 국가는 원래 이런 것이다. 조선민주주의인민공화국의 수립에 기여하고, 6·25 전쟁 중에 대한민국의 파괴를 위해 적극적인 활동을 한 사람을 '애국'의 한 전형으로 제시하고 싶어 하는 것은 아직 논리적으로 부족하다. 하지만, 민족과 국가 사이에서 중심을 잡지 못하면 논리를 좌충우돌 끼워 맞추려 할 것이다.(중략)
>
> 민족은 상상의 공동체이다. 언어나 문화나 풍습을 공유한다는 믿음으로 구성되는 정서적 공동체이다. 법률로 관리되는 것이 아니다. 그래서 민족에 빠지면 감정적이고 정서적이 된다. 국가는 감성과 정서를 배제한 법률과 이성으로 관리된다. 민족은 따뜻하지만, 국가는 차가울 수도 있다. 민족은 정서적이고 심리적인 기대가 허용될 수도 있지만, 국가는 철저히 이성적이고 사실적 효과에만 기댄다. 민족에 빠지면 호소하려들고, 국가관이 투철하면 힘을 길러 판을 조정하려 한다. '힘'을 믿지 않고 설득과 호소와 간절한 눈빛과 따뜻한 태도를 앞세워서 일을 이루려고 한다면, 이는 아직 '국가'가 무엇인지를 모르기 때문이다. 혹시 상상의 공동체인 민족을 앞세우면 이런 태도들을 보일 수도 있다. 그러나 국가의 일은 국가적 단계에 맞는 태도로만 성사된다. 대통령은 대한민국의 원수이지, 민족의 지도자가 아니다. 이것을 분명히 하지 않으면 나라의 모든 일이 복잡해지고 해결이 난망해진다. 모든 것이 꼬일 수 있다.

이런 의미심장한 말을 하였습니다. 이 점은 문화일보(2020년 09월 28일) 기사에서 다시 확인할 수 있었습니다.

그(*최진석 교수)는 청와대와 대통령이 북한 입장을 두둔하느라 국민을 외면하고 있다는 비판이 나오는 것과 관련, "아연실색할 일"이라며 "혼란에 빠진 대통령과 간신들의 철없는 모습"이라고 목소리를 높였다. 최 교수는 "국가 레벨에서 자신이 어떤 역할을 해야 하는 사람인지에 대한 인식이 전혀 없고, 최소한의 준비도 안 된 사람들 같다"면서 "졸업 후에 책을 한 권도 안 읽은 사람들처럼 행동한다"고 비판했다.

최 교수는 서해 북방한계선(NLL)을 수색하는 우리 해군에 대해 수색하지 말라는 북한의 적반하장식 발언에 대해서도 "그 적반하장에 허둥대는 우리가 문제"라고 지적했다. 그는 "우리 권력층이 마치 북한에 무슨 약점을 잡힌 사람들처럼 행동한다"면서 "겁을 잔뜩 먹었다"고 비판했다. 그는 이어 "국방부 장관을 포함해 군이 늑대와 같은 야수성을 가지고 있는 것으로 보이지 않는다"면서 "정상적인 국가라면 굴욕적인 태도를 인내나 관용이나 아량으로 '정신 승리'하지 않는다. 영토는 국가의 핵심 이익"이라고 강조했다. 최 교수는 청와대가 북한의 사과를 '긍정 평가'한 것에 대해서도 "일분일초의 숙고도 없이 만행을 저지른 북한에 대화를 구걸하는 모습을 보인 것은 과했다"면서 "그런 사람들에게 우리 국민은 안중에라도 있을까 하는 의문을 갖게 했다"고 말했다.

대통령은 공부하고 공부한 결과를 정치를 통해 펼쳐야 제대로 된 대통령이 된다는 말 같이 들립니다. 대통령이 무식하면 아랫사람들이라도 유식해야 하는데 같은 통속으로 짜이면 나라가 망하는 것 아닙니까. 철인정치를 꿈 꾼 플라톤은 통치자란 대중영합주의자나 선동주의자가 아니어야 한다. 철인처럼 세상을 꿰뚫어보고 미래를 미리 내다보는 눈을 가진 지혜로운 자여야 한다. 지혜는 분별력이고, 이 분별력은 지식을 쌓은 사람만이 가지는 몫이라면 철학적 지식(학문적 지식)을 가진 자만이 국가를 통치해야 함을 이 책, 『국가』는 강조하고 있음을 확인하였습니다.

요즘 이런 저런 대통령 꿈꾸는 잠룡들이 등장하여 소란스럽습니다. 이런 꿈을 꾸기 전에 공부부터 하시기 바라고, 깨어 있는 시민 되기 위해서도 이 책 한 번 읽어보시면 좋겠다는 생각이 확 들어 한 소리 적었습니다.

친애(philotes)와 혐오(neikos) 또는 통합과 분리

신들에 의해 이 우주가 만들어지고 인간 삶마저 신들에 의해 조정된다는 신화세계는 어느 나라든 있었지만 그리스인들은 보다 체계적으로 신적 세계관에 젖어 있었던 것 같습니다. 그리스인들은 인간의 개인사에서부터 국가의 중대사까지 신에게 물어서 결정하는 게 요령이라는 생각으로, 여기서 더 나아가 신들을 존중하고, 신들을 기쁘게 하는 축제 같은 걸 잘 해야 뒤탈이 없다는 생각으로 여기 저기 신들이 사는 신관을 지었지요. 그것도 규모면에서 웅장하고 예술면에서 뛰어난 신관들을 지었지요. 이것들은 서양 건축사의 주춧돌이 되었고, 세계문화유산으로 값진 것이 되었지요. 곳곳마다 각종 신탁소를 만들어 무당이 번역하는 신의 목소리를 경청하며 신에 복종하는 삶이 바람직하다는 생각까지 하고 살았습니다. 이 중 가장 영험하기로 소문난 곳은 델포이 신탁소였다나요.

신은 과연 있는가, 있다고 해도 신은 어떤 생성 원리와 원칙 하에서 우주를 만든 것인가. 신이 우주를 만들었다면 무슨 질료를 가지고 만든 것일까 등등 당시 철학자들은 이런 의문을 품기 시작했습니다.

탈레스(Thales, BC.640-546)는 '만물의 근원은 물'이고 이것에서 비롯된다는 가설을 생각해내었지요. 생물체는 물이고 물로서 존재한다 이거였을까요. 아니다. 만물의 근원은 '공기'다. 아낙시메네스(Anaximenes, BC 585~525)의 주장입니다. 생물체는 공기 때문에 존재한다면 그의 말이 맞지요. 공기의 농도, 온도 변화에 따라 바람과 눈을 만들고, 이것이 물과 흙을 운반하여 지형변화를 일으키고, 뜨겁고 희박해지면 불과 천체로 변한다고 생각하여 번개나 지진도 공기의 변화에서 유래한다고 주장하였습니다. 이번에는 '불이다' 헤라클에이토스(Heraclitos, BC 540년 경-480년 경)의 말입니다. 세계질서는 "일정한 정도로 타오르고 일정한 정도로 꺼지는 영원히 사는 불"이라는 관점입니다. 그가 말한 불은 연료·불꽃·연기뿐 아니라 대기의 에테르까지 포함하고 있습니다. 공기 또는 순수한 불의 일부는 바다 또는 비로 변하고, 바다의 일부가 땅으로 변한다고 본 것이지요. 그럴까. 그러나 이것도 아니다. 엘레아 학파(Eleaticism)들은 '흙'이라 했습니다. 지구에 흙이 없으면 지구라 할 수 없지 않는가. 흙은 생명의 안착 공간 아닌가. 이번에는 앞서 이론들을 종합하여 만물의 근원은 어느 하나만으로 이룩되지 않고, '물, 공기, 불, 흙'이 4원소의 비율에 따른 합성에 의해 사물은 형태와 크기가 바뀔 뿐 사물의 생성과 소멸은 언제나 그대로라는 그럴듯한 이론을 내민 것입니다. 엠페도크레스(Empedocles, BC490년 경-430년 경)이지요. 그의 주장은 원소 자체는 그대로이지만 이것들의 통합과 분리, 즉 통합의 원리인 사랑과 분리의 원리인 다툼(미움)에 의해 사물은 형상화 된다고 본 것입니다. 이게 그의 우주생성론이고 사물의 존재 근거입니다.

그리스신화는 혼돈 즉 카오스 상태에서 출발합니다. 카오스는 질서의 안정 상태의 앞 단계이므로 질서로 향한 빈 공간이라 할 수 있습니다. 이 빈 공간에 생명을 잉태할 흙을 채워 넣어야 한다고 생각했겠지요. 그렇다 해도 생명의 발아를 위한 에너지 이것이 동원되어야 할 것 아닙니까. 이 생명의 에너지원을 에로스라 한 것입니다. 에로스는 성적 욕망만이 아닌 '욕망을 기반한 사랑' 이 정도의 말입니다. 욕망은 결핍에서 비롯되고 이 결핍을 채우려는 작용 때문에 생명을 보존, 잉태하게 된다는 생각을 한 것이지요. 그러니까 에로스는 모든 걸 움직이는 에너지원으로 생각한 것입니다.

신화시대를 끝장내고자 하는 엠페도클레스는 에로스를 친애(philotes)와 혐오(neikos)로 나누어 설명하였습니다. 친애는 조화로운 결합(통합)으로 생성의 에너지를 분출한다면 혐오는 결합을 깨뜨리는 분리의 힘을 의미합니다. 예로 들어 말한다면 흙과 물의 압력은 불의 분출력(화산)을 막아내지만 이것의 불균형은 폭발이라는 분리가 일어난다고 생각한 것입니다. 당시 생각으로는 꽤 괜찮은 생각 아닙니까.

나는 엠페도클레스의 4원소 설에는 관심이 없고 다만 그가 주장한 통합과 분리 이것이 사물의 이치라는 관점을 의미 깊게 생각하여 사회현상도 정치현상도 이렇게 진행되는 것 아닌가 하는 의구심에서 이 글을 준비하였습니다.

얼마 전 조 바이든(Joe Biden) 미국 대통령 당선인은 과반수 확보로 당선이 확정되자 대국민 연설을 하면서 "분열이 아닌 통합을 추구하는 대통령이 되겠다"고 말했습니다. 바이든 당선인은 치유와 회복으로 미국을 다시 통합하여 일으키겠다는 것이지요. 트럼프(Donald Trump) 대통령 4년은 난폭하고 변덕이 심한 '질서 파괴자'에 견줄만하였습니다. 미국의 국익을 우선으로 생각하다보니 국제 질서에 교란이 일어났고, 개인의 정치적 계산을 먼저 따지는 편협성이 말썽을 일으켰고, 국제기구의 일방적 탈퇴와 보복 조치마저 불사했습니다. 한국을 비롯한 동맹국과의 관계를 경제적 계산으로 따지기도 겁박하기도 하여 미국을 사랑했던 많은 우방으로부터 걱정과 분노와 공포를 느끼게 한 독재자와 다름이 없는 행보를 하였다면 심한 말이 될까요. 미국민들은 미국의 규범과 가치가 행사되는 품위 있는 리더를 원했지만 현실이 다름을 알고 고민하였을 겁니다. 비록 성문화 되지 않았지만 미국이 행사해온 규범과 국제사회 속에서 미국이 보여준 양식을 살려야 한다, 이런 생각을 하게 된 건 아닐까요. 그렇다면 이것들의 규범 결정자(rule-setter)가 필요합니다. 이걸 바이든에서 찾으려 한 셈이지요. 정치 분열에서 통합으로 나아갈 미국다움의 행진, 이것을 바이든에서 찾고자 한 셈이지요.

남의 나라 이야기는 이 정도로 하고 문재인 정부 들어서고 난 뒤 우리나라 사정은 어떤가를 따져 볼 필요가 있습니다.

첫째, 경제 문제가 심상치 않습니다. 올해 세 차례 추가경정예산으로 112조원 적자가 예정된 데 이어, 내년 말 나랏빚은 945조원에 육박할 전망입니다. 2022년 차기정부가 들어서면 국가 채무는 1,070조 3000억 원에 이를 전망이라네요. 문재인 정부 첫해인 2017년에 비해 무려 410조원 증가한 규모이고, 이명박·박근혜 두 정부를 합친 9년 동안의 나랏빚은 351조원 늘었지만, 문재인 정부 5년간은 여기서 60조원 더 많은 빚이 증가하게 된다면 이게 보통 문제가 아니라는 것입니다. 다음 정부에 엄청난 부담이 될 수밖에 없습니다.

둘째, 부동산 경기가 심각한 상태입니다. 문 대통령은 얼마 전 "주택시장이 안정화되고 있다"고 현실과 다른 말을 해서 여론의 뭇매를 맞은 적 있습니다. 집값 폭등에다 전세난 때문에 성난 국민이 대통령을 향해 신발을 벗어 던지며 "나라가 네 것이냐"고 항의하는 판이니 예사롭지 않습니다.

셋째, 여태 보기 힘든 외교 행태를 보였습니다. 문대통령이 김정은에게 삶은 소대가리라는 모욕을 들었습니다. 북한은 단거리 미사일 발사를 비롯한 각종 군사도발을 감행하는 걸 보면서도 문대통령은 전 세계를 돌아다니며 북한 경제제재를 푸는데 협조를 요청하고 있으니 제 정신이 아니란 말까지 나옵니다. 강제징용 판결과 수출규제로 한일양국 관계가 험악해졌습니다. 문재인 정부는 반일 감정을 자극하여 국내 정치에 활용하려 한다는 말까지 듣더군요. 여기다 한 걸음 더 나아가 지소미아 파기라는 악수를 두었습니다. 이렇게 되면 미국이 한일 갈등을 중재해줄 것이라 판단한 것이었지만 오히려 미국은 한국을 압박하여 지소미아 파기를 철회시켰으니 한국의 위상이 추락하고 말았습니다. 국민들은 미국과의 동맹관계마저도 균열이 가면 어쩌나를 시방 걱정하고 있습니다.

넷째, 국민을 통합하고 다독이는 능력이 부족합니다. 문재인 집권이래 계층 갈등, 이념 갈등, 젠더 갈등을 해소시키려는 노력이 부족했다는 것이지요.

다섯째, 저출산 문제를 예사롭게 생각하고 있습니다. 3분기 출산율이 0.88명대로 떨어졌고, 서울 지역 출산율은 0.69명, 올 한 해 태어난 출생아 숫자가 30만 명 이하가 될 것이라고 합니다. 이건 자살 율 최고라는 국가에서 나아가 국가 자살을 자초하는 일이 될 것 같아 걱정입니다.

여섯째, 통합보다는 분열을 조장하는 정치행태를 자행하였습니다. 문재인 정권과 민주당은 4+1이라는 범여권 협의체를 만들어 국회 과반 의석을 장악하고는 위헌적 공수처 법안을 통과시켰습니다. 거기다 야당과 협의 없이 선거법을 수정하였지요. 공수처는 검찰 수사 기능 무력화, 사법부 판사들의 협박용이 될 우려가 큽니다. 분리로서의 갈등구조가 자기 진영 구축에는 성공했을지 몰라도 사회적 생산 역량을 저하시켰다면 실패 아닙니까.

트럼프 대통령의 경우도 마찬가지입니다. 분리가 실패였다면 다음은 통합이 정답으로 등장할 차례가 됩니다. 차기 대통령은 그걸 준비한다고 하지 않습니까.

우리에게 이런 희망은 있는가. 현재의 분열을 통합할 세력들이 눈에 보이는가. 부정을 긍정하거나 묵인하는 정권의 하수인 또는 앞잡이로서의 공무원이 아니라 정부 정책의 감시자로서 교정자로서 역할을 다하는 윤석열 검찰청장, 그는 박해와 난관을 무릅쓰고 청와대와 친문 실세들이 연루된 권력형 게이트를 파헤치고 있습니다. 최재형 감사원장은 원전 월성 1호기 조기 폐쇄조치가 합당하지 않았음을 감사보고서에 명기하였습니다. 보통 용기가 아니지요. 김동연 전 부총리는 문재인 정부의 소득주도성장의 실효성을 놓고 진보 성향의 청와대 어공(어쩌다 된 공무원의 줄임말)들과 갈등한 끝에 관직을 떠났지요. 이런 양심 있는 공직자들이 있는 한 우리에게는 통합으로의 이행에 대한 희망이 있습니다.

앞서 엠페도클레스의 사물의 현존 이치에 대해 설명한 바 있습니다 억지스럽지만 정치 형태도 선행한 정치가 분리였다면 후행의 정치는 이것의 통합이었음을 정치사는 말해오고 있습니다. 문 정권은 치유와 화해보다는 적폐청산에 무게를 두었기 때문에 미래 지향적인 행보를 하지 못하고 국민 내부에 갈등만 부추기고 말았습니다. 자신들의 행위마저도 역사적 심판대에 오를 기미가 역력하니 이 일을 어찌해야 합니까.

윤석열 검찰총장이 대선 후보 지지율 1위에 올랐다는 여론조사 결과는 그에 대한 국민적 열망의 표시입니다. 그리고 문 정권의 분리 정치보다 통합정치로의 순행을 기원하는 염원이라는 생각도 듭니다. 윤 검찰총장이 대선에 나설 것 같지는 않지만 나선다 해도 국민들은 이대로는 안 된다의 집약적 표현이 그를 일약 대선 후보 지지율 1위에 등극시킨 것입니다. 미국 국민이 그랬듯이 한국 국민도 바보가 아님을 증명할 날이 곧 올 것 같은 예감이 들긴 드네요.

이참에 윤석열 검찰총장에게 솔직한 직언을 하자면 이탈리아 부정부패 척결을 주도했던 피에트로(Antonio Di Pietro) 검사가 주도한 마니 풀리테(mani pulite는 이탈리아 어로 '깨끗한 손'을 뜻하는 이탈리아 부정부패 척결 작업을 말한다.) 운동의 주역으로 대한의 뚝심 남아로 오래 남기를 바랍니다. 까짓것 대통령보다 대한민국 영예로운 뚝심 윤석열이 열 배 났습니다. 다른 생각 마시기 바랍니다.

윤석열 예비 후보에게 주는 고사탁족도(高士濯足圖)

중국 고전 ≪초사楚辭≫ 어부편(漁父篇)을 보면 어부와 굴원(屈原)이 문답하는 장면이 나옵니다. 마지막 부분은 이렇습니다.

> "어부가 빙그레 웃으며, 노를 두드리며 노래하기를 '창랑의 물이 맑으면 갓끈을 씻고, 창랑의 물이 흐리면 발을 씻을 것이다' 라고 하면서 사라지니 다시 더불어 말을 하지 못했다."(漁父莞爾而笑 鼓而去 歌曰 滄浪之水淸兮 可以濯吾纓 滄浪之水濁兮 可以濯吾足 遂去 不復與言)

창랑의 물이 맑다는 것은 도의(道義)와 정의가 지배하는 세상, 창랑의 물이 흐리다는 것은 도의, 정의가 무너진 어지러운 세상을 비유한 말이라 보입니다. '맑은 물에 갓끈을 씻는다'는 벼슬길에 나아간다는 뜻이라면 '발을 씻는다'는 세상과 초월하여 자기 삶에 충실하면 된다는 뜻 아닐까요. 발이나 씻고 만리 물길 따라 흘러간다(濯足萬里流)는 초연함 이것이 느껴지는군요.

A.D. 3세기 중국에 도교 집단 7명이 단출하고 심미적인 삶을 추구하면서 살았습니다. 이름하여 죽림칠현(竹林七賢). 시인이면서 음악가인 혜강(嵇康)이 대숲이 욱은 고향집에 낙향하여 살자, 모략과 음모가

판을 치는 궁궐 생활에 염증을 느낀 친구들이 하나 둘 모여 도합 7명이 되었다나요. 이들은 술을 마시고 철학을 논하고 시를 짓고 노래 부르며 살았다지요.

공적 생활은 명령과 복종, 특정한 시각과 분위기 안에 갇혀 살아야 하지만 여기서 떠난 삶은 자발적 사고와 자유로운 행동, 더욱이 취흥에 살 수 있으니 그들로서는 행복한 시간을 가진 셈입니다. 적극적 참여자 입장에서 스스로를 소외한 집단, 그러면서 삶에 여유를 찾은 사람들의 모임이지요. 생활의 궁핍이 없다면 죽림칠현처럼 살면 얼마나 좋겠습니까. 까짓것 벼슬이 뭔데.

소크라테스의 제자 중에 안티스테네스(Antisthenes, C. 445- 365 무렵)가 있었습니다. 그는 견유학파의 창시자로 알려진 인물이지요. 그는 인간이 행복해지고 사려 깊은 생활을 할 수 있는 원리가 무엇인가에 대해 고심하였습니다. 그는 교육 방법을 극적인 것으로 만들기 위해 종종 헤라클레스의 신화를 본받아 교단에 서서 사회의 불의를 향해 개처럼 짖어댔다고 합니다. 그와 뜻을 같이하는 철학 유파를 견유학파(犬儒學派, Cynic : 그리스어로 '개 족속'이라는 뜻)라 하는 이유가 여기에 있습니다. 인간은 가식과 허위의 가면을 쓰고 살지만 인간 가까이 사는 개는 자연 그대로라는 점에서 오히려 개에게서 인간이 배울 점이 있다는 뜻이고, 인간 사회를 비판한다는 뜻에서 개 짖는 소리를 흉내 낸 것이라고 할 수 있습니다. 그들 견유학파들은 간소하게 걸친 옷 한 벌, 지팡이, 작은 가방이 전 재산이었던 사람들입니다. 디오게네스가 편안한 집을 거부하고 나무 통 안에서 살았던 일화 기억나지요?

디오게네스의 제자 중 테베의 크라테스(Crates, BC.365-285) 역시 견유학파입니다. 크라테스 제자 중 키프로스의 제논(Zenon, BC. 334-262)은 '자연과 일치하는 삶'을 주장하여 새로운 철학 사조를 일으켰습니다. 그가 교육했던 장소는 아테네의 스토아(Stoa, 기둥이 늘어선 건물)였기에 스토아학파라고 합니다. 견유학파가 자연과 일치하는 삶을 주장하였다면 이들은 인간은 삶을 관통하는 법칙을 배워야 하고, "모든 일에 적절한 판단을 내릴 수 있어야 지혜로운 자가 될 수 있다"고 하였습니다. 이건 세네카(Seneca, BC 4- AD 65)가 한 말입니다. 이들은 자연이란 동식물을 의미하는 자연생태계에 국한해서 한 말이 아니고, 이 세계의 작동원리를 자연이라 한 것입니다. 구체적 지식보다 만물과의 조화를 이루는 이치에 대한 근본적 이해가 필요하다는 것이었지요.

이쯤 해서 본색을 드러내볼까요.

조선 중기 왕족 출신 화가 이경윤(李慶胤, 1545-1611)의 고사탁족도(高士濯足圖)입니다. 그는 왕족이면서 풍류스런 생활을 하다 죽었다지요. 이 그림을 윤석열 전 검찰총장에게 보여주고 싶습니다.

권력을 행사하는 자리에 있었던 사람들은 대체로 세 부류로 나누어지는 것 같더군요. 1) 현재보다 높은 자리에 오르려고 큰 권력의 시녀노릇 한 경우.

2) 부정한 돈을 챙기거나 고급정보를 빼내 땅 투기 한 경우. 3) 양심의 소리에 귀 기울여 법과 질서를 지키다 명예롭게 퇴직한 경우입니다.

윤석열 이분은 3)에 속한다고 봅니다. 그런 사람이라면 그런 사람답게 살도록 놔두면 되는데, 대권후보감 여론 조사에서 1등이니 2등이니 하여 언론이 이 사람을 부추기고 있습니다. 이러니 윤석열 씨는 여기에 귀가 솔깃해질 것 아닙니까. 국민이 나를 그렇게 생각한다면 욕심을 내볼까. 이게 현재 윤석열의 생각 아닐까요. 옆에 바짝 붙어서 적극 권하는 인물들도 있을 것이고.

창랑의 물이 맑다면야 갓끈을 씻어도 되겠지만 지금은 물이 흐립니다. 그런 마당에 그야말로 '개 족속'들이 설치는 정치판에 뛰어든다? 말리고 싶군요. "청파에 조히 씻은 몸 더러일까 하노라."하고, 옛날 죽림칠현이나 스토아학파들처럼 자연과 더불어 걱정 없이 술이나 마시면서 멋지게 살다 가는 이것, 앞 그림에서처럼 발이나 씻으며 걱정 없이 살다 가는 이것 참 권하고 싶은 삶의 모습이긴 하지만 굳이 대통령 되려면 여태 볼 수 없었던 멋진 대통령 모습부터 보여줘야 합니다. 그러려면 선거 공약이 확 달라져야 되겠지요.

첫째, 대통령 월급은 모두 공익을 위해 쓰겠다. 이유는 비록 마누라 재산이긴 하지만 적지 않게 있고, 나 자신도 연금 수혜자이기 때문이다.

둘째, 대통령 권한이 너무 비대한 데서 문제가 많이 발생하고 있다. 대통령 중심제와 내각책임제의 절충형태인 이원집정부제로 개헌하겠다. 개헌할 동안이라도 내각에게 권한을 주고 대신 대통령은 외교와 국방에 관한 권한만 행사하겠다.

셋째, 국회의원 수와 세비를 확 줄일 뿐 아니라, 비서를 두 명으로 제한하고, 국회의원과 자치단체 의원 모두 3선 이상을 금하게 개헌하겠다.

넷째, 대통령이 행사해 온 임면권한을 1/3 이상 줄이겠다.

이런 정도의 공약 내세우면 어떨까요. 국민들은 '한 번도 경험해보지 못한' 검찰총장을 보고 경이로워했는데, 이번에는 국민들이 한 번도 경험해보지 못한 대통령을 보고 깜짝 놀라게 하면 얼마나 좋겠습니까. 윤석열 씨가 이럴 자신 있으면 대통령에 입후보하고 그래서 당선되면 좋겠지요. 그렇다면 대한민국이 확 바뀌겠지요. 이만한 배포와 자신이 없으면 창랑 대신 한강에나 자주 나가 발이나 씻으며 살기 바랍니다.

이게 나라냐

2017년 3월 10일 헌법재판소가 대통령(박근혜) 탄핵심판 청구에 관해 재판관 8인 전원일치로 인용결정을 하여 박근혜(이하 존칭 생략)는 파면되었습니다. 대한민국 역사에 처음으로 대통령 탄핵이 완성된 것은 물론 그 책임까지 물어 징역살게 하였지요. 국민에게 깊은 상처를 남겼습니다. 영광스럽지 않은 일이었지요.

2016년 박근혜 당시 대통령 퇴진 운동의 집회 참가자들은 "이게 나라냐?"를 적은 깃발을 흔들면서 광화문 네거리를 메웠습니다. 유모차를 끌고 나온 사람, 휠체어를 타고 온 사람 등등 여기에 동참한 사람들은 나라가 이렇게 추락한 꼴을 그냥 볼 수 없다는 둥, 대통령감이 안 되는 인물이 대통령 되어 나라를 어렵게 만들어놓아 속에서 천불난다는 둥 많은 사람들이 이러저러한 이유로 운집하였지요. 집회를 주도한 세력들은 과연 어떤 부류의 사람들이었을까. 거기에 따라나선 시위자들은 탄핵의 정당성을 확보한 채 집회에 나왔을까. 이런 의심이 나긴 나지만 촛불을 들고 흔들어대는 모습들이 예사롭지 않았습니다.

이런 퇴진 운동에 탄력을 받은 여야 국회의원들은 합심해서 대통령을 몰아내자에 동의했고, 헌법재판소 재판관 역시 만장일치로 "박근혜를 파면한다."로 결정을 내렸습니다.

나는 이런 역사적 사실이 온당하다 안하다. 아무리 그렇다 해도 파면은 너무하다, 아니다. 이런 논리를 따질만한 지식도 자격도 없습니다. 다만 그때 그 광장을 메운 사람들은 나라다운 나라가 무엇이어야 하는지를 제대로 알고, "이게 나라냐?"를 외쳤을까요. 이게 궁금하다는 겁니다.

아득한 옛 선배 한 분이 힘들여 책 한권을 썼습니다. 플라톤의 『국가(politeia)』입니다. 플라톤은 이 책에서 올바른 국가라고 함은 올바름(正義 dikaiosyne)으로 행사되는 나라, 올바름이란 전체를 구성하는 다양한 부분(생산자 계급, 수호자 계급, 지배자 계급)들이 자신의 기능하는 바를 수행하고, 구성원들 모두가 자신에게 할당된 역할을 수행할 때 나타난다고 하였습니다. 특히 개인에게서는 이성이, 공동체에서는 선의 형상을 통찰한 철학자가 지배할 때 조화가 달성되고, 그래야만 이성적 국가(kallipolis)가 만들어질 수 있다고 본 것이지요. 나는 이런 논리가 맞다 틀리다에도 주목하고 싶지 않습니다.

플라톤은 그의 스승 소크라테스가 궤변을 생활무기로 삼았던 그리고 민중을 호도하기에 바빴던 소피스트에 대항하다 누명을 쓴 채 사형 당하자 그야말로 "이게 나라냐?"를 느낀 나머지 이 책을 썼음에 주목하자는 겁니다. 부패와 부정이 판을 치는 아테네를 위해 적어도 정치를 수행하는 자는 현명하고 지혜로운 철학자여야 하겠다고 하면서 그들로 하여금 정치의 탁월성을 발휘하도록, 정의로움을 원칙대로 행사하도록, 이것들을 정치 수행자의 덕목으로 간주하도록 해야 나라다운 나라가 된다고 역설한 이 책이 『국가(politeia)』입니다.

얼마 전 윤석열 후보가 대통령으로 당선되었습니다. 그는 죄인의 죄됨을 밝히는데 바빴던 검사였지요. 그의 재간이 여기에 있었고, 검사로서 충실한 사람이었을 뿐입니다. 대통령 되려고 대통령 공부를 또는 정치를 한 사람이 아니란 말입니다. 그를 지켜본 대통령 문재인이 이 사람이야말로 내 편 들어줄 검사라 간주하여 검찰총장으로 발령하였습니다. 발령장 주면서 문재인은 "살아있는 권력에도 엄정하게 수사하라."고 당부까지 하였다지요. 윤석열은 이 말을 곧이들었습니다. 그는 주군 옳게 만났다 생각하였을지 모릅니다.

윤석열은 조국 사태가 터지자 전방위 압수수색을 감행한 것은 물론이고, 송철호 울산시장 관련 선거 개입의혹, 월성원전 경제성 조작의혹 등 정권 비위를 건드리는 이런 사건에 수사를 밀어 붙였습니다.

문대통령과 여권에서는 "아뿔사! 아군이 아닌 적군을 검찰총장으로 데려왔구나!"로 탄식하였겠지요. 그러나 이미 때가 늦었습니다. 추미애가 법무장관으로 등장하면서 윤석열을 그 자리에서 쫓아내려고 엄청 애를 썼습니다. 윤석열은 끝까지 버텼고, 그 버틴 오기가 대통령 후보로, 드디어는 대통령으로 당선되었습니다. 코미디 같은 이야기 아닙니까.

여당 후보였던 이재명, 무슨 말을 어찌해도 그는 전과 4범에다 정부 돈을 개인의 식사비, 심지어는 가족 제사상 차리는 데까지 쓰고, 국가 공무원 둘을 마누라 시중들게 한 인물, 형님을 정신병원에 감금시키려 하였고 형수에게 쌍욕을 한 인물, 거기다 대장동 사건을 자신이 설계, 결제까지 하였다면 이것으로 인한 책임이 막중함에도 당선에 육박하는 득표를 하였습니다. 이것 역시 코미디 같은 이야기 아닙니까.

어찌 보면 이 두 코미디 같은 이야기는 과거 아테네에서 소피스트들에 의해 우중정치(愚衆政治)가 먹혀들던 때와 별반 다름없는 일이라 생각 듭니다. 안 그런가요.(페리클레스가 떠난 후부터 기원전 404년까지는 그리스는 우중정치 시대입니다. 이로 인해 그리스는 완전히 패망하고 말지요.)

윤석열이 대통령 취임하면 무슨 일을 어떻게 할 것인지 모르지만 박근혜처럼 파면 당하지 말기를, 문재인처럼 대통령 마친 뒤 안녕할지 말지가 걱정되는 대통령 되지 말기를 바랄 뿐입니다.

꼰대 할배가 대통령님께 드리는 부탁

최근 보도에 의하면 한국은 전 세계에서 유례를 찾기 힘들 만큼 급속한 인구 절벽에 직면해있다고 합니다. 고령화 속도는 OECD 국가 중 가장 빠르게 진행될 뿐 아니라, 출산율은 세계에서 꼴찌라 합니다. 65세 이상 고령 인구는 1년 새 42만 명 늘어난 반면, 이들을 부양해야 하는 15~64세 생산 연령 인구는 34만 명 감소했다니 예사 일이 아니지요.

보건복지부가 26일 발표한 '2022 OECD 보건통계'에 따르면 2020년 우리나라 국민의 기대수명(그해 태어난 아이가 생존할 것으로 기대되는 평균 연수)은 83.5년인데, 남성 80.5세, 여성 86.5세로 예측된다니 이것은 OECD 1위인 일본(84.7년) 다음이자, OECD 국가 평균(80.5년)보다 3년 긴 셈입니다. 알고 계시지요?

고령화 사회가 되면 경제가 활기를 잃고 재정과 사회 보장 비용이 늘어납니다. 이걸 막기 위해선 출산이 뒷받침되어야 합니다. 그러나 우리의 출산율 정책은 총체적 실패였습니다. 작년에 합계 출산율(여성 1명이 평생 낳을 것으로 예상되는 평균 출생아 수)은 0.81명이니 세계 최악의 상태입니다. 왜 이렇게 된 겁니까. 여태 이 나라 정부는 뭘 한 겁니까.

노인의 기준은 나라마다 다르지만 대략 65세 이상을 노인이라 칭합니다. 이때부터 사회보장 연금수혜 대상이기 때문이지요.(뉴기니 같은 나라는 50세를 넘기는 사람이 드물다 하니 그 나라에서의 노인 기준은 우리와는 다르겠지요.)

수시로 이동하는 유목형 수렵채집 사회에서의 노인이나 병자는 거추장스런 존재입니다. 어린이는 미래의 희망이므로 오히려 보호됩니다만 등에 짐을 지고 이동해야 하고, 일정 시간 안에 어느 지점에 도착해야 하고, 한정된 양식으로 연명해야 하고, 적의 공격으로부터 보호하기 위해서는 노인과 병자는 짐이 될뿐더러 전체 구성원의 안전을 위협합니다. 그렇기 때문이 노인과 병자는 유기당할 수밖에 없겠지요.

과거 북극권의 이누이트 족은 생존을 위한 충분한 잉여 식량을 비축하기 어려웠습니다. 생산적이지 못한 노인이나 병자는 자살을 유도하거나 유기를 당했다고 합니다. 심할 땐 이들을 목 졸라 죽이거나 생매장하기도 하였다는 기록이 남아있습니다. 유용성을 상실한 사람은 구성원의 삶을 위협합니다. 그래서 묵시된 긍정적 처벌로 유기 혹은 죽임을 당합니다. 우리나라에도 고려장이 있었다 하지 않습니까.

어느 정도 안정된 사회에서의 노인은 오히려 존경의 대상이 될 수 있습니다. 마법사, 주술사는 물론 성직자 자격은 노인 몫이었습니다. 할머니는 산파로서, 요리사로서 자격이 확실했지요. 묘 자리를 잡는 일, 결혼 일정 잡는 일, 장례 절차며 의료행위며 파종과 곡식 갈무리 방법에까지 노인들 몫은 대단했습니다. 그리고 개인의 이익보다는 가족 전체의 명예와 자존심으로서 노인을 존경하였습니다. 고대 로마와 히브리인 그리고 유교 국가였던 한국, 중국, 일본, 베트남에서는 젊음을 찬양하지만 노화를 부정하지 않았고 노인 존경을 사회적 가치로 여기고 살았습니다. 여기서 일탈하는 사람들은 여론 재판에 회부되어 그 마을에서 사람 취급을 받지 못했습니다.

세상이 바뀌었습니다. 삶의 문화가 급변하자 과거 노인 존경 문화는 퇴색되고 말았습니다. 거기다 사생활을 강조하는 미국식 개인주의 가치관의 유입은 가족 공동체를 허물고, 핵가족 사회를 촉진시켰습니다. 거기다 막스 베버(Max wber 1864~1920)가 강조하는 노동의 가치와 존중은 노동이 삶의 중심이고 사회적 지위와 연관된다는 논리가 도입되기 시작합니다. 이 논리에서 보면 노동력과 생산력에서 뒤처진 노인은 불필요한 대상이지요.

앞서 언급했듯이 출산은 저하되고 기대수명은 늘어나면 인구 피라미드는 역 피라미드 형으로 바뀌어 노인 중심으로 사회가 구성될 판 아닙니까. 이렇게 되면 젊은이들은 노인 되기 전에 압사당하는 꼴이 됩니다. 알고 계시지요?

순천향대 김용하 교수는 "이대로 가다가는 국민연금·건강보험·노인장기요양보험 등 3가지를 유지하는 데만 2060년 국민 소득의 60% 이상을 사회보험료로 쏟아 부어야 할 전망"이라며 "후세대가 도저히 감당 불가능한 사회보험 재정에 대한 대책이 속히 마련돼야 한다"고 주장하였습니다. 현실감 있게 들립니다. 장수가 축복이 아니라 저주라는 말이지요. 요새 이런 내용의 영화가 등장하여 시끄럽습니다.

"75세인가요, 그만 죽는 게 어때요?"

이번 칸 영화제에서 '황금 카메라상 특별 언급' 부문을 수상한 영화 <플랜 75>에 나오는 대사입니다. 일본의 75세 이상 노인에게는 공짜로 안락사를 시켜주겠다는 얘기입니다. 일본인 감독 하야카와 치에(早川千·45)의 데뷔작인 이 영화를 본 사람들은 "영상은 고요한데 등줄기가 오싹하다."는 반응이 쏟아졌다 하네요. 영화 이야기가 아니라 젊은이들의 삶에 짐이 되는 노인들의 기구한 운명이 곧 도래할 것 같습니다.

대통령님! 그래서 말인데요. 이 문제를 이렇게 혼자 생각해 봤습니다.

첫째, 이주 인구를 늘이는 방법입니다. 이민법이 한국처럼 까다로운 나라도 드뭅니다. 이민법을 언제부터 얼마나 어떻게 조정해야 하는지 나는 모릅니다. 생각해볼 문제라 이거지요.

둘째, 인구 보존을 위해 출산율을 높이는 방법으로 어떤 것이 있을까요. 현재대로는 안 되는 건 대통령님도 아시지 않습니까. 출산하고 싶어도 양육비, 교육비 부담 때문에 출산을 못한다는 말이 있습니다. 출산을 유도하는 적극적 방법을 고민할 때가 늦었습니다. 더 늦으면 안 됩니다. 지금이라도 서둘러야 하지 않겠습니까.

셋째, 잠정적이지만 연금 수혜 혜택을 70세 정도로 상향하는 방법, 많이 내고 덜 받는 제도, 이런 걸 고려하는 건 어떻습니까. 연금 개혁은 표 떨어지는 행위라고 여태 미룬 것이 이 지경에 이른 것 아닙니까. 욕을 엄청 먹더라도 결심해서 고쳐야 합니다. 이러다간 나라가 망합니다.

넷째, 어차피 두 번 대통령 할 일 아니니 이참에 출산 문제 노인 문제에 대해 과감한 개혁과 혁신을 감행하십시오. 심각한 이런 문제를 제쳐 두고 그간 북한 김정일, 김정은 만나기 위해 엄청난 돈을 썼습니다. 이런 짓은 하지 마십시오. 국민을 속이는 연기 대통령 이제 신물납니다.

90줄은 더 말할 것 없고, 70줄, 80줄에 앉은 할배들은 대체로 구태의연한 사고방식을 타인에게 강요하는 경향이 많습니다. 그래서 이들을 꼰대 할배라 합니다. 대통령님은 지금 휴가 중이라니 휴가 가서 열심히 출산과 노인문제 공부 많이 하고 오십시오. 공부가 된 사람 불러다가 과외공부도 하고 오십시오. 여기까지가 꼰대 할배의 부질없는 꼰대 말이며 부탁입니다.

윤석열 당선인에게 드리는 조언

인간의 본성은 선하다. 아니다. 악하다. 아니다. 선하기도 하고 악하기도 하다. 이런 말들이 있어왔습니다. 인간 본성은 시시각각 변할 수 있는 것으로 본다면 악함에서 선함으로 선함에서 악함으로 이행할 수 있는 것이라 봅니다. 그것도 아니라면 선함도 악함도 평가 받을 수 없는 멍청한 존재이거나. 그러나 이것은 한 인간을 보는 타자의 시각이 평가한 결과이기 때문에 타자의 시각에 내가 어떻게 비치는가의 문제에 지나지 않습니다.

대통령에 대한 평가 역시 갈라집니다. 대한민국 대통령 중 성공한 대통령은 누구일까요. 과보다 공이 많고 모자람보다 넘침이 많다고 칭할 인물을 꼽는다 해도 이 사람이다 아니 저 사람이다 하게 되겠지요. 사람에 따라 평가가 다르니 뭐라 꼭 찍어 말하기 어렵겠지요.

대통령으로서의 성공은 두고라도 악평을 면하려면 시대적 상황에 어떻게 지혜롭게 대처하느냐 이것이 문제입니다. 잡다한 여론에 매몰되지 않는 대담한 과단성으로 문제 해결을 그것도 당장의 현실보다 미래를 향한 가멸찬 노력을 보이는 이것, 유연성 일변도는 아니고 때로는 과격하지만 장기적 국가 이익을 위해 비난을 겁내지 않고 추진하는 태도 이것, 감정의 완급 없는 냉철함을 유지하면서 내 정치 철학은 소수의 희생이 있다 해도 다수의 선을 위함에 있음을 보이는 이것, 편견이나 고정관념을 부수고 혁신의 과단성을 보임으로써 그것의 진정성을 향해 매진하는 이것, 자신의 헤픈 지식이 위험할 수 있고, 자기 판단이 아둔일 수 있다는 겸손과 신중의 태도를 보이는 이것, 미래에 유용할 가치와 기술과 지식은 아직 도래하지 않는 불안한 미지수에 불과함을 알고 조심스런 접근을 하는 이것, 정략에 치우치지 않고, 인기에 편승하지 않으면서 우직한 행보를 하는 이것, 나를 둘러싸고 있는 인의 장벽 너머를 보는 건강한 시각과 통찰을 행사하는 이것, 이런 정신을 가진 대통령은 어떨까요.

한 개인의 별난 발언이 마치 전체를 대변하는 것 같은 고함소리에 신경 쓰기보다 보잘 것 없는 갸날픈 목소리지만 이외로 그것이 전체를 대변하는 소리임을 분별하는 지적인 힘을 소유한 대통령은 어떨까요.

군주의 총애를 받으려 하는 자들은 대부분 자신들이 가장 값지다고 생각하거나 군주가 가장 기뻐할 것이라 여기는 선물과 함께 군주를 알현하는 것이 관례입니다. 그리하여 군주들에게서는 말과 무기, 금으로 수놓은 예복, 보석과 같은 군주의 위엄에 어울리는 장신구들을 선물로 받는 것을 자주 볼 수 있습니다.

그래서 저 또한 전하를 향한 충성심의 증거로써 선물을 준비하고자 했습니다. 그러나 제가 지니고 있는 것들 중에는 오랫동안 겪어온 사건들을 통해 알게 됐거나, 고대 제도의 꾸준한 연구를 통해 알게 된 위인들의 업적에 관한 지식보다 더 가치 있고 소중한 것이 없음을 알게 되었습니다. 저는 그러한 업적들에 대해 오랫동안 관심을 기울여왔으며 또 연구해왔습니다. 이제 그 결과물을 한 권의 소책자로 정리하여 전하께 바치고자 합니다.

마키아벨리(Niccolò Machiavelli 1469~1527)가 쓴 『군주론』의 첫머리에는 나오는 말입니다. 그는 인간의 본성은 변하지 않는다는 태도였고, 역사순환론을 신빙한 인물이며, 인간에 대한 인식을 정치학의 토대로 정립한 최초의 인물이란 평을 받습니다. 대통령은 군주가 아니지만 비대한 권력을 가진 통치자입니다. 대통령 되려는 사람은 물론이고 대통령 된 사람이 일독해야 하는 책 중 한 권이 바로 이 책이지요.

이 책에서는 정치가 뭔지 통치 기술은 어찌해야 하는지 민심에 복종하기도 하지만 이것에 거역을 망설여서도 안 됨을 이야기하고 있지요. 때로는 냉정해야하고, 때로는 단호해야 하고 국민의 행복과 국가 질서를 위해서는 필요할 경우 부도덕한 인물까지 될 수 있어야 한다고 말하더군요.

교만과 거만이 넘쳐서 보기 거북해서도 안 되고 겸손과 교태로 위장된 가식 또한 보기 거북한 겁니다. 양심을 재산 삼고 국민 대다수를 위해 박수 받을 준비를 준비하는 대통령. "민심이 천심이다." 이 말을 신빙하지만 "민심만이 절대가 아니다." 이것도 새겨 읽는 대통령을 기대합니다. 대통령에서 물러나더라도 아방궁 같은 집 지을 생각 안 하고, 국가 예산을 아껴 쓰고 판공비 함부로 쓰지 않고 실속 없이 외국 번질나게 다니지 않고, 비록 야당 인사라 해도 귀한 인재를 골라 쓰면서 국가 발전에 노력하는 그런 대통령을 기대합니다.

비록 마키아벨리가 입신하기 위한 연구서이긴 하지만 시대가 달라도 정치를 향한 통찰력은 대단함을 알 수 있게 하는 이 책을 꼭 일독하시길 바랍니다. 이미 읽었다 해도 한 번 더 읽어 대통령 취임하시면 좋을 것 같아서 한 마디 합니다. 꼭 읽어보시기 바랍니다.

지성의 아름다움이 그립다

인간 개체는 유한한 존재입니다. 그러나 지구가 결딴나는 크나큰 변화가 없는 한 인간 공동체는 그 존속이 무한합니다. 오늘날까지 인간 공동체, 이것이 존속할 수 있었던 것은 인간 개체 스스로가 자기 발전을 위한 교화(敎化), 비판적 지성에 의한 교정, 합당한 인류 희망에 대한 기여 같은 것들이 함께 작용한 결과라 생각 듭니다.

이점을 칸트(Immanuel Kant 1724 ~ 1804)는 두 가지 면에서 인간 행위의 목적성을 지적하였습니다. 하나는 자신의 인간으로서의 완전성에 도전하는 길이고, 다른 하나는 나의 행복이 나에 국한하지 않은 남의 행복 증진에 연계되고 있음에 주목해야 한다는 것입니다.

자신의 인간 성숙은 인간 존엄을 위한 자기 계발(啓發)입니다. 자신의 이성적 실천을 함양함과 인간다움을 향한 행위의 목적성, 이것이 지켜져야 한다는 것이 첫 째 이유였습니다. 여기에 그치지 않고 개인은 공동체의 한낱 존속물이라고 할 때에 시민 공동체로서의 감성과 지성의 아름다움, 즉 나만의 경향성에서 벗어나, 나의 행복을 초월하여 타인의 행복이 종국에 나의 행복임을 자각하고 타를 배려해야 함이 둘째 이유입니다.

인간개체는 사회 공동체의 부품 같은 존재이므로 부품으로서의 자기 완결성을 확보해야 거대한 사회 공동체의 기계는 건전한 작동을 감행합니다. 불량 부품들의 조립으로는 기계 작동이 어렵지요. 이것이 칸트 윤리학의 주요 지적인 셈이지요. 나는 전체를 위해 무엇을 행사해야 하는가에 대한 고민을 해야 하고, 인간의 내적인 자기 겸열과 자기 감시가 따라야 한다는 것. 그래서 선한 윤리의식의 함양과 고결한 인격체로서의 자신을 드러낼 수 있어야 건전한 사회가 이룩된다는 겁니다. 남의 허물을 들추어냄으로써 상대적 우월성을 확보하려는 행위는 자신의 하찮음을 노증시키는 결과로 지목받기 일쑤지요. 자기 품위가 왜소하지 않고 그럴듯한 인품의 위계 위에 자신을 얹어놓아야 함을 칸트는 주장한 것이지요.

인간 한 개체의 공화국을 위해선 자기가 기획하고 자기가 결정하고 자기가 판단해야 합니다. 이럴 때, 이 과정의 순탄을 보장하는 길은 사회로부터 학습한 교양의 힘에 의존할 수밖에 없지요. 이 교양은 자기 개체 공화국을 지탱하는 헌법입니다.

칸트는 인간은 자신 속에 내재된 도덕적 소질을 실천 이성이 명령하는 도덕법칙에 따라야 하고, 그럴 때에만 자신을 향한 존경이 부산물로 획득된다고 봤습니다. 인간의 도덕성은 자신의 삶의 최고 목표여야 함을 강조한 셈이지요. 인간이 인간이기 때문에 가지는 고상한 성격인 존엄을 스스로 배태하고 이것을 실천적 모범으로 내비쳐질 때 비로소 타로부터의 존경이 확보된다는 것입니다. 윤리적 삶이 그래서 중요하다는 말입니다.

결국 나는 어찌 살아가야 하나를 두고 칸트가 윤리적 삶을 주장한 것과는 좀 다른 각도에서 사르트르(Jean Paul Sartre, 1905~1980)는 '참여(engagement)'란 말을 하였습니다. 첫째, 주체로서의 행동, 즉 무엇을 할 것인가, 무엇을 하지 말아야 할 것인가를 주체적 판단에 의거해서 현실참여를 결정하라는 것입니다. 타의 맹목적 추구는 현실참여라 할 수 없다는 겁니다. 둘째, 스스로의 행동은 나에 국한하지 않고 세계에 대한 책임까지를 도맡아야 한다는 것입니다. 외적 현실 곧 세계는 나와 단절할 수 없는 나의 일부이므로 세계를 자신의 일로 받아들여 개선된 세계를 만드는 데 동참하라는 것입니다. 세계라는 커다란 예술품의 창작에 공동제작을 하는 예술가의 몫, 이것이 사르트르가 말한 '참여(engagement)'입니다.

얼마 전 서울 종로구의 한 중고서점 건물 옆면에 여성의 얼굴 그림과 함께 '쥴리의 꿈! 영부인의 꿈!'이라는 내용이 적힌 벽화가 등장하였습니다. 이 문제로 지금도 시끄럽습니다. '쥴리'는 '윤석열 X파일'에 나오는 윤석열 부인 김 씨가 강남 유흥업소에 일할 때 사용한 예명이랍니다. '쥴리의 남자들'은 '2000 아무개 의사, 2005 조 회장, 2006 아무개 평검사, 2006 양검사, 2007 BM 대표, 2008 김 아나운서, 2009 윤서방 검사'라고 적혀 있었다나요.

김 씨가 쥴리라는 예명으로 유흥업소에서 일했느냐. 많은 남자들의 애인이었느냐를 따지는 일은 김 씨의 몫이긴 합니다. 다만 개인 사생활을 스스로 밝히지 않는 바에는 이를 찾아내어 까발리는 이 행위는 증오해야 옳습니다. 그의 삶에 충격을 주고 손상을 끼치는 행위, 나아가 한 가정을 파탄하게 할 위험까지 있기 때문입니다. 사실이 아닌 걸 사실로 인지시키려는 행위라면 그 주체는 건전한 시민사회 속에 합류해선 안 되는 존재이지요. 김 씨가 대통령 후보감으로 지지를 받는 윤석렬의 부인이 아니었다면 이런 걸 벽화에 그리지 않았을 것이므로 이것은 정치적 의도로 보입니다. 자신이 어느 종파(진보)를 추종한다 해도 당사자가 아닌 배우자의 사생활을 그림으로 폭로한다는 것은 야비한 일이지요. 이 그림의 주체는 표현의 자유를 행사한 양으로 설명하지만 표현의 자유는 개인이 누릴 사생활을 폭로하는 걸 허여하지 않습니다.

이걸 보니 칸트가 말하는 윤리 의식이 건전한 사회를 위해 절대로 필요하다는 걸 깨닫게 됩니다. 사람이 사람답다는 것은 윤리를 바탕에 둘 때입니다. 현실문제에 동참을 권했던 사르트르의 주장대로라 해도 특정 개인의 사생활에 참여하라는 것이 아닙니다. 다시 언급하지만 시민 공동체로서의 감성과 지성의 아름다움, 즉 내가 추구하는 행복을 초월하여 타인의 행복이 종국에 나의 행복임을 자각함이 바탕 되지 않은 이런 짓은 타매(唾罵)되어야 합니다.

칸트든 사르트르든 건전한 시민사회의 한 몫으로서 자신을 투신하라고 한 말은 의미 있습니다. 이 벽화를 두고 여기에 동조하는 세력들, 이걸 맹렬히 공격하는 세력들 간에 적잖은 소음이 진동하고 다툼이 있다 합니다. 불행한 일입니다. 보장 받아야 할 사생활의 공개를 긍정하는 태도는 상당히 위험을 내포하고 있습니다. 이것을 나와 관계없는 한 개인의 행위라 하여 구경으로 즐기는 태도 이것 또한 현실 외면이요 참여의 몰각이지요. 남의 행복 증진을 가로막는 위법행위에 침묵하면 비겁한 행위지요.

참으로 부끄럽고 미안하다

예전에 썼던 글을 지우고 다시 그 위에 쓴 양피지를 팰림프세스트(palimpsest)라 합니다. 어제 마셨던 막걸리는 그야말로 술맛 나는 그것이었지만 며칠 몸살 앓고 일어나 그 막걸리를 한 잔 하였다 합시다. 예전 그 맛 그대로일까요. 우리를 지배하는 사고는 순간에 따라 달라질 수 있습니다. 자신이 신념으로 생각한 것도 세월이 한참 흐른 뒤에는 영 바뀌어 다른 신념을 갖고 사는 자신을 발견할 때가 있지요 총각시절 만났던 아름답던 그 소녀를 내가 결혼하고 난 몇 년 뒤에 다시 만났다면 여전히 아름답게 보일까요. 말하자면 우리는 마음이란 팰림프세스트 위에 몇 번이고 지우고 다시 쓰면서 삶을 산다고 할 수 있습니다. 그래서 흄은 '이성은 정념의 노예'란 말을 했지요.

지식이라 믿었던 확신마저도 언젠가는 확실성에 의심이 생깁니다. 그렇다고 진정한 지식이 불가능하다고는 말할 수 없습니다. 진실이란 것 역시 마찬가지입니다. 진실과 허위를 구분하기란 힘들 때가 많지요. 백 퍼센트 진실이 아니라면(그런 진실은 없지요.) 언제나 진실은 도전을 받습니다.

지성은 객관적으로 인식하고 판정하는 오성적 능력을 말합니다.

대중의 머리 속에 저장된 다수의 긍정을 내가 받아들인 것이 나의 지성입니다. 가장 바람직한 인지적 기능을 갖춘 사람들의 건전한 생각은 타인들의 신뢰감을 갖게 하고 그 가치가 사라지기를 바라지 않는 것들이지요. 그런 마음을 지성이라 하고 그것을 행사하는 사람을 지성인이라 합니다.

지성의 힘을 발휘하는 사람은 예우 받지요. 내가 좀 손해를 보더라도 작은 손해라면 아무렇지 않게 받아들이는 이것, 내가 굳이 욕심 부릴 것 없이 더불어 같이 나누면 좋겠다 생각하는 이것, 상대가 섭섭하게 하여 속이 상할 때도 나 역시 다른 사람에게 그런 행동을 한 주인공이었을 것이라 생각하는 이것, 힘들고 어려운 사람에게 성의를 표하여 그로부터 미소 띤 얼굴을 확인하였을 때 나의 행복이 이런 것임을 확인하는 이것, 나의 삶도 중하지만 타인의 삶 역시 중히 여기는 이것, 이런 순간을 마련하고 사는 사람은 행복한 사람일뿐더러 지성미와 더불어 인간미가 얼굴을 감싸는 사람 아니겠습니까. 지성미와 인간미는 두루 쓰일 때가 많지요.

간혹은 마음이 제 자리를 지키지 않아 사소한 실수를 할 때가 있습니다. 그럴 땐 주저 없이 용서를 구하는 태도 역시 지성인의 것입니다. 사람 마음이 가변적일 수 있다 해도 지성적 힘을 작용하는 마음만은 변하면 안 되지요. 한 순간 변했다 해도 곧 제 자리에 안착시켜야 하지요.

국가를 경영하는 사람은 지성이 바탕 되어 있어야 합니다. 그리고 그 역시 본의 아닌 실수를 할 수 있겠지요. 그러나 의무와 상식을 벗어난 행위는 실수가 아니고 의도에 의한 모략이지요. 이런 사건의 사실은 증명에 의해 밝혀지기 마련이지요.

윤석열 대통령이 서해에서 북한군에게 살해·소각당한 공무원 고 이대준씨의 아들이 보낸 편지에 답장을 보냈습니다. 윤 대통령은 "국가가 깊은 상처를 안긴 점은 참으로 부끄럽고 미안하다"라고 위로했다 하네요. 2020년 서해상에서 해양수산부 공무원 이대준씨가 북한의 총격을 받아 살해되고 시신이 불태워진 사건과 관련해, 당시 대응을 총괄했던 서훈 전 청와대 국가안보실장은 외국으로 빼소니쳐 한국에 지금 없다는 말이 있지만 돌아와야 합니다.

윤 대통령은 "진실을 마주하고 밝히는 힘이 있는 나라가 진정한 국민의 나라가 될 수 있다고 믿는다. 모든 국민이 진실의 힘을 믿고 아버지를 기억할 것"이라고 희생자의 아들에게 위로를 전했다 합니다. 통치권자가 국민을 보호하지 않고 죽도록 방치했다면 이건 통치권자라 할 수 있겠습니까. 인권변호사라 할 수 있겠습니까.

곧 사실의 전모가 드러나겠지만 현재 드러난 정황으로 보면 문 전 대통령은 책임을 피할 길 없어 보입니다. 대통령은 대한민국을 상징하는 인물입니다. 이 사건을 보고 있는 세계인들이 대한민국을 어떻게 평가할까가 걱정입니다. 이 나라를 지킨 선열들에게 "참으로 부끄럽고 미안하다"는 마음이 듭니다.

정치는 놀라움을 주는 예술이어야 한다

뉴턴은 질량이 절대적인 것으로 알았지만 아인슈타인은 질량은 속도에 따라 증가함을 밝혀내었습니다. 새로운 기하학은 여태의 공간개념을 부정합니다. 상대성 이론은 기존 시간개념을 수정하도록 하였습니다. 바슐라르는 『부정의 철학』에서 전통철학은 정신의 동일성, 불변성, 절대성을 강조해 왔지만 "절대적으로 불변하는 이성의 학설은 유통기한이 끝난 철학"이란 유명한 말을 남겼습니다.

인간은 자기 불완전함을 인정할 때라도 한편에는 완벽함의 자만(自慢), 인식의 고착성을 갖고 있지요. 이런 자만 혹은 인식의 고착성을 많이 가지면 가질수록 발전 기미가 약해집니다. 반면, 이것을 개수하고, 보완하고, 어떤 땐 영 밑바닥에서부터 점검하는 절차를 가지면 가질수록 발전을 향해 나아가게 마련입니다.

예술은 관습에서 탈출하여 낯선 세계를 보여주는데 예술로서의 생명이 있습니다. 사람들이 여행을 떠나는 목적은 일상성에서 벗어나 새로운 풍경 속에 자신을 앉혀 놓고자 하는 욕망 때문입니다. 국가 운영도 그런 것 아닐까요.

국가를 움직이는 지도자일수록 인식의 전환이 필요합니다. 구태의

연을 벗어나 국민이 긍정할 수 있는 새로운 놀라움의 세계를 보여주어야 지도자의 자질됨이 확보됩니다. 비록 윤 대통령은 취임한지 한 달도 안 되었지만 여태 대통령들의 통치 방식과는 다르다는 데서 우선 긍정적 평가를 받고 있습니다.

첫째, 윤 대통령은 대통령으로서의 권위를 국민과 유리되지 않은 친근감에서 찾으려 하는 것 같습니다. 청와대를 시민의 품으로 돌려주겠다는 것이 이를 방증합니다. 청와대를 개방하는 데는 곡절이 많았습니다만 결국 시민공원으로 개방하였습니다. 윤 대통령은 청와대는 필요 이상의 관리비가 드는 것은 물론, 권위주의의 상징물이므로 자신의 행정 철학하고 안 맞는다는 데서 비롯되었지요. 잘한 일입니다.

둘째, 윤 대통령은 미국과의 동맹관계를 확고히 하고 있습니다. 좌파 세력들은 동맹 대신 평화라는 말과 휴전 대신 종전 선언이 옳다는 주장을 하여왔지요. 평화는 실력의 배양, 굳건한 우방과의 동맹의 확보 없이는 가능하지 않습니다. 북한의 적대적 관계인 미국 때문에 한반도의 평화가 유린된다는 생각은 옳지 않습니다. 우크라이나가 확실한 동맹관계를 확보했더라면 러시아의 침공이 가능했을까요. 이번 미국 대통령의 한국 방문 시에 동맹국으로서의 우의를 잘 다졌습니다. 잘한 일입니다.

셋째, 국민 화합을 위해 노력하는 태도가 좋게 보입니다. 윤 대통령은 5월 18일 광주 국립 5·18 민주묘지에서 열린 제42주년 5·18민주화운동 기념식에 대통령실, 내각, 여당 국회의원 전원이 참석해 '임을 위한 행진곡'을 제창하였습니다. 잘한 일입니다.

넷째, 윤 대통령은 언론과 자주 접촉하여 국민과의 대화를 계속하고 기업인들과 소통하는 자세를 보여주었습니다. 소통의 부재는 정부와 국민이 '따로국밥' 신세가 되는 겁니다. 잘한 일입니다.

다섯째, 내각 구성에 여성의 숫자가 적음을 언론이 지적하자 윤 대통령은 즉각 이를 수용하여 개선하였습니다. 잘한 일입니다.

이상은 며칠 되지 않은 윤 대통령의 긍정적 평가라 할 수 있습니다. 반면, 새로운 인물을 확보하여 신선한 내각구성을 기대하였는데 총리 발탁부터 그야말로 유통기한이 끝난 인물의 재 등용이라는 평을 듣고 있음을 알아야 합니다. 자기 주변에 어른거리는 인물들을 배제할 용기가 없어서인지 아니면 소위 윤핵관들의 한정적 사고에 영향 입은 때문인지는 알 수 없지만 이번 내각 구성은 신선하다는 느낌이 안 들더군요. 그리고 엘리트 주의에 함몰하면 안 됩니다. 서울 명문대 출신 특히 서울대 출신들이 대거 영입하는 것도 생각해볼 문제더군요. 정치나 행정은 머리 좋은 사람들의 행사처라기 보다 국민 정서에 부합하면서 미래를 바라보는 안목에 기초한 봉사처입니다.

국정 파트너는 야당입니다. 누구보다 먼저 야당의 주요 인사들부터 만나는 것이 순서입니다. 만나지 않겠다면 찾아가서라도 만나 악수해야 할 일이 먼저여야 합니다.

대통령의 권위는 국민의 지지에서 발생합니다. 이것은 가식을 배제한 국민을 위한 진정한 노력에서 기인합니다. 국민 앞에 거만 떨지 않는 대통령, 자신의 실수에 대해 솔직히 인정하고 이를 수정하는 대통령, 나랏돈을 아껴 쓰고 국격을 높이기 위해 최선을 다하고 지금은 욕을 먹더라도 역사의 뒷날에까지 오래 기억되고자 노력하는 대통령, 정치적 행보에 익숙하지 않아 서투른 행보를 한다 해도 이것을 변명하지 않는 대통령, 정권 연장을 위해 국민 정서에 아부하지 않는 대통령, 비 오는 날엔 누구의 도움에 의지하지 않고 스스로 우산을 받쳐 쓰는 대통령, 콩나물을 다듬는 시장 아주머니와도 마주 앉아 거리감 없는 대화를 나누는 대통령, 젊은이들과 허름한 음식점에 느닷없이 동참하여 윤 대통령 좋아하는 김치찌개를 놓고 신세대의 거침없는 비판을 들어주는 대통령, 내 편 네 편 가르지 않고 반대하는 여론에도 귀를 기울여 자기 수정을 과감히 하는 대통령, 이런 대통령 되시기 바랍니다.

집무실 벽에 개 사진은 떼어내십시오. 반려견과 함께 사는 개인적인 삶도 중요하지만 그보다 더 큰 국민적 공감대를 의미하는 아름다운 우리나라 사진을 걸거나 국격을 높인 한국 예술가 작품을 바꿔가며 걸어놓으면 어떨까요.

정치는 예술 행위와 흡사합니다. 국민을 감동하게 해야 합니다. 명작을 남긴 멋진 대통령으로 길이 기억되는 대통령 되시길 바랍니다.

11년 경력의 농부 문재인

중세 신학자들은 양심의 명령보다는 성경해석에 따른 신의 명령에 무게를 두었기 때문에 윤리적 판단이 큰 힘을 발휘하지 못했습니다. 성경해석에 무리가 생긴 것입니다. "그것으로 땅 끝에 비치게 하고 악인을 그 가운데서 구축한 일이 있었느냐"(욥기38절 13절)에서 신이 땅의 끝(모서리)을 잡고 마구 흔들어 사악한 무리들을 먼지 털듯이 털어버릴 수 있는 능력의 보유자, 그래서 지구는 평평한 사각형이라 생각했다든가. "그는 땅 위 궁창(穹蒼)에 앉으시나니"(이사야서 40장 22절) 궁창은 둥근 천장이니 땅 위 궁창이라 하였으므로 지구가 둥근 것이라 해석하였지요.

이런 성경해석은 신의 권능을 한껏 높이려는 데서 출발한 것 같이 들립니다. 당시엔 그런 해석이 가능하였겠지요. 그러나 수학이 체계를 갖추자 세계를 보는 사람들의 눈이 달라졌습니다. 기하공법에 의해 교각을 세우고, 태양, 달, 행성을 관측하고, 삼각법으로 지구 면적을 계산해내자, 성경 해석에 무리가 있음을 알게 되었지요. 종교도 과학적 근거를 무시해선 안 된다는 걸 알게 된 겁니다. 과학은 가치문제가 아니라 이치와 이치의 해독을 추구하는 사실적 학문 아닙니까. 이렇게 되니 여태까지의 신의 말씀에 새로운 해석이 필요해진 것이고 (성경 해석이 보다 과학적이게 된 것이고), 나아갈 새로운 역사를 위해 성서적 삶의 그림을 다시 그릴 필요가 있게 된 것입니다. 종교를 앞세워 면죄부 파는 행위가 반윤리적이라는 것도 단단히 깨달았지요.

기아, 역병, 전쟁은 인간 역사가 시작될 때부터 계속되어 왔습니다. 그러나 과학 덕분에 기아, 역병, 전쟁은 상당히 조정되고 통제되고 억제될 수 있었습니다. 일이 이렇게 되자 신에 대한 기도 내용도 신을 힘들게 해선 기도발이 듣지 않음을 알았습니다. 그리고 신의 자리에 과학이 차지해서 유전공학, 재생의학, 나노기술에 의해 죽음마저 극복할 것 같은 예언까지 등장하는 무리가 발생하였습니다. 노화된 세포조직을 재생하고, 손과 눈 심지어는 뇌까지도 대대적 수리, 교환할 수 있다면 인간은 이제 조립을 기다리는 공작품으로 전락하게 된 것 아닌가요. 인간의 존엄성까지 과학이 뭉개면 안 되는 것 아닙니까. 과학은 윤리와 상관되는 학문이어야 합니다. 과학이든 종교든 인간 위주여야 합니다.

결혼식 주례사는 죽음이 둘을 갈라놓을 때까지 부부로서 일심동체로 살기를 당부하지만, 늙지 않고 백 년 넘게 산다고 하면 10년마다 아니면 적어도 20년마다, 배우자를 바꿔 살면서 새 삶을 맛보는 세상의 도래, 이런 게 가능한 세상이 온다면 이런 삶을 윤리적으로 용납할 수 있는 겁니까.

그리스 철학자 에피쿠로스는 신을 숭배하는 건 시간 낭비일 뿐, 사후 세계 같은 건 없기 때문에 현실 세계의 쾌락 추구가 행복이란 말을 남겼습니다. 이 주장을 긍정하여 종교의 긍정적 평가까지 무시한 세속적 행복론에 인간이 매달리는 건 윤리와 상관없는 걸까요.

교육제도와 복지제도의 개선은 인간 개인의 행복 추구에 한 몫 하면서 국력 충전의 수단이 됩니다. 국민 보건정책 역시 마찬가집니다. 수명 연장은 물론이고 국방력을 키울 건장한 군인, 경제를 책임 질 건강한 노동자를 예비하기 위해서는 튼튼한 여성의 몸과 남성의 활기찬 정력이 필요하지요. 이런 제도가 중요하다 해도 윤리적 바탕에서 이루어져야 합니다. 윤리란 옳고 그름에 대한 도덕적 원리이고 지각입니다. 사람이면 마땅히 지키고 행사해야 할 도리입니다. 규범입니다. 이걸 윤리라 합니다. 성경해석도 쾌락 추구도 윤리적 바탕 위에서 이루어 져야 한다는 말이지요. 사람이 먼저고 사람됨이 먼저란 말이지요. 윤리 의식이 허물어질 때마다 철학자들, 성직자들은 이걸 보수하기 위해 노력해온 것 역시 훌륭한 인간역사입니다.

요새 LH사건이 한창 시끄럽습니다. 시흥 땅, 광명지구 땅에 신흥도시가 들어선다는 내부 정보를 훔친 자들이 여기에 투자를 한 것입니다. 지리산 구석에 사는 사람 혹은 남해 앞바다 섬에 사는 사람들의 입장에서는 여유 돈이 있다 해도 먼 곳에까지 가서 땅 살 생각을 하지 않지요. 그 땅을 사두면 큰 돈이 된다는 내부 정보를 몰래 빼낼 재간이 없기 때문이기도 하지요. 정보를 몰래 빼내는 이것도 도적질 아닙니까.

이 사건만 해도 머리 아픈데 이번엔 허위 영농 계획서로 땅을 구매, 형질 변경해서 집 짓는 계획을 하는 자가 등장했다는 소식이 들립니다. 다른 사람도 아닌 현재 이 나라 대통령이라니 기가 찹니다. 국민의힘 안병길 의원은 성명서를 통해 "허위 영농계획서를 작성하여 농지 취득 자격을 획득하고, 농지를 구입한 직후 형질 변경하여 주택 건축을 추진하려는 경우를 우리는 이미 보았다. 현 정권 농지 불법 취득의 원조는 문 대통령"이라까지 말하더군요.

안 의원은 매입 당시 문 대통령은 농업경영계획서에 본인이 직접 11년 간 농사를 지었다고 기재했으나 해당 농지는 아스팔트가 깔린 도로임이 드러났다고 폭로했지요. 서울 살면서 정치하기 바빴던 그가 뭐 11년간이나 농사지었다고? 말이 안 됩니다. 그렇다면 문 대통령은 옳고 그름에 대한 도덕적 원리가 무너진 사람이란 말이 됩니다.

퇴임 후에는 전두환, 노태우, 김영삼, 김대중 전 대통령이 그러했듯이 문 대통령은 양산 거처로 돌아가 남은 삶을 살면 되는 일입니다. 이명박 전 대통령은 근사한 자기 집을 놔두고 새로 내곡동에다 사저를 짓겠다고 욕심 부리다 창피 오지게 당한 걸 보았음에도 문 대통령은 부의 축적이 세속적 행복의 기초라는 것 때문에 이런 짓을 한 걸까요.

역사 공부의 주요 목적은 과거라는 거울로 오늘을 비춰보고 반성과 수용 그리고 과거를 미천 삼아 바람직한 새로운 삶을 개척해나가는 일입니다. 그것도 윤리적 바탕에서 벗어나지 않아야 합니다. 정치든 사회든 종교든 윤리를 망각하면 안 되지요. 윤리 의식이 허물어지면 그를 정상적인 사람이라 하지 않지요. 이걸 역사는 누누이 지적하여 왔습니다. 그런데도 대통령이 이런 짓을 하다니 어안이 벙벙하고 다른 나라 사람들 알까 두렵습니다. 그래서 농부 아저씨에게 한 마디 합니다.

11년 경력의 농부 아저씨! 일단 자리 잡은 시냇물은 그렇게 흘러갑니다. 예전부터 그런 관습이 누습으로 흘러갔으니 나도 따라 흐르는 걸 가지고 야단이냐 이거지요? 아니 아예 통째로 나라를 도적질한 놈들도 있는데 집 한 채 짓고 살려는 걸 가지고 나한테 따지는 것은 당신 말대로 "좀스럽고 민망한 일"이라 할 수 있지요. 그러나 그건 당신 판단입니다. 566평 농지를 농사 짓겠다하여 취득하고는 1년 안 되어 1100평 농지를 대시로 전용해 집을 짓는 것은 대통령이니까 하는 특권이지 다른 사람이 그런 일 할 수 있을까요. 당신은 너무 국민을 얕잡아보는 것 같아요. 당신도 그렇고 아들, 딸, 사위 거기다 처남까지 그 가정은 왜 이리 시끄럽습니까. 한심합니다. 한심해요.

피라미드와 기념관

단군께서 나라 세운다고 한창 바쁜 때인 기원전 26C 이집트의 쿠프 왕은 산 같은 자기 무덤을 만들기 시작했지요. 굴림대와 지렛대를 이용하여 돌을 운반하였는데 자그마치 30년간 10만 명의 인력을 동원해서 피라미드를 만들었다고 합니다. 노동자가 피로에 지치어 쉬면 감독관은 하마 가죽으로 만든 채찍으로 후려쳤다는 기록이 남아 있습니다.

쿠프 왕의 피라미드가 가장 크고 웅장합니다. 크든 작든 왜 이집트 왕들은 이런 거대한 돌무덤을 만들었을까요. 이집트 사람들은 사람이 죽으면 영혼은 몸에서 떠나지만 언젠가는 떠난 영혼은 다시 사람의 몸으로 돌아온다고 믿었던 모양입니다. 그러자니 왕이나 부자들은 몸을 썩지 않게 보관해야 영혼이 다시 돌아올 것이라는 생각을 하게 되었습니다. 이래서 미라를 만든 겁니다. 아무리 그렇다 해도 2톤 정도의 돌 23만 개를 힘들게 운반하여 돌무덤을 만들다니.

국고가 탕진되고 민생이 도탄에 빠져도 개인의 영광을 위해 이런 무리를 감행한 결과물이 피라미드입니다. 죽어서도 욕된 치적의 표적이 피라미드란 말이지요.

광주엔 김대중 컨벤션 센터가 있습니다. 전시장 A,B,C홀 그리고 오픈홀, 콘코스홀, 다목적홀 1층 2층, 야외공연장, 야외광장이 있습니다. 이것만 아닙니다. 목포에 김대중 노벨평화상 기념관이 또 있습니다. 이건 영상실, 로비, 카페테리아, 기념품 샵, 수장고 등이 있다 하네요.

김해시 봉하 마을에 이미 지었던 노무현 대통령 추모의 집을 헐고 새로 기념관 건물을 178억을 드려 세웠다는 보도가 있습니다. 이미 생가 복원은 물론, 부속 건물이 여러 채 있어서 속칭 아방궁 같다는 비난을 받았던 터에 있던 건물을 헐고 새로 건물을 세웠다 이겁니다.

여기서 독립운동으로 청춘을 받치고 대한민국의 건국을 위해 노력한 이승만 대통령은 무슨 기념관이 있는가하는 의문이 듭니다. 화진포에 대통령 별장으로 사용하던 건물을 기념관으로 초라하게 꾸며져 있고, 개인소유 건물 이화장이 남아 있지만 그의 업적을 기리는 기념관이라고는 말하기 어렵지요. 서울 상암동에 박정희 대통령 기념 도서관이 있습니다. 도서관이지요. 구미에 생가를 복원하고 여기 민족중흥관, 보릿고개 체험관이 초라하게 있습니다. 이승만(존칭 생략)과 박정희는 과보다는 공이 클 뿐더러 오늘의 대한민국이 있게 한 인물들임은 부정할 수 없지요.

김대중, 노무현이 대한민국을 위해 얼마나 큰 공헌을 했느냐에 대해선 무식한 탓이겠지만 나는 잘 알지 못합니다. 그러나 설사 많은 공헌을 하였다 해도 막대한 국고로 야단스런 기념관을 세울 필요까지 있을까요. 지금 문재인 전 대통령은 농지법을 위반하면서까지 큼직한 저택을 지어놓고 양산에 살고 있습니다. 언젠가는 또 대단한 기념관 짓는다고 야단하면 이 일을 어쩌나 하는 생각이 미리 듭니다.

권위와 위용을 자랑하기 위해 피라미드를 만들었듯이 기념관은 그분의 사후에도 업적을 길이 찬양하기 위해 만드는 건물입니다. 그러나 국민 정서를 무시한 과도한 규모, 과도한 찬양이 포함된 기념관은 그 건물이 존재하는 한 그 분을 오히려 욕되게 하는 일이 되고 맙니다.

아! 한심한 대한민국이여!

아무리 상사의 명령이 지엄하다 해도 명을 받은 사람은 명령의 정당성에 대해 살펴보고 실행할 건지 말 건지를 결정해야 합니다. 베트남 전쟁이 한창이던 1968년 3월 16일 미라이 마을에 양민 347명이 학살당한 소위 미라이 학살사건(My Lai Massacre)이 있었습니다. 미군 캘리(W. Calley) 중위는 하달 받은 명령에 의거하여 이렇게 많은 비무장 양민들을 학살하였지요.

미군 헬기 조종사 톰슨(Hugh Thompson) 준위는 이 지역을 비행하다가 노인, 여성, 아동으로 이루어진 비무장 민간인들이 사살당하는 장면을 직접 목격하게 되자, 톰슨 준위는 곧바로 무선으로 이 사실을 상부에 알리는 한편, 그곳에 착륙하여 양민 학살을 중지시켰고, 그 결과 나머지 11명의 목숨을 건지게 되었습니다. 1971년 캘리 중위는 유죄 판결을 받았습니다. 반면 명령 수행의 군사 작전지역에 불시착하여 작전을 방해한 톰슨과 헬기 동료들은 명예롭고 용감한 군인으로 포상을 받았습니다.

왜 이렇게 된 걸까요. 명령에 충실히 복명하였다 해도 이것이 면책 사유가 될 수 없음을 알게 하는 사건이었습니다. 거꾸로 군사 작전지역에 불시착하여 작전을 방해한 행위가 포상으로 이어짐은 왜일까요. 그것은 명령 계통이냐 아니냐를 떠나 그 군사작전이 온당하지 않음에 대한 교정을 수행했다는 의미에서 포상 가치가 있다고 본 것입니다.

2019년 11월 2일 북한 어민 두 명이 목선을 타고 귀순했습니다. 그러나 닷새 만에 포승줄에 묶이고, 눈이 가려진 채 판문점을 통해 강제 북송됐습니다. 공개된 청와대 국가안보실 문건 내용은 북한의 송환 요청이 없었는데도 우리 당국 스스로 귀순 사흘 만인 11월 5일 "어민들을 추방하고 싶다"고 북측에 알렸고, 곧바로 이틀 뒤 신속하게 북송 조치가 이뤄졌다는 것 아닙니까. 이런 떡을할 놈의 나라가 다 있나? 추방 이유는 살인범이라는 이유라 합니다. 좁은 목선 오징어잡이 배에서 2명이 16명을 살해한다? 이게 가능한 일일까요. 북한인이 한국 영토에 진입하여 귀순 의사를 표하면 그때부터 대한민국 국민으로 법의 보호를 받게 됩니다. 사실관계가 입증되어 살인범이 인증된다 해도 대한민국 국법으로 처벌해야 합니다.북한 어민들은 북송 뒤 곧바로 처형당한 것으로 알려졌습니다.

그해 11월 25일 부산에서 열린 한·아세안 회의에 김정은을 초청하는 친서를 보냈는데, 그 날짜가 바로 귀순 어민 인계 통지문을 보낸 날과 같은 날로 밝혀졌습니다. '김정은을 초청하려고 귀순 어민을 제물로 바친 것 아니냐'는 합리적 의심이 들 수밖에 없다고 신문들은 야단입니다.

국가정보원은 2020년 9월 서해 해수부 공무원 이대준 씨 피살 사건 당시 이 씨가 월북한 것이 아니라 표류했을 가능성이 크다는 내용의 자체 보고서를 생산했다 합니다. 하지만 당시 서훈 청와대 국가안보실장은 청와대에 파견된 국정원 관계자를 통해 해당 보고서를 삭제하라는 지침을 국정원에 내린 것이라나요. 정보 당국 관계자는 "박지원 전 원장은 청와대 지침대로 관련 보고서를 삭제한 것으로 파악된다"고 밝히고 있습니다. 그리고 이대준 씨를 월북자로 낙인찍었지요.

북한 눈치 보기에 급급하여 구출되어야 할 인명이 희생되었다는 점에서 이 두 사건은 동일합니다. 인명을 희생하면서까지 김정일 비위 맞추기에 급급한 처사가 이 사건의 줄거리라면 너무 한심한 일 아닙니까. 국가 권력을 이렇게 사용한 행위자들이라면 그냥 둘 수 없지요.

다른 점은 미라이 학살사건 때처럼 명령의 부당함에 저항하는 공무원이나 군인이 없었다는 이야기입니다. 양심이 살아 있는 사람들이 국가 기관 내에 얼마나 포진하고 있느냐 이게 선진화된 사회인가 아닌가를 판가름한다면 우린 선진화 된 사회에 사는 사람들이라 자부할 수 있을까요.

물론, 그간 용기 있는 내부 고발자들에 의해 교정된 사건들이 있어왔습니다. 그러나 국민의 목숨이 걸린 이들 사건이 아무 저항 없이 진행되었다니.... 그런데도 당시 책임자들은 침묵하거나 변명합니다. 외국으로 도망쳐버린 책임자까지 있습니다. 아! 한심한 대한민국이여!!

스웨덴 기자 아손이 오늘의 한국을 본다면

초등학교 때 쓴 일기장을 노인이 된 오늘 읽는다면 소견이 덜 뚫리어 서툴었던 당시를 회고하면서 웃겠지요. 『스웨덴 기자 아손, 100년 전 한국을 걷다』(김상열 옮김, 책과 함께 刊, 2005년)이 책엔 1904년 12월 24일 한국에 처음 발을 디딘 스웨덴 기자 아손이 겪은 이야기가 적혀 있습니다. 웃음이 절로 나오더군요. 우리 수준이 고작 이것이었다니…

요약하여 두 이야기를 소개하면 이렇습니다.

> 순종 첫째 왕비 순명효황후 민씨가 태자비로 있을 때 병에 걸렸다. 유명 의원은 환자 거처의 옆방 벽에 구멍을 뚫고 가는 비단 줄을 환자의 손목에 감아서 이 실로 진맥을 하였다. 감히 아랫것이 태자비 환부를 만진다? 안 되는 일이었다.
>
> 의원은 악귀의 침입으로 인한 질병으로 진단하고, 이 악귀를 물리칠 처방은 성문 한 짝에서 떼어낸 나무로 탕약을 끓여 이것을 마시라는 것이었다. 이 탕약을 마셨지만 태자비 민씨는 결국 사망하였다. 태자비를 사망하게 한 죄를 의원에게 묻자 의원은 당당한 태도로 이렇게 말했다. 성문은 아침이면 열리고 저녁이면 닫히는데, 문이 닫히면 모든 사람들이 성안에 머무르게 되고 아침이면 밖으로 나가듯이 악귀 또한 그러하거늘 저녁에 탕약을 마셨으니 악귀가 배속에 남아 있었기 때문에 죽음에 이르렀다. 탕약을 저녁에 마시게 한 시종들에게 책임을 물으라고 하여 책임을 회피하였다는 이야기가 적혀 있다.

일본인 거주지역과는 달리 조선의 거리는 좁고 불결하고 가옥은 낮고 볼품이 없었다. 사방에서 버린 쓰레기가 쌓여있고 여기저기 하수도엔 온갖 종류의 오물들이 썩고 있었다. 조선 선비란 사람들은 옷을 자기 손으로 입어서는 안 되고 담뱃불도 스스로 켜서는 안 된다. 옆에 거들어 주는 사람 없이는 말안장에 제 힘으로 오르는 일이 없고, 잘못하여 조랑말에서 굴러 떨어지면 누가 와서 그를 일으켜 세울 때까지 땅바닥에 그대로 누워 있어야 하는 게 선비들이다.

백 년도 더 지난 한국의 오늘을 다시 아손이 본다면 또 뭐라 할까요. 이게 궁금합니다.

첫째 이야기는 한국 최고의 권위와 위엄이 행사되는 궁궐 안에서 과학적 근거와 거리가 먼 미개의 의술과 미신이 행사되었다는 점입니다. 둘째 이야기는 독서를 많이 한 한국 엘리트라는 선비들이 허위적 권위에 매몰되어 가식적 행동을 한다는 점입니다. 오늘의 한국 의학은 세계적 수준이 되었고, 미신을 맹종하지 않는 사회가 되었으니 첫째 문제는 해소되었다고 할 수 있지요. 그러나 두 번째가 문제입니다. 문맹률이 거의 없는 나라, 인구 비례 대학 졸업자 수가 세계 제일인 나라가 한국이라면 지적 기반이 단단한 나라로 인정받아야 마땅합니다. 그러나 어떤가요. 언론이 문제입니다. 검증과 논증을 무시한 행패, 각종 매체에 나와 당파적 여론을 생산하는 논객들, 여기에 쉽게 복속하여 일렁이는 여론, 이게 시방 한국 사회의 단면이라면 틀리는 이야기입니까.

배움이 많다 한들 이 배움을 옳게 실천하지 않으면 나라를 어렵게 만듭니다. 북한군의 폭격에 의해 침몰한 것이 자명한데도 '천안함 좌초설'이 등장하더니, 잠수함에 의한 '세월호 외부 충격설'이 등장하더군요. 또 '미국산 광우병 쇠고기'가 촛불 시위로 번졌지요. 광우병

우려가 있는 미국산 쇠고기를 우린 왜 지금 즐겨 먹어댑니까. 대통령 선거 때엔 윤석열 후보 부인 김건희 여사가 '쥴리'라는 이름의 접대부였다는 폭로가 등장, 벽에다 쥴리 그림이 그려졌었지요. 엘리자베스 여왕 장례식 때 김건희 여사가 쓴 망사 모자를 두고 '장례식 망사 모자는 왕족만 쓰는 것'인데 왕족인 체 하는 꼴이 말이 되느냐에서부터 무식하게 윤 대통령은 조문록 왼쪽에 조문을 기재하였으니 국제 망신이라며 대통령 부부가 국격을 훼손하였다고 하는 여론 조작이 등장하더군요.

9월 21일 유엔 총회에 참석하고 글로벌 펀드 공약회의에서 조 바이든 미 대통령을 만나 저개발 국가 질병 퇴치 기금 1억 달러 지원 약속을 하고 퇴장하면서 박진 외교부장관과 속삭인 말이 지금 뜨거운 감자가 되었습니다. MBC는 보도 사진 밑에다 "국회에서 이 XX들이 승인 안 해주면 바이든은 쪽 팔려서 어떡하나?"이런 자막을 달았습니다.

몇 번이고 들어봐도 잡음 때문에 불분명하게 들립니다. 음성식별 전문가조차 식별 불가라 하는 이 말을 MBC는 신통하게 알아듣고 이런 자막을 달다니. 미국은 국회라 하지 않고 의회라 하는데 윤 대통령이 왜 국회라 했을까도 궁금하고, 지지율이 형편없어 자기 걱정에 바쁜 윤 대통령이 미 대통령 바이든을 걱정하는 것도 이상하고.

'이 XX'라는 비속어가 사실이라면 이 대상이 누구든 간에 비록 사석에서라도 대통령이란 사람이 할 말은 아닌 건 맞습니다. 만사를 재껴 놓고 이게 사실이라 해도 이 말을 동네방네 퍼 나르고 미국 백악관에다 우리나라 대통령이란 자가 당신 나라 대통령 걱정을 그것도 비속어로 말하니 당신들은 어떻게 생각합니까. 이런 말을 한다면 대한민국 국적인이 하는 짓이라 할 수 있을까요. 한 솥 밥을 먹는 식구는 안에서는 싸움질했다 해도 이걸 밖에다 소문내지 않는 법입니다.

스웨덴 기자 아손은 죽은 지 오래입니다. 대신 다른 나라 기자가 한국의 이런 꼴을 보고 자기들 초등학교 시절의 일기장을 보는 기분이라 할 것 같습니다. 하여간 뭐라 말할 건데 이 소식 들려오면 알려 주시기 바랍니다. 이게 시방 무척 궁금합니다.

자신을 긍정하는 사람이 그립다

자기 자신을 긍정하고 온전히 내 것으로 받아들이는 일은 어렵지 않은 일입니다. 신념. 감정. 의지. 삶의 방법에 이르기까지 자신은 타인과의 변별적 존재임을 내보이는 행위, 이것은 스스로를 긍정하는 일입니다. 나는 참 괜찮은 인간으로 태어나고 싶음을 요점으로 간직한 사람, 자신의 약점과 과오를 품위 있게 인정하면서 이것에 대한 책임을 지는 사람, 이것이 자신을 긍정하는 처사라 이 말입니다. 반대로 자신의 약점과 과오에 대해 품위 없는 변명을 해대고 심지어는 꾸미어 가식행위를 보인다면 어떻게 될까요. 이를 구경하는 타인들은 비난과 증오, 더 나아가 최소한 나는 저런 인간만은 안 되겠다는 교육현장에 입회하게 됩니다.

자아존중, 이것은 자신이 스스로에게 책임을 지는 일이고 자신을 존중하는 일이고 타인으로부터 나를 인정받는 일입니다. 자아존중은 자아의 빈 공간에 저절로 낙하하여 발아한 씨앗이 아닙니다. 부모로부터 교육 받은 양육과정, 사회 교육을 통해 터득한 학습과정, 스스로 깨달아 내 존재의 당위성 확보를 위한 자기 노력과정 등을 통해 이룩된 결과입니다. 이것이 자아존중이고 자기 존엄성이지요.

타인이 향유하고 있는 자아존중을 무시하고 짓밟는 행위는 잔혹한 일입니다. 이런 사람과 한 식탁에 앉기를 사람들은 거북하게 생각할 것이 분명합니다. 반대로 타인을 위해 한 발짝 내 삶을 양보하는 일은 내 인생의 존엄이 밖으로 내비쳐지는 일입니다. 요구하지 않더라도 타인들은 이 사람과 한 끼 식사라도 하고 싶어 합니다.

자신의 욕구가 휘두르는 대로 굴복당해서는 안 됩니다. 이렇게 되면 욕구의 노예가 되어 자신의 주인 역할을 포기하는 행위, 자기 삶이 거덜이 난 행위에 도달합니다. 타인의 욕구가 내 결정권을 포기하도록 강요할 때도 자기 주도의 결정권은 당당히 행사되어야 합니다. 나는 나이어야 하니까요.

인생의 깊이와 풍부함을 위해서는 내 삶을 기꺼이 다수를 혹은 이유 있는 타인을 위해 양보할 수 있을 때 이를 두고 훌륭하다 하지요. 만델라(Mandela1918~2013)는 국가의 평화적 미래를 위해 자신을 희생시켜 반평생을 감옥에서 보냈습니다. 그는 자기 자신을 긍정적으로 평가하여 이런 어려운 일을 해낼 능력이 자신에게 있음을 자긍하였고, 자기 존엄성을 지키는 것이 명예라 생각하여 이런 일을 감행했습니다. 한낱 기생의 신분이었지만 조국 수호를 위해 몸을 던진 논개 의사, 젊음을 조국 광복을 위해 목숨을 바친 안중근 의사 역시 자기 존엄성을 지켜냈던 인물입니다.

여기까지는 당도하지 않더라도 당(黨)의 건강을 위해 한 발짝의 양보 혹은 권한의 포기 이것이 그렇게 어려운 걸까요. 현재 진행되고 있는 국민의힘당 내홍은 이준석 당대표와 권성동 원내대표가 주역으로 보입니다. 이를 중재할 인물의 부재 또한 국민의힘당의 한계이지요.

자신을 긍정적 존재라 자임한다면 품위 있게 자기 약점과 과오를 드러내는 일은 쉽다면 쉬운 일이지요. 이래야만 당이 살고 내가 살 길임을 자각한다면 이런 일을 행하는 건 어려운 일이 아니지요.

같은 정견을 가진 사람들이 정치적 이상을 실현하기 위해 모인 결사체를 정당이라 합니다. 그렇다면 정당 내의 문제는 정당 내의 자정능력으로 해결해야 함에도 법정에서의 판가름을 구하자는 짓은 놀라운 바보짓입니다. 이것에 무리한 법 해석을 가한 판결 역시 놀랍기는 마찬가지지요.

이번 사태를 평가하는 독설가 내 친구는 국민의힘당은 영양실조증후군을 앓고 있는 환자들의 모임같이 느껴진다 하더군요. 내 생각으로는 국민의힘당이나 민주당 모두 매한가지라 생각이 듭니다. 아니 한두 가지가 아닌 형사책임의 피의자를 당 대표로 뽑고 그를 위한 보호막까지 준비하였다면 정상이랄 수가 있을까요.

관리가 잘못되어 잡초가 무성한 농토는 다음 작물을 키우기 위해 갈아엎어야 합니다. 이참에 두 정당은 아예 갈아엎어버리고 새로 경작을 준비하는 농토로 거듭나는 게 옳은 일이라 생각듭니다. 내 생각이 어떻습니까. 여러분!

모방뉴런, 밈(meme)에 대하여

영국의 진화생물학자 리처드 도킨스 교수(Clinton Richard Dawkins, 1941. 3. 26~)는 1976년에 『이기적 유전자』(홍영남, 이상임 역, 을유문화사, 2018)란 책을 출판하였습니다. 여기서 그는 생물학적 유전자(gene)와 비슷한 인간개체 내에 저장되어 다른 개체내의 기억으로 복사되는 문화적 유전자가 있다고 주장하였지요. 말하자면 유전 영역을 생명의 본질적 면에 국한하지 않고 인간 문화로 확장되는 문화 유전론이 있음을 주장한 것입니다. 유전의 진화 단위를 유전자라 한다면 문화 진화의 단위를 밈(meme)이라 칭했습니다. 이 말은 그리스어의 모방을 뜻하는 미메메(mimeme)에서 따온 말입니다. 인간은 모방을 통해 자기 발전을 해왔고, 음악, 사상, 패션, 건축양식, 광고, 기호 등에 이르기까지 유전자처럼 선행한 것을 복제 또는 모방으로 전파되는 것이 문화라는 말이 됩니다. 밈은 사회의 유행이나 문화 전승범위를 초월하여 다양성으로 존재합니다.

인류가 쌓은 문명은 개체 학습(individual learning)의 결과가 아니라 수많은 개체가 습득한 지식과 기술의 모방, 그것의 축적된 결과물입니다. 그렇듯 밈 역시 이기적 존재로서 가치, 이념, 제도, 종교 등으로 표

징되어 완강한 힘을 행사할 때가 많지요. 이건 생존을 위한 자기 방어이면서 자기 발전인 셈입니다. 더 나아가 권력의 지배를 아니면 권위의 획득을 위한 신념이 밈으로 발휘할 때도 있습니다. 우리가 흔히 목도하는 정치논쟁 끝에 불필요한 감정적 소모를 지불하는 경우 같은 것은 자기 신념의 주장 때문 아닙니까. 자기 신념을 설득하려는 노력 때문 아닙니까.

문제는 밈이 자기 존재와 생존 범위를 넘어 이념의 포로가 되고, 이것이 말썽을 일으키는 경우입니다. 종교적 이념의 실현을 위해 기꺼이 자살테러의 희생자가 되는 경우가 그것입니다. 생물학적 유전자는 자기 흔적을 지속시키는 것이라면 밈은 자기 추구의 목적 달성을 위한 의도적 운동이라는 점, 유용성과는 별개로 자신의 현존적 가치를 의도하고 전파한다는 점 때문에 도킨스 교수는 밈을 이기적 유전자라 한 것입니다.

정치 현황에서도 밈 현상이 두드러지는 걸 볼 수 있습니다. 호남과 영남은 서로 다른 정당을 향한 집단적 밈 현상을 나타냅니다. 그 정당의 지지를 했다고 해서 나에게 실효적 효과가 발생하는 것도 아니고, 다른 정당을 지지했다고 해서 적으로 몰릴 필요가 없음에도 열렬히 특정 정당을 지지하는 노력 그리고 노무현, 문재인 후보는 영남 인사임에도 호남에서 열렬한 지지를 받은 것은 추구하고 공유하고 싶은 이념 때문입니다.

대깨문이란 말이 있습니다. '대가리가 깨져도 문재인'의 약칭이라 합니다. 말하자면 '문재인이 무슨 말 어떤 행동을 한다 해도 적극 지지한다'는 뜻이니, 문재인 콘크리트 지지층이라 할 수 있지요. 문재인 정권의 연속된 실책 때문에 그의 지지층은 달라지고 있습니다. '박사모'란 단체도 있습니다. '박근혜를 사랑하는 모임'의 약칭이라 하네요. 박근혜 열렬 지지자들의 모임이면서 극우 성향의 시민단체라 하더군요. 이들은 2016년-2017년 박근혜-최순실 게이트와 박근혜 대통령 탄핵 소추 상황 속에서도 박근혜에 대한 일방적이고 무조건적인 지지를 표방했습니다. 지금은 활동이 미미합니다. 이런 단체에 자신을 귀속시키는 것은 자신과의 호혜적 혜택과는 무관합니다. 자신이 그 부류의 권위에 종속시키려는 자기 확보, 나아가 이를 확장하여 세력화하려는 의욕 때문에 이걸 복제, 전파하는 것입니다.

한국 사회에서 결속력이 강한 단체로 고려대 동문회, 해병전우회, 호남향우회를 꼽습니다. 다른 동창회나 종친회 역시 강한 친화력을 발휘합니다. 이것들은 자기들끼리 뭔가를 도모하기 위한 인위적 집단 문화 행동입니다. 세계적으로 통하는 지역 이기주의, 백인 우월주의 등도 마찬가지입니다. 다만 유전적 형질의 전파는 자기 의도를 넘어선 생물학적인 것이라면 밈은 인간 행위의 자기 수호 수단이면서 어떤 목적성의 추구와 그것의 전파를 겨냥한다고 봅니다.

80년대 운동권 대학생들 사이에는 큰 두 세력의 운동권이 있었습니다. NL(National Liberation)과 PD(People's Democracy)가 그것입니다. 영남대 김영수 교수의 칼럼(조선일보 2021.05.03.)을 약간 소개하면 이렇습니다.

> 알고 보면, 586 운동권 세력은 태생이 민주주의자가 아니다. 그들은 레닌주의, 김일성주의에 푹 젖어 젊은 시절을 보냈다. 1980년대부터 마르크스주의가 학생운동을 장악했다. 이른바 PD계다. 1986년부터는 북한의 주체사상을 추종하는 NL계가 운동권을 석권했다. 정의당은 PD계, 더불어민주당에는 NL계 출

신이 많다. 젊을 때 그들은 모두 자유민주주의를 부르주아민주주의로 경멸했다. 껍데기, 즉 '절차'만 민주주의라는 것이다. 그나마 PD는 지적으로 치열했고 논쟁적이었다. NL은 처음부터 김정일의 '주체사상에 대하여'를 바이블처럼 외웠고, 북한 해주에서 발신되는 한국민족민주전선(한민전)의 지시에 따랐다. 이견은 불경이었으며 수령님과 의장님에 대한 절대 복종을 강조했다. 상명하복은 군대보다 엄격했다. 전체주의이자 일종의 사이비 종교다.

1980년대 학생운동을 깊숙이 경험한 사람은 다 아는 사실이다. 그러나 일반 국민은 잘 몰랐다. 그러나 이제는 누구나 안다. 조국 사태가 결정적이었다. 그의 진정한 위업은 가짜 진보의 신화를 깨고 진실을 알렸다는 것이다. 윤미향 · 박원순 · 남인순 · 김상조 등의 행태가 드러나면서, 그들의 속살이 드러났다. 아름다운 외피의 한 꺼풀 밑에는 탐욕의 거미줄이 무성했고, 위선의 악취가 코를 찔렀다. 이게 '사람 사는 세상'인가?

그릇된 논리의 맹신은 이웃을 오염시킬 우려가 있고, 이것은 사회 혼란의 근원이 될 수 있기 때문에 위험하다는 겁니다. 이 점에 대해 도킨스 교수는 이렇게 말했습니다.

우리에게는 우리를 낳아 준 이기적 유전자에 반항하거나, 더 필요하다면 우리를 교화시킨 이기적 밈에게도 반항할 힘이 있다. 순수하고 사욕이 없는 이타주의라는 것은 자연계에는 안주할 여지도 없고 전 세계의 역사를 통틀어 존재한 예도 없다. 그러나 우리는 그것을 의식적으로 육성하고 가르칠 방법도 논할 수 있다. 우리는 유전자의 기계로 만들어졌고 밈의 기계로서 자라났다. 그러나 우리에게는 우리의 창조자에게 대항할 힘이 있다. 이 지구에서는 우리 인간만이 유일하게 이기적인 자기 복제자의 폭정에 반역할 수 있다.(p.48)

인간 삶에 긍정적 신호로서의 밈은 환영받습니다. 그릇된 논리의 전파, 이건 어떻게 하지요. 그러나 이런 게 밀어닥쳐도 이에 저항하는 힘, 이것을 우리들은 배양해야 합니다. 백인 우월주의에 의해 동양인의 희생에 반대하는 백인들이 있듯이, 대깨문, 박사모의 가담을 거부하면서 오히려 이런 행동을 측은하게 바라보는 이것은 이런 유의 밈에 대한 저항의 뜻입니다. NL, PD 같은 이념 단체가 우리 사회에 어떤 영향을 끼치고 있는가, 이것도 깊이 생각해봐야 할 당면 문제입니다.

젊은 대학생들, 엘리뜨들이 새로운 이념 추구를 지향하다가 희생된 경우를 우린 이미 경험하였습니다. 일제 강점기, 해방공간에서 맑스, 레닌주의에 매몰되어 행동하다가 희생된 아까운 우리 인재들이 많습지요. 대표적 한 인물을 소개하자면 박헌영입니다. 박헌영은 경성제일고보 우등생이었다지요. 영어공부를 열심히 한 기독교 청년, 미국 유학을 꿈꾸었던 엘리뜨, 그러나 미국 유학이 좌절되자 그는 상하이로 도피하면서 공산주의자가 되었습니다. 조선공산당 핵심멤버로 활약하다가 월북, 1948년 9월 북한정권이 수립되자 부수상 및 외상, 6.25 때엔 인민군 중장으로 참전하였지요. 1953년 김일성에 의해 남로당계 숙청 때 감금과 고문을 당하다 1955년 미국 첩자, 정부전복 음모 죄목으로 1956년 처형당했습니다. 박헌영 뿐 아닙니다. 박헌영을 추종하던 당시 재기발랄하였던 카프계 작가들은 그를 따라 월북을 했지만 거의 모두는 비참한 최후를 맞았지요.

문제는 한때 유행처럼 번진 좌경 논리, 여기서 더 나아가 북한 주체사상에 매몰된 세력이 대한민국 내에서 힘을 발휘하고 있다니 이게 작은 일일까요. 그릇된 밈의 전파에 침묵하고 있다면 그 사회는 위험해지지 않을까요. 도킨스 교수는 왜 이런 위험에 대해 열심히 설명하지 않았는지 그의 책을 보면서 이 점이 의아스럽고 아쉬웠습니다.

배울 걸 못 배우면 나라가 망한다

산업구조는 어떤 것이며 공중위생이 왜 중요한 것인지, 헌법이 무엇이며 그것의 가치가 왜 중요한 것인지 등은 서구화를 통해 학습한 소중한 가치들입니다. 이걸 빨리 학습한 나라는 선진국 대열에 편입되었지만 이걸 받아들이는 데 주저한 나라는 대부분 강대국의 식민지가 되었습니다.

수렵사회에서 농경사회로 이전한 건 약 1만 1천 년 전이고, 금속도구가 나타난 것은 약 7천 년 전, 문자도 약 5천 4백 년 전쯤 발명되었고, 최초의 국가가가 들어선 것도 약 3천 4백 년 경이라는 주장이 있습니다. (Jared Diamond 저 『어제까지의 세계』 김영사,2013, p 18)

이런 문화는 한 개인의 독창력의 발휘라기보다 대중의 슬기가 모여 만들어진 것인데 이것이 이웃나라에 전파되어 소중한 가치가 된 것입니다. 어느 시대 어느 나라 어디에 사느냐. 어떤 교육을 받았느냐에 따라 삶의 질이 달라집니다. 사회 질서의 유지 또한 마찬가지입니다.

인구가 고작 1천 명 정도인 바티칸 시국이든 여기보다 더 많은 1만 명 정도의 태평양 섬나라 나우루, 투발루 나라든 거기도 다툼이 있고 범죄가 있기 마련입니다. 그래서 경찰이 있어야 하고 법정이 있어야 하고 세금징수원도 위생검사원도 있어야 합니다. 어느 곳이든 치안과 질서를 위해 명령을 행사하는 정부가 있고 여기에 앞서 사람과 사람 사이에는 도덕이 존재합니다. 처벌을 보류한 채 협상과 보상과 묵인에 치우친다면 질서 유지는 어렵고 협박과 억지가 근절되지 않지요. 이걸 배워야 제대로 된 나라가 됩니다.

노동쟁의는 노동자들이 자기주장을 관철할 목적으로 파업·태업·직장폐쇄 등 업무의 정상적인 운영을 압박하는 행위입니다. 자본주의 사회에서는 노동자와 자본가의 이해대립은 피할 수 없지요. 이것의 긍정적 평가는 노동자는 고용·임금·노동조건의 향상을 확보하는 반면 기업주는 노동자의 집단적인 협조를 확보할 수 있다는 점입니다.

민주노총 금속노조 거제통영고성 조선하청지회(이하 '하청노조')의 파업으로 인한 대우조선해양의 생산 차질이 22일로 51일째를 맞았습니다. 대우조선은 7조 1천 억 원의 공적자금이 들어간 기업입니다. 지금까지 약 8,165억 원의 피해가 발생했다 합니다. 이런 피해가 쌓인 것은 노사 모두 책임이 있고 이것을 방치한 정부 당국 또한 책임이 있습니다.

여섯 차례 교섭과 정회를 반복하다 오늘(2022.7.22.) 극적 타결을 봤다 전합니다. 협력업체에 따르면 이들은 지난해 4월 7일 대우조선해양 1독을 점거했고 올해 들어서도 지난 4월 두 차례, 5월 한 차례씩 2독을 점거했음에도 법적 책임을 묻지 않았다 합니다. 그런 마당에 이번에는 법적 책임을 묻는다? 가능할까요. 가능해야 합니다.

애초 노조 측에서 기존 임금 30% 인상 요구가 아닌 4.5% 인상안을 요구했더라면 이런 난리를 겪지 않아도 이런 막대한 피해도 입지 않아도 되었을 것인데 고작 이 정도의 타협을 위해 이런 난리를 치다니 한심하지 않습니까. 파업 참가 노조원 120여 명, 그 가운데 6명은 옥포조선소 1독(선박 만드는 작업장)을 불법 점거해 난간에서 고공 농성을 벌이는가 하면 위험 인화 물질 시너를 대거 반입, 여차하면 불 지르겠다는 태도에다 1명은 철제 구조물에 자기 몸을 가둔 채 농성을 벌였습니다. 목숨을 무기로 한 자해 공갈단 같은 추태를 연출하더군요.

쌍용자동차, 한진중공업, 기륭전자, 재능교육, 이랜드, 현대자동차 등에서 발생한 노사 간의 갈등은 불과 몇 년 전에 있었고, 이것의 결과가 어떠했느냐를 학습하였음에도 변하지 않은 노사 관계, 우리는 언제까지 이런 일의 반복을 구경하고 살아야 합니까.

영국의 대처 수상은 '늙고 병든 영국'을 회생시키려면 노동개혁에 승부를 걸어야 함을 알고 기세등등하던 노동조합을 굴복시켰습니다. 공무원 신분의 항공관제사 노조는 대선 때 레이건을 지지했고 그 보답을 기대하며 1981년 무리한 파업을 벌였습니다. 레이건은 이틀 내 복귀를 명령했고 이에 복귀 명령을 거부한 1만1500명을 무더기 해고했습니다. 국가 위기에도 흔들림 없는 지도자의 모습을 대처와 레이건이 보여주었지요.

윤 석열 정부를 간보려고 저질러진 파업이든 문 정부의 맛들인 행위의 연속이든 국가 이익을 무시하는 파업은 단호히 처벌해야 합니다. 끝까지 책임을 묻고 사법처리를 해야 합니다. 이참에 선진국에서는 노사 갈등을 어찌 해결하는지, 갈등이 해소되지 않을 땐 국가 권력이 어떻게 작동하는지를 꼭 배우기 바랍니다. 배워서 실천하기 바랍니다. 배울 걸 배우지 않으면 나라가 망합니다.

자유주의와 반지성주의

일전의 윤대통령 취임사에 나오는 말 중 단어 두 개를 가린다면 '자유'와 '반지성주의'라 할 수 있겠습니다. 이 말이 무엇을 의미할까요. 먼저 자유에 대해 살펴보지요. 존 스튜어트 밀(John Stuart Mill, 1806~1873)이 쓴 『자유론』에 의하면 타인의 이익을 위해(危害)하는 행위에 대해서는 외부의 힘, 즉 사회가 개인의 자율성을 제한할 수 있다고 하였습니다. 이 경우를 제하고는 개인의 몸과 정신에 대한 자유와 자율성은 보장되어야 한다고 하더군요. 물론 이 문제는 법률로서의 금지와 보호조치가 있기 때문에 큰 문제는 없어 보입니다만, 법을 무시한 관습이 타인에게 자유를 제한하는 경우, 또는 법의 실행에 앞서 자유가 유린되는 경우가 비일비재하기 때문에 이것을 걱정하는 것은 맞지요. 밀이 주장한 자유는 인권적 측면에서의 자유 개념이라면 경제, 나아가 국가 정책적 측면에서의 자유는 어떨까요.

앞서 진행된 이념과 사고의 틀은 당시로서는 근사한 국가정책으로 또는 삶의 질서로 행사되어 왔다 해도 이것이 행사되는 도중에 혹은 나중에 뜻하지 않은 이변, 당시엔 생각하지 못했던 부작용이 나타나게 됩니다. 이럴 땐 이것에 대한 반성과 검토, 변형과 기각 또는 다른 국면으로서의 전환을 하게 되지요.

봉건주의에 대항한 논리는 자유주의였습니다. 이것은 당시로서는 절대다수의 박수 속에서 진행된 혁명적 사상이었습니다. 그러나 자유주의의 모순이 가시화되자 사회주의가 등장하게 되었습니다. 그러자 자유주의자들은 조정된 자유주의를 제창하기에 이르렀습니다.

자유주의는 시장의 자연성을 중시하고 인간의 자유로운 경제활동을 보장하는 이론입니다. 국가가 시장경제에 개입해서는 안 되고 자유로운 시장 활동을 통해 국가의 부를 축적하고, 사회복지의 극대화를 이룰 수 있다는 것이 자유주의 경제학 아닙니까. 그러나 경제공황 등 시장이 스스로 해결할 수 없는 문제가 발생할 때엔 정부가 관여해 시장 실패의 원인을 치유하고 기능을 회복시켜야 합니다.

70년대 이후 세계적 불황의 위험이 닥치자 이번에는 신자유주의자들이 등장하였습니다. 자유무역과 국제 분업을 기초한 시장 개방을 통한 세계화를 주장한 자유화 물결, 이것이 신자유주의자들의 슬로건입니다.

윤대통령은 후보 때부터 규제완화와 감세, 기업하기 좋은 나라 만들기 등의 발언으로 미루어 보면 그는 신자유주의 입장인 것 같습니다. 신자유주의 또한 경제의 장기적 건전성을 담보할 수야 없지요. 세계 경제시장의 현재 흐름에 따르자니 자유개념을 들춘 것 같 이 들리더군요. 여기서 우리는 이런 말을 상기할 필요가 있습니다. 대표적 자유주의 경제학자 밀턴 프리드먼(Milton Friedman, 1912~2006)이 쓴 『선택할 자유(Free to Choose)』에서 "자유보다 평등을 우선시하는 사회는 발전할 수 없고, 정부 주도로 많은 문제를 해결할 수 있다고 믿는 정부개

입주의는 잘못된 환상일 뿐"이라는 말을 상기할 때, 윤대통령의 취임사는 앞 정부와 다른 국면의 경제 정책을 도모하겠다는 의중을 드러낸 셈입니다.

다음으로 윤대통령이 힘주어 강조한 발언은 '반지성주의'에 대한 언급입니다. 지성이란 사물을 개념에 의하여 사고하거나 객관적으로 인식하고 판정하는 오성적 능력을 말합니다. 그렇다면 여기서 벗어나는 경우는 반지성이 되는 것 아닙니까. 줄여 말하자면 객관성의 결여를 반지성이라 말할 수 있다 이 말이지요.

리차드 호프스태트(Richard Hofstadter,1916~1970)는 그의 책『미국의 반지성주의(Anti-intellectualism in American Life)』에서 "정치의 타락은 지성이 타락한 결과"라 하였습니다. 지성인을 자처한 인물들이 민주주의 실현에 기여할 힘이 될 수 있는가에 대해 강한 의구심을 나타낸 말 아닙니까. 윤대통령이 "견해가 다른 사람들이 서로의 입장을 조정하고 타협하기 위해서는 과학과 진실이 전제되어야한다"라는 말이라든가 "각자가 보고 듣고 싶은 사실만을 선택하거나 다수의 힘으로 상대의 의견을 억압하는 반지성주의가 민주주의를 위기에 빠뜨리고 민주주의에 대한 믿음을 해치고 있다."고 지적한 말에 비추어 보면, 다수의 횡포, 편견, 이기적 종파주의에 대한 경고 발언으로 들립니다. 말을 감추었지만 과거 문정권의 편협성과 다수당인 현 민주당의 횡포를 빗댄 말 같이 들리더군요.

5년 전 문대통령의 취임사에는 "문재인과 더불어민주당 정부에서 기회는 평등할 것입니다. 과정은 공정할 것입니다. 결과는 정의로울 것입니다."라고 말했지요. 말이야 비단이었습니다만 헛말이 되고 말지 않았습니까. 나는 윤대통령의 취임사가 의미 있는 지적임에 일단 동의합니다. 다만 5년 후 윤대통령이 집무실을 나올 때, 과연 그는 앞서 경우와는 확연히 다른 업적의 윤대통령이었음이 입증되어야 할 건데, 과연 그럴 수 있을까요. 이게 걱정됩니다.

제2부

행복은 비눗방울

놓인 현실은 어둡고 참담하고 외롭고 괴롭다 해도 우리 영혼은 비눗방울 같은 언제나 부풀은 꿈을 준비합니다. 행복은 행복을 느낄 줄 아는 학습된 사람, 삶을 즐길 줄 아는 준비된 마음의 소유자 앞에 행복은 조용히 찾아옵니다.

사소한 행복으로의 초대

빈곤과 초라함은 부유와 화려함에서 얻기 어려운 행복감을 선사합니다. 부의 축적은 한정되어 있는 재화를 합법이든 아니든 수단을 부려 남보다 많이 취득한 것에 불과하기 때문에 영광이라고만 말할 수 없습니다. 부의 축적은 일시적 욕망에 의해 남의 희생에서 온 것이므로 언젠가는 미안함을 얹어 사회에 돌려주어야 할 것에 불과합니다. 또 그렇게 마련되어 있지요. 부를 아무리 축적했다 해도 저승에 가져가지 못합니다. 그럴 바에야 생전에 사회에 돌려주고 가면 훌륭하지요.

타인을 무시한 나만의 충만을 행복이라고 잘못 안 것에 대한 반성, 얻은 부의 축적을 사회에 다시 환원할 때의 행복감, 이것은 가진 자가 학습해야 할 도덕입니다. 타인의 희생에 의해 비롯된 나의 행복은 행복의 진정성이 행사되지 않지요.

일시적 위안으로서의 안위가 행복이라 해도 진정한 행복은 나누고 베풀고 사회를 위해 쾌척하는 데서 행복이 찾아옵니다. 많음이 행사되는 사회, 큰 것이 위용으로 간주되는 사회는 그런 분위기에 안주된 그릇된 사람들만의 몫에 불과합니다. 행복의 질적 향상이 뭔지 모르는 사람들의 몫에 불과합니다.

자본주의가 강조하는 바는 화폐가 세상의 질서를 확립하고 삶의 질을 향상하게 한다고 하지만 이것의 과도한 힘의 행세는 천박함으로 연결되지요. 경제라는 매개가 욕망의 소비로만 진행되고, 육체적 쾌락이 행복으로 간주되는 건 통속적 취미입니다. 이것을 추구하는 행복론자들은 진정한 행복에서 소외된 현실주의자, 행복을 다르게 번역한 무실력자들이지요.

크고 많은 것은 번다함과 거추장스러움을 수반합니다. 이것은 여기에 수반하는 걱정을 함께 짊어지기 쉽지요. 작고 적은 것은 단순하고 소박하여 별다른 걱정거리를 아예 장만하지 않습니다. 이것은 범속한 현실을 능가하게 하는 마음에서 비롯되므로 비로소 궁핍이 오히려 넉넉함으로 치환됨을 알게 합니다.

별다른 욕심 없이 흙을 믿고 사는 시골의 농부들은 다만 제때 비가 와 주면 좋겠다는 생각, 봄이 오면 갈아 놓은 논밭에다 심을 씨앗을 뿌리고 그리하여 열매가 달리기를 기다리는 재미로 삽니다. 이런 신화적 세계를 꿈꾸며 평온을 재산으로 삼는 삶은 의심 없는 행복의 소유자들입니다.

행복

황명걸

몇 년 사이
살림이라곤 는 게 없지만
묘목이 키 넘게 자라고
선인장이 주먹만큼 컸다

나이 사십 줄에 들어
얻은 게 있다면
이런 것들이 기특하게 여겨지는
때 늦은 철
저녁나절 뜰에 앉아
이것들과 이야길 나누노라면
자식들과 또 다른 재미 같은 게
새록새록 솟는다
살림이야 궁색하더라도
큰 병치레만 하지 않는다면
마음이 가난하지 않으니
행복이란 기실
따로 있는 게 아니잖는가.

사십 줄에 들어서서야 철이 들어 행복의 진정성에 도달하였다는 시인의 말은 예사롭지 않습니다. 살림살이가 궁색해도 마음이 가난하지 않으니 백만장자 그것보다 행복하단 말 아닙니까. 행복으로 항진하는 항해는 그 정박지가 정해져 있지 않습니다. 상상력의 작용에 따라 닿는 곳이 행복의 정박지가 되지요. 마음의 여유가 행복을 견인하는 것이지 인위의 수단이 행복을 정박하게 하지 않지요.

유클리드 기하학(Euclidean geometry)은 거의 모든 사물들을 단순한 형태로 환원시킬 수 있을 것이라 믿었지요. 두 평행선은 모든 점에서 거리가 서로 같다고 보았지만 리만 기하학(Riemannian geometry)에서는 평행선이 존재하지 않다고 봅니다. 유클리드 기하학에서 3각형 내각의 합은 180°입니다. 그러나 리만 기하학에서는 180°보다 크다고 주장합니다. 다른 각도에서의 다른 이론이 등장한 셈입니다.

인간은 기존의 가치에 도전하고 이것의 수정이 필요함에 동의해야 합니다. 남이 정한 행복의 가치가 내게까지 위압될 필요는 없습니다. 그는 그의 행복 기하학이고 나는 나대로 행복 기하학이면 되는 것 아닙니까. 남이 나를 초라하게 본다고 해서 초라함이 공인되지 않습니다. 남이 하찮고 사소하다 해도 나는 그런 말에 신중할 필요가 없다는 말입니다. 나는 나대로의 행복 기하학을 위해 항해하면 될 일 아닙니까.

현 사회는 물자가 넘칩니다. 물자의 생산이 폭발적이라 해서 이것들이 우리 삶을 행복하게 만들 수 있을까요. 물자와는 구별되는 다른 원리가 도입되지 않고서는 행복하다 할 수 없습니다. 진정한 풍요로움은 내면의 충만함에서 비롯되는 걸 잊어서는 안 됩니다. 소유의 최소화, 이것은 번다함을 피할 수 있고 정신활동을 건강하게 하는 데도 일정 기여합니다. 나는 이런 공부에 취미가 붙어 시골에서 평안히 살고 있습니다. 80에 임박해서야 내가 철이 든 셈이지요.

너 자신이 되어라(Be yourself)

세상에는 단단하여 잘 부서지지 않는 3가지가 있다고 합니다. 강철, 다이아몬드 그리고 자기 자신에 대한 지식입니다. 지식을 잘 가꾼 결과로서의 자신이라면 이것의 견고성은 오히려 바람직할 수 있습니다. 인간은 늘 깨닫지 못해 저지른 어제의 실수가 오늘의 나를 후회하게 합니다. 후회하기 전에 할 일이 있지요. 자기 자신에 대한 지식을 잘 가꾸는 일입니다.

고대 그리스 시인 핀다로스(Pindaros, BC 518~446)는 "너 자신이 되어라(Be yourself.)."고 말했습니다. 삶의 진행과정에 도움 되는 내적 재산을 자신에 이르는 길로 개척했다면 이것의 고수는 환영받아 마땅하지요. 나의 행위가 타로부터의 비난에서 제외될 수 있도록 자신에 대한 지식 행사를 하는 이것, 이것을 지키고 살라는 말이 바로 "너 자신이 되어라." 다른 말로 해석하면 "너답게 살아라." 또는 "너다워라."의 뜻이라 생각됩니다. 인간은 늘 나중에 깨닫고 깨닫지 못해 저지른 실수를 후회하다 죽는다면 나는 거기서 탈출한 나 자신일 수는 없는가. 이걸 하루도 여러 번 생각하면서 살아야 큰 후회를 하지 않겠지요.

상당한 자부심으로 승자임을 자랑할 필요는 없습니다. 이것의 지나침은 파국이 찾아오는 법이니까요. 9C 무렵 북 유럽의 신화 중에 '천하장사 시구르드(Sigurd)' 이야기가 있습니다. 시구르드는 힘을 행사하는 거인이고 그 앞에 견줄 대상이 없음을 뽐내는 존재였지요. 그는 적장 '빼드렁니 마엘 브릭테' 목을 베어 말안장에 매달고 의기양양하게 귀환하였습니다. 그러나 마엘 브릭테의 빼드렁니가 말을 타고 달리던 시구르드의 다리를 계속 긁었고, 그 상처의 감염으로 시구르드는 며칠 만에 죽고 말았다는 신화가 전해옵니다. 자신이 상당한 존재임을 강조하기 위해 일부러 적장을 찾아가 목을 베어 의기양양해야 할 필요가 없었음에도 이 넘치는 교만 때문에 불명예를 자초한 이야기이지요.

인간은 온갖 악기를 동원해 교향곡을 만들고, 사람살이의 편의를 위해 대도시를 건설하고, 상상도 못했던 상대성 이론을 발견해 냈지만 인간은 언제나 모자라는 구석을 갖고 삽니다. 자신을 가꾸는 지식을 함양하고, 명리에 집착하지 않고, 사람을 깔보지 말 것을 숱한 역사가 일러 왔지만 이런 값진 것들을 인간들은 깜빡깜빡하지요. 그래서 후회할 일을 만들고 말지요.

연일, 여야 대통령 후보들의 본인과 배우자 이야기 때문에 시끄럽습니다. 윤석렬 후보 부부에 관한 이야기도 있지만, 이보다 이재명후보가 성남시장, 경기지사에 당선되자 특채한 5급 7급 공무원 둘에게 공무 대신 이재명부부 집사 노릇 시킨 사건이 들통이 나 한창 시끄럽습니다.

대리 약 처방, 소고기 사오기, 제사 제물 사오기, 친지에게 선물 배달, 옷장정리, 목욕탕 정리까지.....거기다 돈은 공무용 법인 카드로 결제했다는 것 아닙니까. 사실이 이렇다면 이건 심한 갑질이고 도둑질입니다. 정도야 다르겠지만 이런 일을 한 공무원이 이재명 부부 뿐일까요.

다른 공직자들 역시 그런 일을 해왔다 해도 나는 나여야한다를 강조한 바로 이 말 "너 자신이 되어라.(Be yourself.)" 다르게 번역하자면 "너답게 살아라." 이랬다면 문제되지 않았습니다.

이재명 부부의 비리를 7급 공무원 A가 이렇게 까발리어야 할 이유가 궁금합니다. 온갖 심부름을 다하고 어떤 땐 수모까지 당한 채, 막상 직을 떠나와 생각하니 억울한 생각 때문에 공익제보자 역할을 자처한 걸까. 갑질하는 상사부부를 성심껏 모셔왔는데도 내보낼 때 그를 섭섭히 한 데 대한 불만이 그를 침묵할 수 없게 한 것일까.

적이라 해도 굳이 찾아가 죽이기까지 할 것 없음에도 목을 베어 말안장에 매달고 의기양양해 했던 시구르드는 마엘 브릭테의 뻐드렁니에 긁혀 죽듯이, 마치 하인처럼 부려먹던 하위직 공무원에 대한 인간적 예우의 몰각, 이것이 복수의 칼이 되어 이재명 부부를 공격한 것은 아닐까 합니다.

내가 부정확한 과장의 말일지는 몰라도 남이야 어쨌든 자신은 자존을 지켜 자신답게 그야말로 너 자신이 되었더라면 이런 문제가 발생할 수 없지요. 아 모자라는 인생살이여!

놀라운 한국인의 사고방식

융통성(融通性, flexibility)이란 형편이나 경우에 따라서 일을 이리저리 막힘없이 잘 처리하는 재주나 능력을 말합니다. 비슷한 말로 유도리란 말을 쓰는데 이 말은 일본어에서 온 말이지요. 한 가지 사고나 가치 그대로가 아니고 이것을 변용해서 다양하게 사용할 수 있는 기지 같은 걸 의미할 때 융통성, 유도리 이와 같은 말을 한국인들은 즐겨 씁니다.

서양 식탁엔 고기 자르는 칼이 놓입니다. 고기를 포크로 누르고 나이프로 고기를 자르는 것이 서양의 식탁 문화입니다. 한국인들은 이런 방법보다 손쉬운 방법을 고안해 낸 것 아닙니까. 포크 대신 집게를 잡고 가위로 고기를 잘라먹는 우리를 보고 서양인들은 이상하게 생각하겠지요. 가위는 천을 자를 데 쓰는 도구로 생각하겠지만 우리는 가위를 이쪽저쪽 다 유용하게 씁니다. 갈치 같은 생선을 자를 데는 가위가 딱 맞지요. 한 손에 갈치를 잡고 다른 손엔 가위를 이용하여 지느러미를 잘라내고 머리 부분을 잘라내고 몸통을 쓸모 있게 멋지게 자르는 것 보았을 것입니다. 이렇게 하면 도마 위에 생선을 올려놓고 칼질하기보다 훨씬 수월하지요.

두루마리 휴지는 식탁 위에 놓일 물건이 아니라고 생각하는 것은 서양인들 사고지요. 화장실에서 쓰는 휴지라는 고정된 생각을 부수고 우린 이걸 식탁 위에 얹어놓고 양념 묻은 입을 닦는 데도, 물 묻은 손을 닦는 데도, 바닥의 물을 훔치는 데도 휴지를 유용하게 씁니다. 서양인들이 이걸 보고 기절할 것 같은 생각이 들긴 들지만 그건 그들 생각이고 우린 이쪽저쪽 두루 다 씁니다. 나무랄 일이 못되는 일이지요. 옛날 노인들은 삿갓을 따가운 볕을 가리는 데도, 비 올 땐 비 막음을 하는 데도 두루 쓰고 살았습니다. 솥뚜껑을 뒤집으면 적이나 고기 굽는 프라이팬이 되지요.

서울에 잠수교가 있습니다. 물이 넘치면 강이 되고 넘치지 않으면 차가 다니는 다리로서 훌륭하게 쓰고 있지 않습니까. 한 쪽만으로 생각하지 않은 입체적 사고, 융통성 있는 활용이 한국인의 마음 속에는 살아 있습니다. 근사하지 않습니까.

하나에 여러 개를 병합해서 새로운 하나를 만드는 복합성 이것 또한 한국인의 장점입니다. 문화체육부는 문화분야와 체육분야를 병합해서 행정하는 관청 이름입니다. 번다하게 두 장관 둘 것 없이 한 장관 밑에 함께 일한다는 것이지요. 한국인이 잘 먹는 비빔밥 역시 밥과 나물을 따로 담아 놓고 밥 먹고 나물 먹고 할 것 없이 이걸 한 그릇에 넣어 슥슥 비벼 먹는 비빔밥 참 근사한 음식입니다. 서양 음식에는 우리와 같은 비빔밥은 없지요. 국 따로 밥 따로 할 것 있나요. 국에 밥을 말아 국밥으로 훌훌 마시면 좋은 것 아닌가요.

요즘 이상한 음식이 새로 등장하였습니다. 짜장면과 스파게티를 섞어 만든 짜파게티가 인기를 끌더니 이번에는 짜파게티에다 너구리라면을 섞어 만든 짜파구리가 인기를 끌고 있지요. 이 음식이 아카데미상을 수상한 봉준호 감독의 '기생충'에 등장하면서 한국인 별미음식으로 등극하였습니다.

일본인들은 회를 간장에 고추냉이(일본어는 와사비)를 섞어 여기에 적셔 먹습니다. 우린 회를 채소로 쌈 싸서 먹을 때 아니면 회만 먹을 때 된장에다 고추장을 섞어 만든 쌈장이 등장합니다. 된장맛과 고추장맛을 같이 즐기게 하는 쌈장, 멋집니다.

한국인은 입체적 사고를 즐깁니다. 한쪽으로만 사물을 인식하려 하지 않는다는 것이지요. 서랍은 빼었다 끼웠다 하게 되어 있는 뚜껑 없는 상자인데 주로 책상, 문갑, 장롱, 경대 따위에 달려 있습니다. 이걸 방언으로는 빼닫이라 하지요. 빼어 상자로 쓰다가 다시 원래 자리에 닫아놓는 걸 의미하지요. 이걸 영어로는 drawer라 합니다. draw는 끌어당긴다는 말이니 끌어당기어 쓰는 물건 이 정도 말뜻이겠지요. 미닫이는 옆으로 밀어서 열고 닫는 문이나 창을 말합니다. 다른 말로는 여닫이라고도 합니다. 밀어서 닫고 열고 하는 문이나 창, 아니면 열기도 닫기도 한꺼번에 하는 문이나 창이란 뜻이라 생각 듭니다. 영어는 sliding door입니다. 이건 미끌어지는 문이라는 뜻이지요.

사랑을 할 때도 거래를 할 때도 줄다리기에 비유되는 한국말이 있습니다. 밀당이란 말입니다. 밀었다 당겼다 하는 미묘한 심리 싸움을 밀당이라 하지요. 세상살이는 밀었다 당겼다 하면서 접점을 찾는 것 아닌가요. 흥정을 하는 데도 밀당, 사랑을 확인하는 데도 밀당은 필요하지요.

한국인들은 사물을 즉물적으로 단순화하는 경향이 있습니다. 옛날 시계추가 왔다 갔다 하는 시계가 있었지요. 이 시계추를 시계불알이라 했습니다. 태엽을 감는 걸 시계 밥 준다고 했고요. 느낌 그대로 모양 그대로 표현한 말 아닙니까. 경주시 건천읍 신평2리에서 산속 오솔길에 들어서면 신라 선덕여왕 5년(서기 636년)에 매복한 백제군을 섬멸시켰다는 여근곡(女根谷)이란 골짜기가 있고 여근곡의 중심부엔 옥문지(玉門池)란 약수터가 있습니다. 지금은 모르지만 얼마 전까지도 그곳 사람들은 이곳을 일러 보지골이라 했다고 하잖아요. 꽃 모양새가 개불알 같다고 해서 개불알꽃, 새 모양이 볼품 없다고 해서 개똥지빠귀, 가꾸지 않았어도 저절로 나서 열린 보잘 것 없는 참외를 개똥참외. 쇠똥을 잘 뭉치는 풍뎅이과 곤충 쇠똥구리, 말똥가리라는 겨울철새도 있습니다. 왜 말똥가리라 이름 붙였는지는 모르겠네요. 이와 같이 한국인들은 본 대로 느낀 대로 솔직한 데가 있어 재미있다 생각 듭니다.

서양식 사고와 달리 우리식 사고로 서양 것을 인식하는 것도 많습니다. cellular phone을 우리 식으로 고치어 휴대전화라 합니다. 영어 cellular는 작은 방 또는 세포라는 뜻인데 혼자 비밀스럽게 하는 전화기를 말하지만 우린 들고 다니면서 자유롭게 쓰는 전화기라 해서 휴대전화라 하고 아예 한국식 영어로 hand phone이라는 새로운 영어를 만들어 쓰고 있습니다. 서양인들은 쉽게 알아듣지 못할지 모르지만 영어로 buy one get one(free)은 하나 사면 하나 공짜로 얹어주는 걸 말합니다만, 우린 간단히 one plus one 이런 말을 만들어 쓰고 있지요. 인식을 단순화하는 한국인이 놀랍지 않는가요. 자랑스럽지 않는가요.

성스러운 성, 이대로가 좋다

세상에는 죽을 필요도 없고, 배우자를 찾아 헤맬 필요도 없고, 자식 낳아 기를 필요도 없지만 생존하면서 분신을 퍼뜨리고 사는 생물이 있습니다. 죽는다 해도(그게 자신과 무관한 외부의 힘에 의한 것이긴 하겠지만) 흔적 없이 사라질 뿐입니다. 아메바는 한 개의 세포로 된 단세포 원생동물이고, 0.2mm쯤 크기라서 현미경으로나 볼 수 있는 가장 원시적인 생물이지요. 몸은 수시로 변하여 일정한 모양조차 없습니다. 번식은 몸이 나누어지는 이분법 생물. 이와 비슷한 생물 중에 짚신벌레가 있습니다. 이놈은 몸길이는 170~290 마이크로미터(㎛) 정도, 몸은 짚신처럼 생겼다 해서 짚신벌레라 합니다. 단세포 동물로 역시 몸이 둘로 갈라지는 이분법으로 번식하지요.

생물들은 대부분 성기를 암수 서로 다른 걸 가지고 있어 이걸 합쳐야 번식이 가능합니다. 번식이야 부차적이고 다른 이 둘을 합치는 그 재미를 느끼는 행복감, 이걸 소중히 사랑하고 사는 것 아닙니까. 다른 성을 가진 이것이 그 개체의 자존심이고 자산이고 그것 때문에 여타한 행동을 합니다. 식물은 제쳐두고 동물 중에는 체내수정을 하는 것과 체외수정을 하는 것으로 나누어집니다.

물고기들은 체외수정을 합니다. 연어나 은어, 섬진강에 봄 되면 올라오는 황어 이것들은 산란을 위해 바다에서 강으로 옵니다. 암컷이 산란을 하면 수컷이 정액을 뿌려 수정을 하지요. 그리고는 이들은 일생을 마칩니다. 개구리, 두꺼비 같은 양서류는 마치 수컷이 암컷 등에 올라타 성행위를 하는 것처럼 보이지만 수컷은 암컷의 배를 압박하여 산란을 도와주는 역할을 합니다. 암컷이 산란을 하면 수컷은 그 위에 정액을 뿌립니다. 이것들은 알 낳는 재미 그리고 여기다 정액을 뿌리는 재미 이게 그것들의 섹스라면 섹스고 삶의 보람이라면 보람인 셈입니다.

곤충은 대부분 체내수정을 하는데, 사마귀는 교미를 하다가 암컷이 수컷의 머리부터 씹어 먹습니다. 이렇게 되면 수컷의 몸이 꿈틀거리게 되고 이것으로 섹스의 즐거움을 암컷은 맛본다나요. 암컷이 수컷의 복부 맨 아래쪽까지 먹어치울 때까지 수컷은 충실히 교미를 계속하지요. 수컷은 기꺼이 암컷의 먹이가 되고 암컷은 튼튼한 알을 낳게 되고, 알을 낳은 암컷 역시 최후를 맞습니다.

개 같은 동물은 암컷이 발정하면 sex pheromone이란 이상한 냄새를 풍깁니다. 늑대도 호랑이도 그렇습니다. 이게 한 2 km 이상 날아간다 합니다. 그러면 동네방네 이 냄새를 맡고 수컷들이 양 사방에서 몰려와 수컷끼리 경쟁을 하고 경쟁에서 이긴 놈이 암컷을 차지합니다. 몇 번의 새끼를 낳고 동물들은 죽습니다. 인생도 똑 같습니다. 몇 마리의 새끼를 남겨 놓는 이치나 몇 놈 자식 남겨놓고 떠나는 것이나 똑 같은 것 아닙니까. 똑 같은 것이 또 있습니다. 대를 이어가는 유전인자의 반복을 계속하고 죽는 다는 겁니다.

인간이 문제입니다. 성기를 가지고 장난질을 해대니 문제라는 것입니다. 옛날부터 아랍에서는 소녀들에게 성적 흥분의 주요 원천인 음핵(陰核, clitoris 포유류 암컷의 질 전정 앞쪽 끝부분 가운데에 있는 소돌기)을 도려내었습니다. 여자가 함부로 흥분해서는 안 된다는 건가요. 질 입구의 소음순을 도려내기도 하였지요. 상처가 아물면 흉터가 생기는데, 이게 음부를 죄어주는 역할을 하여 남자에게 성적 기쁨을 준다는 속설 때문입니다. 사실일 것 같지는 않습니다. 이 잔인한 수술을 페루, 오스트레일리아, 아프리카의 부족들 사이에 시행되어 왔다는 것 아닙니까. 이게 무슨 해괴망측(駭怪罔測)한 짓들인가.

어떤 기독교 종파에서는 남성들에게 섹스의 유혹을 극복하기 위해 거세를 하였습니다. 이렇게 하는 것이 천국의 문을 쉽게 통과할 수 있다는 믿음 때문이라나요. 인간들은 이런 말도 안 되는 짓거리들을 하였지요. 우리나라에서도 중국에서도 궁 안에는 거세를 한 환관들이 살았습니다. 궁녀들과의 관계를 차단하기 위함이었다고 합니다. sultan(이슬람 사회에서 성속의 지배자)이 관리하는 harem(이슬람 사회에서 여자들만 기거하는 방)을 지키는 경호원들 역시 완전히 거세한 남자들이었습니다.

변성기가 오기 전 어린 소년을 거세하여 남자 소프라노 가수(castrato)를 만든 잔인한 역사가 있었습니다. 1600년에 페리가 작곡한 최초의 오페라 <에우리디체>, 1607년 몬테베르디의 <오르페오>, 1620년 비탈리의 <아레투자> 등 초기 오페라의 주역들은 모두 카스트라토였습지요. 이들은 바로크 시대의 절정기였던 1650년에서 1750년까지의 100년간 최고 전성기를 누렸습니다. 이탈리아에는 카스트라토 양성 학교가 있었다 하네요. 18세기에는 약 4천 명의 소년들이 카스트라토가 되기 위해 거세 시술을 했다는 기록이 남아있습니다. 이게 무슨 지랄들인가요. 이게 인간들이 행할 일인가요. 인간의 생리적 욕구를 차단하고 인체의 자유를 유린하는 이런 무지막지한 일들을 인간들이 행사하다니.

오늘 꼭 하고 싶은 이야기가 또 있습니다. 동물 중에는 암컷이 수컷과의 관계를 하지 않고 새끼를 낳는 별종들이 있습니다. 처녀생식(處女生殖, parthenogenesis)이란 게 있다는 말이지요. 기생벌, 윤충, 깍지벌레, 물벼룩, 성게, 미꾸라지, 코모도왕도마뱀, 귀상어 등입니다. 남성에 의한 수정 없이 배아가 성장, 발달하는 것인데 이것들이 처녀생식으로 낳은 새끼는 모조리 암컷들입니다. 그것들의 난자 안에는 수컷을 결정짓는 유전자가 없기 때문이라는군요. 현대 유전과학은 원숭이의 난자만으로 초기배아를 만들었고, 난자만으로 쥐를 탄생시키는 데까지 성공했다는 이야기는 좀 오래 전에 들었습니다. 황우석 박사가 그랬다던가.

황우석 박사는 중국 Tibetan Mastiff(일명 사자견) 17 마리 복제에 성공했다 하고, 코요테 복제, 리카온 복제, 거기다 오래 전 멸종한 매머드 복제에 성공했다 들었습니다. 멸종 위험에 빠진 동물 혹은 식물을 구한다는 의미는 의미가 있긴 합니다. 그러나 까마득한 저 세월에 살았던 동물을 그대로 복제하는 것 그게 어떤 의미인지는 내 소견으로는 잘 모르겠습니다. 이 동물이 한참 진화해서 다른 동물이 이미 되어 있다면 과거로 되돌리려는 겁니까. 결국 인간도 복제가 가능한 것이다. 죽은 지 오래전 이순신 장군, 을지문덕 장군도 복제 가능하다 그것입니까. 다른 아인슈타인이 필요한 때에 그때 아인슈타인이 복제되어 나타난다면 괜찮은 겁니까. 세상에는 싸움 잘 하는 장군들만 필요한 것도 아니고, 머리 좋은 사람들만 득시글거려서도 안 되는 겁니다.

인간을 과학제품으로 생산하면 안 되는 일이지요. 동물에게도 동물의 윤리가 있습니다. 인간이 동물을 장난감 취급하는 것, 급기야 인간이 인간을 장난감 생산으로 여기면 이 지구는 어찌 될까요. 성은 성스러운 생명체의 탄생을 위해 존재하고 삶의 충만을 위해 있어야 한다면 이걸 존중해야지요. 성을 가지고 장난치면 안 되지요.

단세포 생물에서 진화해 오늘의 인간이 되었다면 그날 애초의 그 생물체로 돌아가 단순 명료하게 산다면 몰라도(그게 억지인 줄은 알지만) 인간의 존엄성을 파괴하는 현재대로의 과학 발전, 이것 안 됩니다. 황우석 박사! 당신 굉장히 조심해야 할 과학을 지금 건드리고 있어요. 조심하시오.

삶의 무게를 가볍게 하는 말씀

누구에게나 삶이 힘들고 고단할 때가 있기 마련입니다. 이런 어려움을 당할 때, 어떻게 해서 견뎌낼 건가. 아니 애초부터 이 지경을 만들지 않을 수는 없는가 이런 문제에 대해 고민했던 성현들이 있습니다. 그분들 말씀을 전하겠습니다.

카필라국의 왕자 그는 29세 되기까지는 온갖 영화를 누리고 살았습니다. 그럴듯한 위용을 갖추고 쾌락을 즐기는 일에 바빴지만 그는 왕자로서의 이런 짓이 덧없음을 알아차렸습니다. 싯다르타, 그는 이런 굴레에서 벗어나려고 가출을 단행했지요. 보리수 아래 명상 끝에 깨달았습니다. "깨달은 자"를 범어로 부다(Buddha)라 하고 우리말로 부처라 합니다. 그의 깨달음을 한 마디로 말하자면 해탈입니다. 해탈은 몸과 마음의 고뇌와 번뇌로부터 해방된 자유인이 되는 걸 말합니다.

인간의 괴로움은 욕망 때문입니다. 욕망은 무언가를 탐하는 마음입니다. 욕망을 버리면 걱정이 없어지지요. 이걸 말한 책이 불경입니다.

이 무렵 중국엔 평민 학자 한 사람이 불쑥 나타났습니다. 인간이 어떻게 하면 서로간의 마찰을 줄이거나 없애어 평화로울 수 있는가. 이

문제를 두고 골똘히 고민한 학자, 그의 이름은 공자입니다. 공자는 왕과 신하, 남편과 아내, 아비와 자식, 젊은이와 늙은이, 친구와 친구 사이에 잘 지낼 수 있는 방법을 제시했습니다. 제 몫의 제 구실을 제대로 하면 문제가 없다는 것이지요. 한 마디 더했습니다. 사람이 잘 살려면 자기가 조금 손해보고, 양보하고, 앙금이 있다면 이것마저도 털어버리는 이것을 덕이고 인(仁)이라 가르치고 갔지요. 이렇게 하면 사회는 안정되고 개인 삶 역시 행복할 수 있다고 한 겁니다. 이걸 말한 책이 논어입니다.

비슷한 시기에 별난 분이 또 있었습니다. 인간이란 뭔가. 그건 자연의 이치에 따라 나타난 존재일 뿐이다. 내가 태어나려고 억지 부려 태어난 것이 아니고, 자연의 이치에 따라 자연스럽게 나타난 존재라 한 겁니다. 노자입니다. 생명체는 태어나면 죽음이 예고되어 있듯이 모든 사물은 탄생에서 소멸로 이르는 과정이라 하더군요. 웅덩이는 언젠가는 메어지고 흙무더기도 깎이는 것, 이렇듯이 큰 것도 작은 것도 잠시 한 현상일 뿐이라 본 겁니다. 이런 이치가 안 닿는 곳이 없다는 것입니다. 저절로 되도록 두어야 옳은 데도 여기에 인위적 수단을 함부로 부리면 탈난다고도 하였습니다.

> 천지가 생기기 전부터 흐릿하게 이루어진 그 무엇이 있었다. 적막하고 공허한 가운데 홀로 존재하지만 완전하여 고칠 데가 없다. 반복하여 운행하며 만물에 작용하므로 천하의 어머니라 할 수 있다. 나는 그 이름을 몰라 그냥 도라고 한다. (노자, 도덕경 제 25장)

한참 있다가 노자와 비슷한 사상가 장자가 나타났습니다. 이런 말을 남겼지요.

> 하늘은 낳으려 하지 않아도 만물은 스스로 생겨나며, 땅은 키우려 하지 않아도 만물은 스스로 자란다. (장자, 천도)

천지가 자연 그대로의 순리에 따라 진행하듯이 인간도 여기에 순응해야 한다고 한 것이지요. 이게 노자와 장자 사상입니다.

예수께서도 훌륭한 말을 남겼습니다. 글이 길 것 같아 말씀을 삼가지만 서로간의 사랑이 존재한다면 어찌 다툼이 있겠는가. 그러니 서로 사랑해야 한다고 주장하였습니다. 참 훌륭한 말씀이지요. 이걸 말한 책이 성경입니다.

우리 같은 세속적 삶을 사는 사람들은 욕망을 포기하기도 어렵고 이해관계로 엮인 삶이라 양보와 손해 보기조차 쉽지는 않지요. 그러나 욕심 부리지 말고, 억지 부리지 말고, 제 몫의 사람 구실을 하고, 이웃을 사랑한다면 문제될 게 없지요. 이렇게 행동하기 힘들어 괴로울 때는 성현들의 말씀을 읽어보십시오. 한결 마음이 가벼워질 겁니다.

가치 있는 존재로 남기

우리는 누구 할 것 없이 가치 있는 존재로 혹은 특별한 존재로 남아 있기를 희망합니다. 자기 존재의 가치를 위하여 기꺼이 죽음을 택하는 경우도 있습니다. 이럴 경우 그의 죽음은 지구상에서의 소멸이 아니라 죽음을 넘어선 새로운 삶을 탄생시키는 수단으로서 죽음을 택한 것이지요. 잔 다르크, 예수, 소크라테스, 안중근 이런 사람들의 죽음은 새로운 삶의 일부로서의 죽음이므로 타인의 마음 속에 살아 호흡합니다. 죽어도 죽지 않은 존재입니다.

인간이 한 줌의 재로 날리어 지상에서 흔적 없이 사라졌다 해도 그의 족적은 한동안은 가족 내에서 가까운 이웃 사이에서 소멸되지 않고 인구에 회자되긴 하지만 오래지 않아 지워지고 말지요.

앞서 말한 이들은 타인이 꿈꾸지 못한 행적의 위대함 때문이라면 이와는 달리 자기 존재 가치를 예술 또는 기록으로 남겨 타인의 부러움을 사는 경우가 있습니다. 이 경우는 많은 명작이나 갱신한 기록으로 자신의 존재감을 남겨놓은 경우입니다. 여타의 다른 사람들은 어떤 삶을 살다 가는가. 자신의 존재 양상이 영원할 것 같은 자만, 이를테면 잠시 머무는 관직의 위용에 마취되어 자기 충족의 종살이를 하는 사람들을 흔히 봅니다. 이런 삶은 타인에게 도움 되는 용감성과 신성과는 거리가 멀고, 생의 단순한 소멸에 바쁜 범인들과 다르긴 하지만 그나저나 우리들에게 오래 좋은 기억의 주인공이 될 수야 없지요.

우리들은 서로가 이 땅 이 번지에 이민 온 처지의 이웃들입니다. 내 비록 운이 좋아 가진 게 많다 해도 잠시 보관하고 있는 통장관리인이라는 사실을 망각해선 안 된다고 봅니다. 이 세상에 내 것이란 없습니다. 내가 아끼는 이 몸도 땅에 묻히면 벌레의 밥이 되는 것 아닙니까.

인간 행위는 무수한 결과로 연결됩니다. 그의 행위의 진위와 상관없이 영 엉뚱한 오해의 원인이 되기도 하고, 예상 밖의 행운을 가져오기도 합니다. 바둑이나 체스의 경우, 안착시킨 말(혹은 돌)이 상대를 오인시키기 위한 허방의 함정일 때가 있습니다. 이 허방을 허방으로 인지하지 못하면 패하지요. 인간은 부질없는 짓을 진정한 일인 것처럼 꾸미기도 하고, 그것이 상당한 의미를 갖는 것처럼 허위를 행사한다 이 말입니다.

명문가의 후예로서의 자부심은 그의 것입니다. 이것은 자기 선조의 업적을 가능하게 한 유전자에 기초된 자신의 자부심은 분명합니다. 이런 생물학적 유전성 때문에 본인이 오늘에 위대하게 되었다면 말이 되지만 정작 본인은 그렇지 못하다면 훌륭한 원인은 부질없는 결과에 지나지 않지요.

물질적 부에 맛들인 사람들은 그 맛의 아편성 때문에 여기서 탈출하기 어렵지요. 권력에 길들여진 사람들 역시 그 힘의 마력 때문에 어찌했든 권력의 행사자로서 오래 버티려 합니다. 권력자의 특권, 물질적 재화가 제공하는 즐거움의 쾌락, 흥미로운 사교, 자신에게 쏟아지는 관심과 존경 같은 것을 대단하게 느끼면 느낄수록 그는 가식의 명인일 뿐입니다. 외부로부터 형식적이든 심정적이든 존경 혹은 아첨의 대상으로 행사된 자신을 두고 즐기겠지요. 그러나 권력과 재화를 사회 공헌으로 행사한다면 존경으로 주목 받게 됩니다. 그렇지 않다면 혐오와 경계의 대상이 됩니다. 이런 속물로 존재하지 않아야 한다는 교육 교재용으로는 훌륭하겠지요.

부와 권력을 세속적 가치로 인정하여 무시하거나 경멸하는 건 어떤가요. 세상 사람들과 함께 누릴 수 있는 일, 이를테면 국가 발전을 위한 노력, 문화 발전을 위한 헌신, 새로운 과학 기술의 개발을 위하여 또는 인간의 자유를 극대화하기 위하여 자신을 투자하는 일들, 인간적 가치를 몸소 보여주는 철학자들의 행동 아 이런 모습은 어떨까요. 물론 경의로운 일이므로 존경 받겠지만 이런 일을 감행하기가 실로 힘들고 어렵습니다.

앞서 예로든 인물들은 현실 모순과 부조리 그리고 여기에 자기 양심을 견주어 죽는 것이 사는 것보다 낫다고 생각했던 인물들입니다. 스스로를 위해 맑은 영혼을 준비한 사람들입니다.

추석 앞두고(2020. 9. 30) 그럴듯한 유명 가수가 등장해서 상식을 초월하는 발언을 했습니다. 나훈아 가수 이야기 좀 합시다. 이 사람 다른 가수와 영 다른 데가 있더군요. 2005년 이후 자취를 감추고 살다가 15년 만에 TV에 나온 트로트 가수 나훈아, 그는 30일 밤 KBS 2TV '2020 한가위 대기획 대한민국 어게인 나훈아'에 코로나로 힘들어하는 국민들을 위무한다고 해서 출연료 없이 출연하였습니다. 여기까지도 예사롭지 않더군요. 그 다음이 더 문제입니다. 나훈아는 '깜짝

MC'로 등장한 김동건 아나운서와의 대화 속에서 "나라가 주는 훈장을 사양했다고 하더라"는 김동건 아나운서 질문에 나훈아는 "세월의 무게가 무겁고 가수라는 직업의 무게도 무거운데 어떻게 훈장까지 달고 삽니까. 노랫말 쓰고 노래하는 사람은 영혼이 자유로워야 합니다." 이 말에 이어 공영방송 KBS가 정신 차려야 한다는 말을 멋지게 말하더군요. "KBS가 국민의 소리를 듣고 같은 소리를 내는, 여기저기 눈치 안 보는, 정말 국민들을 위한 방송이 되었으면 좋겠습니다. 모르긴 몰라도 KBS는 거듭날 겁니다." 이 말에 이어 나훈아는 코로나 방역의 영웅인 의사와 간호사들에게 칭송과 감사의 말을 했습니다. 그리고 다음과 같이 말했습니다.

> 우리는 많이 힘듭니다. 우리는 많이 지쳐 있습니다. 옛날 역사책을 보든, 제가 살아오는 동안에 왕이나 대통령이 국민 때문에 목숨을 걸었다는 사람은 한 사람도 본 적이 없습니다. 이 나라를 누가 지켰냐 하면 바로 여러분들이 이 나라를 지켰습니다. 여러분 생각해보십시오. 유관순 누나, 진주의 논개, 윤봉길 의사, 안중근 열사 이런 분들 모두가 다 보통 우리 국민이었습니다. IMF때도 세계가 깜짝 놀라지 않았습니까. 집에 있는 금붙이 다 꺼내 팔고, 나라를 위해서. 국민이 힘이 있으면 위정자들이 생길 수가 없습니다. 대한민국 국민 여러분이 세계에서 제일 위대한 1등 국민입니다.

예사의 가수가 이런 말 하였다면 당장 내일부터 TV에서는 물론 여타한 불이익이 날아오겠지요. 그럴 겁니다 아마. 그런 걸 개념하지 않으니 말이 자유롭습니다.

과거 행적이 또 문젯거리더군요. 2018년 4월 남북정상회담 사전행사로 열린 남측 예술단 평양 공연에 나훈아는 불참했습니다. 평양을 방문한 도종환 당시 문체부 장관에 따르면, 나훈아가 평양에 오지 않은 것이 이상하다고 김정은이 말하자 "스케줄이 바빠서 못 왔다"고 하니, 김정은이 이해가 안 된다는 표정을 지었다고 전합니다. 국가가 부르는데 어떻게 오지 않을 수 있느냐는 의문이었겠지요. 북한 논리라면 반역이지요. 정치 논리의 치장물로 등장하고 싶지 않다가 나훈아 생각 아니었을까요. 부르면 부르는 족족 찾아가는 가수가 아님을 말한 것이겠지요. 양반 놀이판의 흥을 위한 광대나 가진 자들의 위안을 위한 딴따라 혹은 시장이나 집집마다 돌아다니며 노래를 부르거나 악기를 연주하여 돈을 구걸하는 풍각쟁이 취급 말라는 말이겠지요.

2007년 10월 삼성 비자금 의혹을 폭로한 한 변호사가 쓴 『삼성을 생각한다』(김용철: 사회평론, 2010.8.26)에 보니 여기에 나훈아 이야기가 등장하더군요.

이 책에 의하면 이건희 전 삼성 회장 일가의 파티에는 연예인, 클래식 연주자, 패션 모델들이 초청되는데, 가수마다 차이가 있지만 보통 2~3곡을 부르면 3000 만 원 쯤을 받는다고 합니다. 나훈아는 초청을 거절했다는 것 아닙니까. "나는 대중 예술가다. 따라서 내 공연을 보기 위해 표를 산 대중 앞에서만 공연하겠다. 내 노래를 듣고 싶으면, 공연장 표를 끊어라" 이랬다는 겁니다. 돈 앞에 굴복당하는 가수가 아니고 돈 때문에 당신 부름에 불려 다니는 그런 가수 아니다 이것 아닙니까. 노래는 말할 것 없지만 모처럼 괜찮은 남자 모습을 보고 사람들이 지금 야단입니다. 나도 이런 사람 근처에라도 갔으면 좋겠다 이런 생각하였겠지요. 인간의 가치를 제대로 행사하는 인물, 놀라운 가창력으로 한국 대중가요사에 지워지지 않는 인물, 거기다 예술인으로서의 자긍과 자존을 지킨 이 인물 다시 구경시켜드리니 찬찬히 봐 주십시오.

늙어도 멋지게 늙고 살아도 멋지게 사는 나훈아 나는 당신을 무한히 사랑하기로 했습니다. 존경하기로 했습니다. 알겠지요.

건강한 자존감을 위하여

자기 자신을 스스로 존중하고 사랑하는 마음인 '자아존중감'을 간단히 자존감(state self-esteem)이라 합니다. 자신의 가치에 대해 스스로 높이 평가하는 마음자세입니다. 자존감이 높은 사람들은 자기를 향한 타인의 평가 혹은 태도에 잘 흔들리지 않지요. 남이 뭐라고 하든 내 잘난 맛에 산다는 기분을 갖지요. 자존감이 낮은 사람들은 남들이 자신을 무시하거나 거부할 것을 미리 걱정하는 사람들입니다.

자존감이 높은 사람들은 성공의 결과를 내부에 두지만 실패한다면 그 결과를 외부에 둡니다. 가령 대학 입시에 합격한 것은 내 능력 때문이고 실패한 것은 시험문제 때문이라고 생각한다면 자존감이 높은 사람입니다. 자존감이 낮은 사람들은 성공의 결과를 외부에 두고 실패의 원인을 내부로 돌립니다. 내가 대학에 합격한 것은 조상님의 음덕(蔭德) 때문이지만, 실패하였다면 내 실력의 한계, 내 노력의 부족 때문이라 생각하는 경우입니다.

자존감이 높은 사람들은 모든 일을 긍정적으로 생각하고, 고통 속에서도 즐거움을 발견하며, 자기 향상과 보호전략을 사용한다. 반면 자존감이 낮은 사람들은 행운이 찾아와도 그것을 깨닫지 못하고, 실패하면 스스로 위축되고 만다.
(류평상 저,허유영 역:자존감의 진실, 비바체 2022.p 141)

과연 그럴까요. 자존감이 높은 사람들은 자기 중심적이기 때문에 책임에 대해 회피하는 태도를 보인다든가, 자신의 성공을 자신의 우월에서 찾는 자기 위주 편향(self-serving bias)에 사로잡힐 위험이 있습니다. 자존감이 낮은 사람들은 겸허하고 솔직하고 교만하지 않는 일면이 있지요. 실패의 원인을 자기 탓이란 생각은 나쁘지 않습니다. 다만 이것이 심할 때가 문제이지요.

자존감이 높으면 성공의 원인이 자신의 능력 때문이라 여겨 자신감을 기르는 데는 유용하겠지만 거만과 타인을 폄시하는 태도의 주인공이 될 우려가 있습니다. 그리고 자기 긍정이 강하기 때문에 현실성을 상실하여 과대망상에 빠질 우려가 있다는 군요. 자존감이 낮으면 자신의 능력 부족 때문에 실패했다는 생각을 하게 되어 분발의 계기가 되겠지만 이것이 심하면 우울증의 원인이 된다고 합니다.

긍정할 수 있는 건강한 자존감은 무엇일까요. 그도 잘났지만 나 역시 모자라지 않다는 자존감입니다. 건강하지 않은 자존감은 그는 못났고 나는 잘났다는 우월주의, 아니면 그는 잘났지만 나는 못났다는 패배주의에 빠지는 경우입니다.

인간은 누구나 불완전한 존재입니다. 언제나 남보다 탁월한 인간도 없지만 언제나 실패만 하는 인간 또한 없는 겁니다. 성공으로 자존감을 향상시켰다 해도 그것의 상당부분은 허영이 깃들어 있을 수 있고, 성공이 자신의 잠재력의 발휘라 해도 주위환경의 도움이 있었음을 인정해야 합니다.

나 자신의 장점을 부정할 일은 아니지만 그 장점을 강조하여 타인에게 내보이는 태도는 어떨까요. 지나친 자기 강조는 으스대기에는 유효할지 모르지요. 그러나 눈꼴사나운 태도 아닙니까.

효소나 미생물의 작용에 의해 부패하지 않고 알맞게 분해되어 특유한 맛과 향기를 생성하는 걸 두고 숙성(熟成)이 잘 되었다 합니다. 잘 익은 술은 술 향기가 납니다. 그러나 너무 익은 술은 신 내가 나지요. 성공한 사람들은 자존감의 높낮이를 조정하는 힘을 발휘한 사람들입니다. 이런 사람은 원숙(圓熟)된 사람, 충분히 성숙되어 무르익은 사람이라 하지요. 그런 사람 되기 위해 마음 공부 많이 합시다.

김달봉 씨와 술 한 잔 하고 싶다

막스 베버(M. Weber)는 『프로테스탄트 윤리와 자본주의 정신』이란 책에서 근대 자본주의의 기원은 근대 산업혁명과 계몽주의와 합리주의의 결과라기보다는 영국과 미국의 청교도 전통에서 찾아야 한다고 주장하였습니다. 다시 말해 '근대 노동 윤리'와 '물질적 성공에 대한 지향성'은 기술혁신이 아니고 16-17세기 영국과 미국에서 활동하였던 칼뱅주의, 이를테면 감리교, 침례교 등의 개신교가 지니고 있던 '윤리'에서 나왔다고 본 겁니다.

중세시대 가톨릭 교리는 이익을 추구하고자 하는 경향을 경원시하였지요. 그러나 프로테스탄티즘은 이익 추구의 합리적 명분을 새로운 성경 해석에서 찾았습니다. 신의 영광을 위한 부의 축적은 도덕적이므로 적극적으로 장려되어야 한다고 본 것이지요. 예전의 논리는 내가 필요로 하는 것들의 구매를 위한 만큼의 돈을 얻기 위한 노동이었지만, 칼뱅주의 논리는 자본축적을 선의로 해석하여 돈의 축적을 이루는 것은 신의 은총을 입은 결과라고 본 것입니다.

이런 논리라 한다면 경제와 화폐는 세상의 질서를 유지시키는 역할자이면서 국리민복(國利民福)을 목적으로 하는 자본주의 정치 목적과 맞아 떨어지고 우월한 경제 매개를 활용한 물질성의 추구와도 맞물리는 논리입니다.

자본주의가 발달하면서 돈의 행사는 개인의 특권과 유관할 뿐 아니라, 자아의 궁극적 목표요, 최상의 가치로 인식하기에 이르렀습니다. 돈은 상업의 수단이면서 사회적 의미와 가치를 발휘하는 힘으로 작용하게 되었다 이겁니다.

막스 베버는 이런 현상을 두고 이상한 말을 새로 만들어내었습니다. 천민자본주의(賤民資本主義, pariah capitalism)란 말입니다. 그는 중세 국가의 자본주의는 유대인계 천민 출신의 자본 축적을 막아왔지만, 근대로 넘어오면서 천민과 상류층의 경계가 허물어졌고, 이것은 상업, 금융업을 이용한 큰 자본을 획득한 중세 시대 천민 출신 유대인계 자본주의자들이 문제를 발생시켰다는 것입니다. 수익에 따른 사회적 책임과는 달리, 비합리적, 비인간적인 폐쇄적 자본주의, 여기서 더 나아가 종교 또는 사회의 특이적 권위가 상승함으로써 자본주의 문화가 후퇴하였다는 주장입니다.

여기에 동의합니다. 이런 추세라면 배금주의가 심화되어 정치, 사회, 경제의 후퇴는 물론, 인간성을 상실하고 자본을 수단으로 하는 비인간적인 문화가 증가하게 되는 것 아닙니까. 이 점을 웨버는 꼬집어 천민자본주의라 한 겁니다.

이런 자본주의의 병폐를 드러낸 소설이 있습니다. 1925년 4월, 피츠제럴드는 장편소설 ≪위대한 개츠비≫를 발표했습니다. 이 소설은 1920년대 대공황 이전 호황기이던 미국의 물질 만능주의 속에서 전후의 공허와 환멸로부터 도피하고자 향락에 빠진 로스트 제너레이션의 혼란을 예리하게 포착한 작품이란 평을 듣습지요. 내용을 요약하면 이렇습니다.

개츠비와 데이지는 연인 사이였습니다. 두 사람은 미래를 약속했지만 개츠비는 가진 돈이 없어서 헤어질 수밖에 없었습니다. 개츠비가 전쟁에 나간 사이 데이지는 부잣집 아들 톰과 결혼을 했고 딸도 낳았습니다. 5년이 흘렀지만 개츠비는 데이지와 다시 만날 날만을 기다렸습니다. 그 꿈을 이루기 위해 수단과 방법을 가리지 않고 돈을 벌었지요. 돈이면 잃어버린 사랑을 되찾을 것 같은 망상이 작용한 것입니다. 드디어 데이지의 집이 잘 보이는 곳에 대저택을 샀습니다. 성대한 파티를 주말마다 열면서 데이지와 만날 날을 기다렸습니다. 돈이 없어 사랑에 실패했다면 현재 남편보다 더 많은 돈을 가진 내가 나타났음을 보이고 싶었겠지요.

드디어 만났고 예전처럼 사랑을 허락받았습니다. 그러나 그녀의 사랑 허락은 허위였지요. 순수하게 사랑을 되찾으려 했던 집념은 개츠비를 허망한 죽음으로 안내했다가 줄거리입니다.

작품 내용이 이랬다면 본인 피츠제럴드의 생애는 어떠했던가.

피츠제럴드는 자신이 추구했던 부를 손에 쥔 채 아내 젤다와 함께 1924년부터 파리와 로마 등을 오가며 사치스럽게 살았고, 향락적인 사교 생활에 빠져 방탕한 나날을 보냈습니다. 타고난 미모의 아내와 문학적 재능을 지닌 그는 사교계의 명사 커플로 유명세를 떨쳤습니다. 당시 내로라하는 문인들 이를테면 거트루드 스타인, 어니스트 헤밍웨이, 토머스 울프, T. S. 엘리엇 등과 교류하면서 사치스런 생활을 유지하고자 팔릴 만한 단편소설들을 쓰는 데 바빴습니다. 그러나 피츠제럴드는 알코올 중독, 아내의 바람 때문에 부부 갈등은 심했고 이런 고통을 알콜에 의지했지요. 헤밍웨이조차 피츠제럴드의 재능을 젤다가 좀먹고 있다고 하여 젤다와 헤어지지 않으면 친구 관계를 끊겠다고 말할 정도였다지요. 1940년 12월 21일, 피츠제럴드는 45세의 젊은 나이에 알코올 중독으로 인한 심장마비로 사망했습니다.

그의 생애 역시 소설 속 주인공처럼 돈의 위력을 과시하고 명성에 집착한 나머지 뜻하지 않은 죽음으로 마감하였습니다.

돈이 필요 이상 많아지면 불편한 점도 생깁니다. 불편을 더는 방법은 사회를 위해 돈을 건전하게 쓰는 일입니다. 건전한 사고의 주인공은 돈을 주인으로 모시기보다는 돈을 하인으로 부릴 줄 아는 사람이지요. 소설 속 개츠비도 작가 피츠제럴드도 그렇지 않은 삶을 살았기 때문에 비극으로 끝난 것 같군요.

돈의 위용을 부정할 필요까지는 없지만 성숙한 자본주의는 그것을 값지게 행사하는 노블리스 오블래제(noblesse oblige) 정신이 살아있어야 합니다. 사회적 지위에 상응하는 도덕적 의무를 느낀 초기 로마시대의 왕과 귀족들이 보여 준 투철한 도덕의식과 솔선수범하는 공공정신, 이 정신을 망각한 가진 자들의 행위는 천박하고 노예근성임을 웨버는 말한 겁니다.

2016년 5,000만원 기부에 이어 2019년부터 매년 1억 2,000만원 기부하는 사람 이야기는 신선한 느낌을 줍니다. 부안군은 자신을 '김달봉(익명)'씨의 대리인이라고 밝힌 한 남성이 테이프로 단단하게 포장된 종이가방을 들고 해마다 부안군청을 방문한다고 합니다. 지역 내 저소득층을 위해 써 달라며 이웃돕기성금 1억 2,000만원을 기부하는

데 올해도 그런 선행을 하였다고 신문은 전합니다. 추측하건대, 이 사람은 부안 근처에서 자그만 사업을 하는 사람일 것 같습니다. 익명으로 해달라는 신신당부 때문에 부안군에서는 이름을 밝히지 않는 것 아닐까요.

이런 사람이 옆에 친구로 있으면 이 사람으로부터 배급 받는 인간다움에 힘입어 나까지 근사한 인간으로 물들 것 같습니다. 일단, 이 사람하고 막걸리 한 잔부터 하고 싶군요.

논문 절도범들을 탄(歎)하노라

윤리는 옳고 그름에 대한 도덕적 원리와 지각의 체계입니다. 사회생활 속에서 실천되어야 할 행위의 철학이지요. 그렇기 때문에 윤리는 진화하는 생물체 같은 것도 아니고, 수정하는 과학적 논리도 아닙니다. 설사 문화의 차이가 있다 해도 윤리적 가치는 항존의 가치, 보편적 가치로 존재하기 때문에 그릇된 다수의 편향에도 위협받지 않습니다.

가령, 지구는 네모난 주사위 같은 것이란 주장이 절대다수로 인식된 때도 지구 모양이 공에서 주사위 모양으로 바뀌지 않았던 것과 같이 수정이나 변경되지 않는 것이 윤리입니다. 이것은 인간이 행사할 행위의 마땅함이므로 누구의 지시명령에 따라야 함이 아닌 당위 논리일 뿐입니다.

요즘 윤석열 전 검찰총장(이하 이름으로 부름) 부인의 박사학위 논문이 표절이라는 주장이 등장하여 시끄럽습니다. 결혼 전 부인이 쓴 논문이므로 윤석열이 책임 질 여하한 이유는 사실 없지요. 그러나 여권에서 이 주장을 한 이유는 윤석열이 대통령이 된다면 부인은 영부인이 되어 법의 보호는 물론, 특별한 예우를 받고 각 국 영부인들과 만나야 하는 중요한 사람이 될 터인데 가짜 박사학위 받은 인물로서는 국가 체면을 손상시키는 일이니 안 되는 일이라고 하는 것 같습니다. 윤석렬의 지지도를 하락시키는 전략으로는 훌륭해보입니다.

논문 제목에 '회원 유지'를 영어로 'member Yuji'로 번역한 것까지 문제로 삼더군요. 'member maintenance'로 번역하지 못한 영어 실력이라면 뻔한 것 아니냐는 투지요. 그렇다 해도 영부인 되는 덴 이게 큰 문제가 될까요. (도대체 이런 엉터리 번역이 어디 있담.) 다만 그 논문이 엉터리 짜깁기한 것이라면 이런 짓으로 박사학위를 청구한 양심이 문제이고, 이걸 박사 학위로 인정한 심사위원 교수들의 실력이 문제 아닙니까. 영부인 될 자격 미달이라면 윤석열은 어쩜 대통령 될지 몰라 하는 기우의 소리지만 그럴 경우를 대비해서 여권 측에서 야단하는 것 아닙니까. 이 여인과는 이혼하고, 이런 일 벌이지 않은 여인과 새 장가들고 나서 대통령 입후보하란 뜻인가요.

이재명은 성남시장 당시 가천대에서 석사학위를 받았지만 논문 77쪽 가운데 표절로 의심할만한 곳이 40쪽 이상이었던 것으로 분석됐다 합니다. 그렇다면 많이도 베껴 쓴 것 아닙니까. 이재명은 "학술적으로 인용부호를 안 한 잘못은 인정한다"면서도 "제가 어디 이름도 모르는 대학의 석사 학위가 필요하겠습니까"라고 말해 논란을 일으켰습니다. 이름도 모르는 대학이라. 그런 대학을 왜 갔으며 남의 논문 표절을 왜 했으며 그래도 학위를 준 모교를 폄하하는 발언, 이게 인간으로서 할 말입니까. 드디어 가천대 학생, 동문, 교직원들이 들고 일어났습니다. 사과를 열심히 한 모양인데 사과할 짓을 왜 해야 합니까. 희한한 사람(놈이라 썼다가 바꿨습니다.) 아닙니까. 이 양반 참 엉뚱한 데가 많은 사람입니다. 여배우 사건을 비롯해서….

정세균도 논문표절 의혹을 받았습니다. 국무총리 인사청문회 때, 당시 자유한국당 어떤 의원이 남의 논문을 "복제한 수준"이라고 지적하자, 정세균은 "2004년에 논문이 심사를 통과했고 2007년에 연구윤리 기준이 강화됐다"고 답하면서 "부족한 점이 있을 수 있지만 저는 학자가 아니다. 학자와 비교가 가능하겠느냐"는 말도 했습니다. 연구 윤리 기준 강화가 되기 전이니 문제가 안 된다는 말인가요. 학위는 학자임을 인증하는 증서입니다. 그 방면의 전문가임을 인증하는 건데, 이 양반 지금 무슨 말을 하는 겁니까. 이게 국무총리 감이 되는 말입니까.

추미애도 논문표절 의혹을 받았지요. 그의 석사 논문이 한국농촌경제연구원의 학술대회 보고서 등을 베꼈다는 의혹이 불거지자 추미애는 2019년 법무부 장관 인사청문회에서 역시 "당시에는 그런 기준이 없었지만 주석을 달지 않고 그대로 갖다 쓴 것은 문제가 있다"라면서 "다만 정책 제안 논문은 선행연구와 배경지식을 인용할 수밖에 없다. 선행지식과 배경지식을 인용하는 것을 가지고 표절이라고 할 수는 없다고 사료된다"고 밝혔습니다. 해괴한 논리입니다. 왜 각주를 안 붙였는지에 대한 말이 없습니다.

사기죄는 사람을 기망(欺罔)하여 재물의 교부를 받거나 재산상의 이익을 취득하거나 같은 방법으로 제3자로 하여금 재물의 교부를 받게 하거나 재산상의 이익을 취득하게 하는 범죄(형법 제347조)입니다. 법원에 위조한 증서를 제출하여 법원을 착오에 빠지게 하여 오신으로 기인한 판결로써 재산상의 불법이익을 얻었을 경우에도 사기죄는 성립

합니다.

이렇게 말을 바꿔봅시다. 학교에 표절한 논문을 학위논문으로 제출하여 학교를 착오에 빠지게 하여 오신으로 기인한 심사로써 지적 재산상의 불법이익(학위)을 얻은 경우 이것 역시 사기죄 아닙니까. 사기죄의 성립이 어려우면 절도죄로 처벌하면 어떨까 합니다. 선행지식이든 배경지식이든 내 것이 아닌 걸 내 것인 양 가져다 쓰면 도둑질입니다. 절도죄로 처벌해야 하는 것이 맞다면 절도죄(竊盜罪)는 타인의 재물을 절취하는 죄이므로 6년 이하의 징역이나 1천 만 원 이하의 벌금에 처한다(형법 제329조)고 합니다. 남의 지적 재산을 절취(竊取)한 행위이니 상기 사람들을 절도죄로 다스리면 될 것 같다는 생각이 얼핏 듭니다.

한 사람은 대통령 부인 될 꿈을 나머지 세 사람은 대통령 될 꿈을 꾸는 꿈도 야무진 사람들입니다. 이런 사람들이 절도를 하다니. 절도죄마저 묻기 어렵다면 이 사람들은 양심에서 이탈하고 윤리에서 벗어난 자들은 맞지 않습니까. 이런 자들을 뭐라 불러야 할까요. 병리적으로 봐서 양심이탈증(良心移脫症) 환자 이런 말 어떨까요. 학위 걸식증 환자 이것은 어떨까요. 아니 형법으로 매를 칠 방법은 없나요. 법률상식이 얕은 내가 오늘 이걸 고민하여 한 소리 적었습니다. 고견을 기다립니다.

유식한 것들의 무식한 행위

프로이드(Sigmund Freud, 1856-1939)는 인간의 의식세계엔 의식과 무의식이 있다 하였습니다. 무의식은 신생아가 인간으로 생활하면서부터 만들어지기 시작하는데, 맨 처음 가정이 연출하는 연극이 심리극으로 아이에게 영향을 끼쳐 저장된다는 것입니다. 무심한 헛소리, 불안한 지각, 소용돌이치는 감정의 물결들은 나의 의도와 상관없이 저질러지는 정신 상태입니다. 이것들은 바로 그의 정신 내부에 저장된 무의식의 발로라고 프로이드는 말하고 있습니다. 말하자면 이성적 합리적 절차에 따르는 것이 아닌 인간의 행동은 무의식의 영향 때문이라는 겁니다. 의식은 무의식이 부단하게 표출하려는 걸 방어하고 있기 때문에 인간의 마음은 의식과 무의식이 서로를 견제하는 긴장상태를 갖는다는 것이지요.

1912년 타이타닉호의 선장은 큰 실수를 했습니다. 선장은 물 위의 빙산은 사실 물 아래 엄청난 크기의 빙산이 가려져 있음을 생각하지 않았기 때문에 1,500여 명의 사망자를 내고 타이타닉호는 바다에 가라앉고 말았습니다. 이처럼 의식되지 않는 무의식의 크기는 물밑의 빙산에 비유됩니다. 배운 자로 자처하는 유식한 자들의 가식적 행위, 무식한 자의 부적합성, 어떤 땐 부드러운 인자의 목소리를 내다가도 느닷없이 잔혹성을 보이는 가진 자들의 횡포, 놀림감의 상대인 도덕적 결함자들, 약한 인간의 속성인 아첨을 무기로 삼고 사는 속물들, 이런 인물들을 하루에도 여러 번 봐야 하는 게 인간살이입니다. 이것들은 왜 근절되지 않는가. 대체 뭣 때문에 이러한 의식의 포로가 되는가. 무의식이 의식으로 표면화된 것이 이러함이라면 대체 무의식 이걸 억누르는 방어 기제가 튼튼하지 못한 정신적 불구가 이런 행동의 주인공이랄 수 있는 것인가. 어쨌든 프로이트는 인간의 마음과 행동이 언제나 이성적이고 합리적이지 못한 이유가 무의식의 영향 때문으로 보고 있습니다.

일찍이 플라톤(Plato, BC 427~347)은 인간 정신을 세 부분으로 나누어 설명하였습니다. 이상, 용기, 욕구(또는 열정)로 나누어 설명하면서 조화로운 삶 또는 최고의 삶은 이성이 나머지 두 부분을 지배할 때만이 이룩된다고 보았습니다. 플라톤이나 프로이드의 이론에 기대어 생각해 보면 도덕적 결함을 보이는 행위는 의식이 제대로 행사되지 않아서 저질러진 행위입니다.

한바탕 소란스럽던 조국 가족 이야기가 숙지막해지던 참에 추미애 가족 이야기가 새 막을 열었습니다. 이 두 가족은 이 나라에서 내로라하는 사람들입니다. 그리고 둘 다 논란의 중심 주재는 자식 문제입니다. 그냥 두었더라면 잘 성장할 자식들인데도 더 잘 키우고자 부모들이 나서서 설쳐대어 오히려 자식 장래를 걱정스럽게 만든 잘못된 부모들이 저질은 잘못된 사건들이지요. 하나같이 자식 일에 깊이 관여한 사실이 없다든가, 관여했다 해도 적법하다는 투, 자식의 능력은 의

심할 바가 없는데도 정치적으로 활용하는 무리들 때문에 오히려 자식은 물론이고, 부모마저 피해자가 되었다는 태도를 보이는 것 같지 않습니까. 그러나 이 억지스러움을 보는 국민들 마음속에는 알아도 너무 많이 알면 저런 병에 걸리는 건 아닐까 하는 생각을 하게 합니다. 조국 가족이야 그렇다 해도 여기 동참한 교수들이 교수답지 않은 꼴도 우리들은 봤습니다. 추미애 가족 때문에 지금 우리는 군 기강이 허물어지는 사태까지 구경하고 있습니다. 조국 살리기 추미애 살리기에 온 여권 인사들이 총동원되어 호위하고 옹호하고 변호하는 꼴은 가관입니다. 어떤 정치인은 추씨(장관이란 말이 안 나옵니다.) 아들을 두고 나라를 생각하는 안중근 의사에 견주다가 혼줄 나고, 추씨 측 보좌관이 군에 '청탁 전화'를 했다는 의혹이 불거지자 "식당 가서 김치찌개 시킨 것을 빨리 달라고 하면 이게 청탁이냐 민원이냐" 이런 뚱딴지 발언을 하는 국회의원도 등장하고 있습니다.

추미애씨 말을 들어보기로 하지요. 한 국회의원이 물었습니다. 자식 휴가 연장 문제로 '민원실로 부모가 전화했다'는 국방부 발표에 대해 이게 사실이냐고 묻자 추씨는 "나는 전화한 사실이 없다"고 했습니다. 그럼 아버지가 전화한 것이냐고 묻자 "남편에게는 물어볼 형편이 안 된다. 주말부부라서"라고 했습니다. 이 집은 전화도 없고 남편과 대화마저 단절하고 산다 이것 아닙니까. 추씨는 아들의 평창 동계올림픽 통역병 선발 청탁 의혹에 대해서는 "능력을 가진 아들을 (군에서) 제비뽑기로 떨어뜨렸다"고 했습니다. 자기 아들만 능력 있는 사람이라는 말인가요. 앞서는 자식이 무릎이 아파 군대 가지 않아도 될 처지였지만 군대 간 아이라 했습니다. 신체 결함자를 군인으로 뽑아적과 대치시키는 나라가 대한민국인가. 대체 대한민국 군인을 어찌 보고 하는 말인지. 이런 궤변을 법무부장관이란 자가 하다니.

거의 동시에 윤미향 사건이 본격적으로 등장하였습니다. 한국정신대문제대책협의회(정대협) 대표와 그 후신인 정의기억연대(정의연) 이사장으로 재직하면서 기부금을 유용했다는 의혹 등 8가지 혐의로 불구속 기소당했습니다. 이 중에는 준사기사건이 포함되어 있더군요. 준사기죄(準詐欺罪)는 미성년자의 지려천박(知慮淺薄) 또는 사람의 심신장애(心神障碍)를 이용하여 재물의 교부를 받거나 재산상의 이익을 취득하거나 또는 제3자로 하여금 재물의 교부를 받게 하거나 재산상의 이익을 취득하게 하는 죄를 말합니다. 치매 걸린 길 할머니가 받은 상금 등을 기부토록 했고, 가족이 있는데도 자신을 대리인으로 하는 유언장을 몰래 작성토록 했다는 혐의를 받고 있습니다, 길 할머니 계좌에서 뭉칫돈이 수시로 빠져나간 것을 할머니 가족이 발견하면서부터 사건이 불거져 나온 것입니다. 애초 상당한 문제거리 인물임을 뻔히 알면서 이런 인물을 비례대표 국회의원을 만들어준 사람들은 도덕불감증에 걸린 사람들인가.

플라톤 이후 서양철학의 전통은 도덕성의 고수를 강조하면서 이것이야말로 인간 행복에 기여한다는 점을 입증하기 시작하였습니다. 따라서 윤리학이 발달하기 시작했습지요. 그런데 정치인들이야 말로 도덕성을 갖춘 인물로 국정을 행사해야 나라가 제대로 될 터인데 도덕성이 너덜너덜한 사람들이 요직에서 행사하니 대한민국이 걱정된다는 사람들이 많습니다. 곧 들통 나고 말 일인 걸 버젓이 자행했다면 무식한 행위이고, 철부지 짓이고 바보들의 행진이지요. 사건이 이렇게 요란하기 전에 한때 잘못 판단으로 저질러진 일임을 솔직히 고백했더라면 이렇게 커지지도 않았고, 상당부분은 용서 받을만한 일들이었습니다. 대한민국 사람들은 자식 일에는 관대하지 않습니까. 처벌을 받아도 적게 받을 일들입니다.

가정이 연출하는 연극이 심리극으로 아이에게 영향을 끼쳐 무의식으로 저장된다고 앞서 말했습니다. 무의식은 의식에 상당한 영향을 끼친다고 할 때, 이런 사건의 주역들은 어릴 때부터 어떤 정신세계를 저장하고 살아 왔길래 남들이 안 하는 짓들을 했을까요. 가정교육에 문제가 있었나?

후회는 인간을 아름답게 만든다

후회는 과거를 되돌아보며 반성하는 회고입니다. 그 때 '그렇게 했더라면 좋았을 것을'이 주종을 이루지만 한편으로는 그때 '그래도 그런 정도로 그친 것이 다행이야'가 존재할 수 있는 게 후회입니다. 앞 경우는 더 상승할 수 있었음에도 실수나 노력 부족으로 또는 욕심 때문에 그렇지 못했음의 아쉬운 고백입니다. 뒷 경우는 아쉽기는 하지만 그 정도만이라도 다행한 일이라고 스스로를 위안하는 행동입니다.

올림픽의 금메달리스트는 후회 없는 영광이므로 활짝 웃을 수 있겠지만 은메달리스트는 조금만 더 힘을 썼더라면 금메달을 목에 걸 수 있었을 터인데 하는 아쉬운 모습을 지을 수 있을 겁니다. 동메달리스는 어떤 생각을 할 수 있을까요. 적어도 나는 메달리스트야, 이런 정도만이라도 대단한 내 노력의 결과야 하고 기뻐할 수 있을 겁니다. 물론 그렇지 않은 사람도 있을 수 있겠지요.

미래학자 다니엘 핑크(Damiel H Pink)는 『후회의 재발견』(한국경제신문, 2022)에서 후회의 심층구조를 네 가지 경우로 설명하고 있는데, 내 식견으로 다시 정리하면 이렇습니다.

첫째는 기반성 후회(Foundation regrets)입니다. 그 일을 했더라면 하는 후회의 태도이지요. 책임감 없는 행동, 성실하지 못한 행동, 신중하지 못한 행동에서 기인한 후회를 말합니다. 젊었을 때 더 열심히 노력하여 돈을 벌었더라면, 공부를 더 열심히 하여 일류 대학에 진학했더라면 하는 이 같은 후회를 말합니다.

둘째는 대담성 후회(Boldness regrets)입니다. 위험을 감수했더라면 하는 후회의 태도이지요. 망설이지 말고 그때 용기를 내어 사업을 했더라면, 처지를 따지지 말고 고향을 떠나 대도시에 진출했더라면, 그 처녀에게 사랑을 고백하여 그와 결혼했더라면 하는 이 같은 자신의 대담성 부족을 후회하는 태도가 여기 속합니다.

셋째는 도덕성 후회(mortal regrets)입니다. 옳은 일을 했더라면 하는 후회의 태도이지요. 타인을 가해한 행위, 부정한 방법으로 이득을 취한 행위, 국가나 소속 집단 또는 부모에 대한 도덕적 역할을 수행하지 못한 행위 등이 여기 속합니다.

넷째는 관계성 후회(connection regrets)입니다. 그에게 손을 내밀었더라면 하는 후회의 태도이지요. 인간관계에 있어 자기 아집과 이기심 때문에 대인관계가 끊어지거나 어색하게 된 경우를 말합니다. 부모나 형제간, 자식과의 관계, 친구와의 관계에서 친밀을 지속할 수 없게 한 자신의 자책감, 그리하여 인간적 상실감을 느끼는 경우 등이 여기 속합니다.

우리들은 크든 작든 후회를 적금처럼 지참하고 삽니다. 그때 '그렇게 했더라면 좋았을 것을'을 다른 말로 하면 '그때 그렇게 하지 말았어야 했던 것을'이 됩니다. 후회를 확실하게 하는 경우이지요.

한편으로는 '그래도 그런 정도로 그친 것이 다행이야'로 생각하게 하는 것 또한 다른 각도의 후회입니다. 실수에 대한 자기 합리화라고도 하겠지요. 두 경우 다 그런 실수를 다시는 안 하겠다는 생각입니다. 그러므로 후회는 삶의 자양이 되기도 하고 인생을 아름답게 만들어 주는 활력소가 되기도 하지요.

내 행복을 다치게 하는 것들

욕심이 나를 망칩니다.

고단하고 피곤한 것이 늘 내 곁에 있는 것은 아닙니다. 평안 역시 늘 내 곁에 사는 반려동물이 아니지요. 수월하게 넘겨도 될 일을 어렵게 만들어 고단과 피곤을 내가 만듭니다. 욕심 내지 마십시오.

현실은 부족하고 미흡하다 하여 채워 넣고 싶은 욕심이 문제입니다. 만족을 모르는 결핍증 이것이 나를 걱정으로 내몰고 내 것이 아닌 남 것까지 넘보는 욕심이 나를 망칩니다. 일을 욕심내어 쉴 틈이 없으면 병이 나지요. 인생은 경주마처럼 마구 달릴 필요가 없으니 욕심내어 달리지 마십시오.

이웃이 없는 삶은 사막입니다.

풀밭에 한가로이 풀을 뜯는 양떼들을 보면서 인생을 생각할 필요가 있습니다. 양 한 마리 혼자 풀을 뜯는다면 양인들 외로움을 느끼지 않을까요. 떼로 몰려다니며 혹은 장난치고 혹은 사랑 같은 걸 나누고 경우에 따라서는 다투면서 풀을 뜯어야 양떼는 살이 찌고 양유를 많이 생산하지요. 인간의 본능 중 하나는 사회성이고 군집성입니다. 이웃과 어울리려 하는 것은 그것의 옳고 그름 때문이 아니고 함께 하고

자 하는 본능적 욕구에서 기인합니다. 이웃이 보약임을 아십시오.

자신을 개방해야 합니다.

자신만의 소우주에서 탈출하여 다른 위성과의 교신을 해야 삶이 기름지지요. 세상의 불신과 두려움은 스스로를 자폐하는 행위입니다. 자폐증 환자는 혹시 남이 나를 위해하지 않을까 우려하여 스스로 방문을 닫아걸기 때문에 발생하는 병입니다. 문을 열어 신선한 바람이 방에 들어오도록 해야 하지요. 고독한 사람은 마음의 문을 닫아놓은 사람입니다. 고도한 산업사회 속의 현대인을 설명하는 말로 '고독한 군중'이란 말을 하지요. 이 말은 미국 사회학자 David Riesman (1909-2002)이 쓴 『고독한 군중(The lonely crowd)』에 나오는 말입니다. 집단에서 격리당하지 않으려고 항상 타인에게 관심을 갖지만 자신을 개방하지 않아 내적으로 심한 고립감을 느끼고 사는 현대인이 바로 '고독한 군중'이라 말하더군요. 그러니 스스로를 개방하십시오.

잘났다 자부하는 일은 바보가 하는 짓입니다.

투수가 되려면 우선 다섯 손가락을 온전히 가진 사람이어야 합니다. 새끼손가락이 없으면 공의 위력을 행사할 수 없습니다. 보잘 것 없는 새끼손가락이 온전한 투수로 만들듯이 세상은 잘난 사람만 있어도 그렇다고 못난 사람만 있어도 안 됩니다. 두루 섞여 있어야 합니다. 잘났다고 거만 떨 일도 아닐뿐더러 못났다고 주눅들 일도 아닙니다. 저마다 제 구실로 꽉 짜인 것이 사회이니까요. 그러니 잘났다고 건방떨지 마십시오.

세월의 강물 따라 흘러가는 것이 인생입니다.

늙음을 탄할 일도 아니고 병들었다 슬퍼할 일도 아닙니다. 드디어 우리는 조용히 죽음이란 바다에 한 발짝 다가왔다 생각하면 됩니다. 죽는 게 생물이고 인간이니까요. 강물 따라 흘러가면서 하루하루 달라지는 새로운 풍경이나 감상하고, 흥이 나면 한 곡조 노래도 뽑으면서 강물 따라 흘러가십시오. 인생은 물을 거슬러 올라가는 연어가 아님을 알아야 합니다.

질투할 것 없습니다.

영국의 시인 존 드라이든(John Dryden 1631~1700)은 『속인의 종교』란 책에서 "질투는 영혼의 황달"이라고 했습니다. 질투하면 할수록 황달병은 몸 속 깊숙하게 파고들어 마음을 갉아먹을 뿐만 아니라 피부로 나타나 그를 보는 사람들이 그가 황달(질투병)에 걸렸음을 알게 하기 때문이라나요.

29살에 요절한 시인 기형도(奇亨度, 1960~1989) 역시 '질투는 마음의 병'이라 했습지요. 따지고 보면 질투는 내가 그에 비해 좀 모자란다는 생각에서 출발합니다. 모자라지 않다는 자신감을 키워 질투하지 마십시오.

앞서 말한 이것들이 내 행복을 다치게 합니다. 명심하십시오.

행복은 비눗방울

행복은 자신에 대한 자부와 배려에서 출발합니다. 말하자면 개인적 문화 영역이 초대하는 심적 안위의 세계이지요. 인간은 누구나 행복하려 하지만 행복에 대한 학습한 사람, 이 정도면 행복이라 느낄 준비가 된 사람만이 행복을 차지합니다. 자기 절제가 훈련된 사람만이 향유하는 세계라 이 말입니다. 부풀어 오른 비눗방울은 순간의 존재이지 않습니까. 비눗방울에 한껏 바람을 불어 넣으면 터지고 말지요. 이렇게 되면 비눗방울은 없어지지요. 행복은 순간에 떠있는 비눗방울이기 때문에 순간을 즐기어야 하는 것이고, 욕심 없이 누려야 하는 소중한 순간입니다. 행복은 순간 꺼지고 마는 비눗방울의 허무이니까요.

놓인 현실은 어둡고 참담하고 외롭고 괴롭다 해도 우리 영혼은 비눗방울 같은 언제나 부풀은 꿈을 준비합니다. 행복은 행복을 느낄 줄 아는 학습된 사람, 삶을 즐길 줄 아는 준비된 마음의 소유자 앞에 행복은 조용히 찾아옵니다. 그렇기 때문에 행복은 조용히 명상하는 순간에도 구체적 육체 행동 속에서도, 맑은 영혼이 발하는 조용한 순간 속에서도, 감각적 만족이 찾아와 들떠있는 순간 속에서도 느끼게 됩니다. 고통의 빈곤 속에서도 번영의 물결 속에서도 행복은 헤엄치지요. 이기적 쾌락의 추구 속에서도 공동체적 선의 추구 속에서도 행복은 옥양목 버선발로 소리 없이 조심스럽게 찾아왔다 갑니다.

이데올로기를 추구하는 이념 추종자들 역시 행복을 추구하고자 하는 일념에서 비롯되기 때문에 그들 마음 속에도 행복은 존재합니다. 『구약성서』에 나오는 야곱의 12명 아들(아브라함·이삭 등)의 자손들은 BC 6세기말 바빌로니아를 탈출하여 다시 팔레스타인으로 돌아올 때, 그들은 성경의 말씀만을 신봉하며 행복을 찾아 헤매었고, 천국과 신의 왕국을 향해 기도와 기다림의 항해를 계속하면서도 그들은 행복의 순간을 미리 맛보며 고통을 이겨냈지요. 때로는 그리스도가 지상에 재림하여 천 년을 통치한 뒤 세상의 종말이 온다는 믿음에서부터 마르크스가 예언했던 계급 없는 공산주의 사회의 도래에까지 삶의 행복한 순간을 사람들은 끊임없이 꿈꾸며 기다립니다.

한편으로는 봉건사회의 암울을 이겨내고 견디기 위해 사람들은 사랑 노래에 의존하였습니다. 11C 말부터 서양문학사엔 사랑이 중요 주제로 등장하였습니다. 사랑이 행복에 이르는 길이라는 이 생각은 훌륭하였습니다. 중세시대 교회와 성(城)을 가진 프랑스 루아르 남쪽 지방은 음유시인들이 대거 등장하여 봉건사회의 암울한 풍습을 이겨내기 위한 새로운 삶을 사랑 노래에서 찾으려 했습니다.

다른 한편, 사람들은 행복을 그리는 유토피아의 전설을 만들어내었습니다. 플라톤이 『국가』에서 제시한 유토피아는 철학자가 통치하는 나라이고 정치, 문화, 생산, 출산에 이르기까지 모든 분야는 엘리뜨의 계획과 설계에 의해 지배한 국가라 했습니다. 그가 건설하고자 하는 아틀란티스는 BC 9500 년 무렵의 문명국이었고, 신전을 중심으로 동심원의 도시국가이면서 길은 금으로 꾸민 지상 낙원이었다지만 사라진 전설의 땅이라 했습지요.

중국이 가만 못 있지요. 동진 시대 도연명이 쓴 도화원기(桃花源記)는 동양의 유토피아 사상을 전개한 작품입니다. 동진 태원연간(376~395)에 무릉(지금의 후난 성 타오위안 현)에 살던 어느 어부 하나가 강을 거슬러 올라가던 중 복사꽃이 피어 있는 수풀 속으로 잘못 들어갔답니다. 숲의 끝에 이르러 강물의 수원이 되는 깊은 동굴이 있었고, 그 동굴을 빠져나오니 평화롭고 아름다운 별천지가 전개되었답니다. 그곳 사람들은 진대의 전란을 피해 이곳으로 피신 왔는데 그때 이후 수백 년 동안 세상과 단절된 채 늙음을 모르고 지내왔다는 겁니다. 후한 대접을 받고 다시 집으로 돌아왔으나 다시는 그곳을 찾아갈 수 없었다는 이야기입니다. 꿈꾸고 싶은 낙원 아닙니까.

땅에 기대어 살았던 한국인들은 동지 땐 팥죽을 쑤어 액막이로 집안 구석구석에다 팥죽을 묻혀 잡귀의 범접을 막았습니다. 한 해 먹을 간장 된장을 위해 메주를 쑤고, 새해 들어 대보름날엔 정갈한 옷차림과 정성을 다하여 장을 담갔지요. 섣달 그믐밤이면 내년의 대풍 들기를 기원하면서 점을 치기도 하고, 후대에 와서는 화투로 운세를 떼보기도 하였습니다. 별다른 삶을 기약할 게 없었기 때문에 특별한 노력을 할 필요도 없고, 자신의 운명을 만들 재간도 없고, 신이 내리는 지엄한 명령이 없지만 스스로 신을 섬기기도 하였습니다. 자연신을 숭모하여 2월 초하루엔 바람의 신인 영등 할미에게 바람이 적당히 불어줄 것을 기원하여 영등 할미를 달래는 행사를 하고 감나무 끝에 색깔

있는 헝겊을 달았습니다. 산신과 수신에게도 돌봄을 부탁하고 대보름달이 뜨면 달에게도 한 해 농사 잘 되기를 부탁하고 살았던 우리들은 순박한 백성들입니다. 거기다 조상님들의 은덕을 입고자 조상신을 얼마나 섬겼다고요. 이런 평범한 기도 속에서 한국인들은 소박한 행복을 원했던 것입니다.

서산에 지는 해는 지고 싶어서 지느냐
날 두고 가는 님은 가고 싶어서 가느냐

이것은 진도 아리랑 일부입니다. 사랑은 흐르는 물 같은 것이고 해가 뜨면 지듯이 삶도 자연의 한 이치로 여기면서 한국인은 살았고. 그것이 행복이고 사랑이고 삶이어야 한다는 이 노랫말 참 좋지 않습니까.

"쥐구멍에도 볕들 날 있다."는 속담 역시 한국인의 낙천적 기대로서의 미래관입니다. 춥고 어두운 현실 앞에서도 좌절을 모르는 미래 지향적 사고, 이런 희망으로 내일의 행복을 위해 삶을 여행하였던 선조들, 근사한 행복관 아닙니까.

행복하였던 순간엔 행복을 모르고 지나쳤지만 행복이 비누방울처럼 사라지고 난 연후에야 행복하였음을 깨닫는 이 미련 인생. 그때는 그랬다 치고 오늘 하루 순간마다 우리는 비누방울을 날려야 합니다. 사랑을 그리는 노래에서 찾든, 신의 무한한 영광이 영혼에 넘치어 흐른다는 종교적 믿음에서 찾든, 사회적 규칙이 제 모습을 감추고 변장이 새로운 규칙으로 등장하는 축제에서 일상을 단절한 채 열광과 흥분에서 행복을 찾든, 아니면 자연의 아름다움과 시나 소설 속의 감정적 풍요에 안겨 명상의 기쁨에 도취하든. 행복은 순간을 즐기는 비누방울임을 자각하고 수시로 행복을 느끼며 살 일입니다.

욕망은 충동과 추구를 일으켜 인간 본래의 자연스러움을 억압하고 훼손합니다. 부질없는 욕망을 절제하는 힘이 없으면 행복이란 재산을 가지기 어렵지요. 행복이란 재산을 가질 수 있는 사람은 자연의 이치에 순응하여 나를 그 이치에 대입하는 넉넉함이 준비된 사람이어야 합니다.

서글픈 꼰대 이야기

18C에 들어서자 신학을 중심으로 하는 신성(神性)은 이제 끝을 내고 인간 중심의 인성(人性)을 철학의 중심으로 하자는 주장들이 등장하였습니다. 인성보다 신성이 우선한다는 게 상당히 틀린다는 생각을 철학자들이 말하기 시작하였지요.

과거 철학자들 이를테면 플라톤 같으면 이데아가, 아리스토텔레스 같으면 이성이, 토마스 아퀴나스 같으면 신적 인식이, 데카르트 같으면 관념이, 헤겔 같으면 절대정신이, 공자 같으면 인(仁)이, 인간 삶의 가치로 인정 되어야 한다고 주장하였습니다만, 이것도 맞는 것 같지 않다고 여기에 반기를 든 인물들이 실존철학자들입니다.

사르트르(Jean-Paul Sartre)는 인간이 구현하고자 하는 본질이 어떤 것이라 해도 현재적 인간 존재가 우선이라 생각하였습니다. 현실존재로서의 인간은 타자를 고정관념으로 고착시켜 볼 것이 아니라 주체적 사고로 판단하고 인식해야 함을 주장하면서 현실로서의 존재개념이 우선이라 한 것이지요.

사르트르는 그의 생활 역시 철학의 연장으로 보고 남이야 뭐라 말하든 그만의 독특한 삶을 살았습니다. 보부아르(Simone de Beauvoir)와 동거하면서 많은 이야기 거리를 장만하였지요. 이들은 법의 거추장스런 구속을 없앤 동거자였습니다. 혼인신고를 하는 날로부터 서로가 서로에 대한 책임을 져야 하고, 이를 어길 땐 법적 보호를 받는 공동체가 부부라면 이런 법이 불필요한 자유로운 관계의 부부가 이들이었습니다.

보부아르는 어쨌든 사르트르의 부인이지만 부인이란 말이 필요 없는 관계의 동거녀였습니다. 그녀 역시 사르트르가 남편 같지만 여느 가정의 남편은 아니었지요. 서로가 필요에 의해 살다 간단히 헤어질 수 있는 자유로운 부부이면서, 아니 동거인이면서 그들이 추구한 실존철학을 삶으로 연장시킨 부부 아닌 부부 사이였습니다.

보부아르는 ≪제2의 성≫이란 책을 냈습니다. 여성이 여성다우려면 주체로서의 여성이여야 함을 강조한 책이지요. 이 책은 페미니즘의 경전 혹은 현대 여성해방운동의 교과서라고 불리기도 하는 이 책에서 보부아르는 다음과 같이 말합니다.

> 여성은 태어나는 것이 아니라 만들어지는 것이다. 남성이 사회에서 차지하고 있는 형태는 어떤 생리적, 심리적, 경제적인 숙명이 결정하고 있는 것이 아니다. 문명 전체가 수컷과 거세체와의 중간 산물을 만들고, 그것에 여성이라는 명칭을 붙이고 있는 것이다. 타인이 끼어들어야 비로소 '타자'로서의 개체가 성립될 수 있다. 자기만을 위해 존재하는 동안에는, 어린이는 자기를 성적으로 차별된 존재로 파악하지 못한다. … '여성다운' 여성의 본질적인 특성이라 불리는 수동성도 유년시절부터 줄곧 키워진 것이다. 이것을 생물학적인 조건이라고 주장하는 것은 잘못이다. 사실상 그것은 그녀가 교육자들이나 사회에서 강요받는 숙명이다.

보부아르의 주장에 의하면 여성은 여성자신이 여성으로 길들여져 왔음을 알아야 한다는 겁니다. 다시 말해 여성으로 태어나고 싶어 여성으로 태어난 건 아니지만, 여성으로 길들여진 것은 '문명 전체', 즉 남성 중심의 사회가 인위적으로 만들어낸 결과이므로 이를 넘어설 수 있어야 여성이라는 겁니다.

서양 중세 사회는 남성 중심 사회이었고, 기독교적인 교리와 결합되면서 여성은 굳이 라틴어를 배울 필요도 배워서도 안 되는 것처럼 되어 무식을 강요당했습니다. 남성에 의해 사육당한 여성이었다 이 말입니다. 열등한 존재로 길들여져 왔고, 여기서 일탈해서는 안 된다는 게 여성이라면 이게 과연 맞는가. 여성으로 태어난 것이 아니라 여성으로 만들어진 이 현실을 거부하여야 한다는 이것, 남성 욕망의 객체인 여성으로부터 해방되어야 한다는 이것이 보부아르의 주장입니다.

사르트르는 한평생 애인을 찾아 방황하였습니다. 심지어는 자신의 양녀와도 패륜을 저지르기도 한 인물입니다. 보부아르는 자신의 여자 친구를 사르트르에게 소개하고, 양성애자인 보부아르는 세간에 알려진 몇몇 동성 애인들이 있었고, 사르트르의 여자 친구와 어울려 즐기기도 한, 말하자면 한 쌍의 부도덕한 패륜 동거자였습니다. 그들 행세는 부부지만 부부관계가 아니기 때문에 같이 사는 상대가 무슨 일을 어떻게 하든 상관 않고 살았던 무절제의 주인공들이었습니다. 이것이 그들의 실존적 삶이면서 구속이 배제된 자유로운 삶의 주인인 셈이지요.

부부는 법적 근거를 확보한 가정의 기초 구성체입니다만 헤어지면 도로 남이 되는 관계에 지나지 않습니다. 그렇기 때문에 부부로서의 지켜야 할 윤리며 도덕 그것은 헤어짐을 미리 계상해본다면 아무 의미 없는 겁니다. 그렇기 때문에 애초대로의 남남으로 결혼 생활을 하자는 유별난 자유인들이었습니다.

익명의 권위 앞에 굴종하기 보다는 자기 도식의 기호체계를 수립하려 했던, 타인의 삶을 대신하여 사는 삶이 아니라 자신의 삶을 확보하려 했던 이 두 사람은 현실적 삶을 사는 우리 입장에서 보면 이해가 난감한 삶이지요.

아무리 실존적 삶이라 해도 여기에도 한계가 있고 제한이 있어야 합니다. 윤리와 도덕을 준수하는 삶을 보여줄 때 우리는 인간답다고 합니다. 이것을 무시한 삶과는 더불어 이웃해 살기 어렵지요. 안 그럴까요. 그러나 그들은 그들만의 도덕과 윤리를 새로 만들어 살았습니다.

몇 년 전 신문 보도에 부부 몇 쌍이 모여 가끔 부부를 서로 바꾸어 하루를 살아보는 스와핑(swapping) 부부 모임이 있다는 기사가 실렸습니다. 외국에 이런 모임이 있다는 말은 들었는데 우리나라에 이런 부부모임이 수입되다니. 이 무슨 해괴한 일이람. 자식들이 이걸 모범적 사례라 해서 이런 행위를 즐기고 산다면 그들은 동의할까요.

외국에서는 학생 기숙사가 남녀 동거를 인정하는 곳이 많다고 들었습니다. 한국의 대학가 원룸에도 남녀가 동거하는 경우가 흔히 있다고 합니다. 생활비를 줄인다는 것 외에 살아보다 뜻이 맞으면 결혼까지 할 수 있고, 그렇지 않으면 예전대로 남으로 돌아갈 수 있다는 것이 일부 젊은이들 사이의 연애관인지 모릅니다.

이런 풍조를 아름답다, 볼썽 사납다, 그저 그렇다로 나누어 말해지겠지만 80을 바라보는 이 꼰대 입장에서는 망측한 꼴이지요. 저러다가 시집 장가를 가겠는가 걱정이 됩니다. 한편으로는 그들의 신체적 자유에 대해 뭐라 말하는 내가 주제넘은 일이라는 생각도 들긴 듭니다.

이 경우는 어떻습니까. 여당 대통령 후보 아들이 성매매를 했다, 야당 대표가 성 접대를 받았다를 두고 요새 한창 이야기 되고 있습니다. 어느 경우든 성을 매매한 경우입니다. 상대한 여성은 생계수단으로 성을 판 경우이겠지요. 이것이 죄가 되려면 성을 팔고는 세금을 안 내었다가 죄로 인정되어야 합니다. 성을 산 사람이 죄가 되려면 신고하지 않은 불법 성 상거래의 책임문제입니다. 성을 사고파는 것이 죄로 인정되려면 신체의 자유에 대한 새로운 해석이 필요합니다. 아마 젊은이들은 이렇게 생각하고 있지 않을까요.

박정희가 군사 쿠데타를 일으키고는 장발을 금지하고 미니스커트 입는 걸 금지했습니다. 미풍양속에 저촉된다는 이유 때문이랍니다. 요새 같으면 턱도 없는 이야기지요.

한국에서 앞서 말한 보부아르와 사르트르처럼 사는 경우가 적발된다면 당장 미풍양속, 풍기문란에 저촉된다고 처벌하려 할 겁니다. 그런다면 젊은이들은 또 이렇게 말하겠지요. 그것이 금지할 것도 권장할 것도 아닌 그들의 자유로운 행위인 걸 가지고 이유 없는 여타한 사람들이 간섭하는 것은 월권 아니냐고, 여하간 꼰대들은 어찌할 수 없는 존재들이라고,

세상이 너무 빨리 많이 바뀌는 것 같아 이 꼰대는 머리가 어지럽습니다. 이런 사태에 대해 한 소리 하였다간 꼰대 표 낸다 할 것 같아 할 말도 못하는 이 꼰대, 어쩌다 내가 이런 꼰대가 되었는지 서글픕니다.

쾌락의 쳇바퀴(hedonic treadmill)

소득이 증가하면 거기에 따라 행복도 증가되리라 생각하기 쉽지요. 그런데 그게 아니라는 학설이 있습니다. 일인당 국민소득이 일정 수준을 넘어 최소한의 생계 위협을 받지 않으면 거기서부터의 소득 증가는 행복 증가에 크게 이바지하지 않는다는 군요. 1973년 미국의 경제학자 리처드 이스털린(Richard A. Easterlin) 교수는 미국·프랑스·영국과 같은 선진국 보다 바누아투·방글라데시와 같은 가난한 나라의 국민 행복지수가 오히려 높은 점에 착안하여 소위 '이스털린의 역설(Easterlin Paradox)'이라는 학설을 만들어내었습니다. 행복지수란 국내총생산(GDP) 등 경제적 가치도 참고하겠지만 삶의 만족도, 미래에 대한 기대, 실업률, 자부심, 희망, 사랑 등 인간의 행복과 삶의 질을 포괄적으로 고려해 산출한 지표를 말합니다.

인간의 행복에 영향을 주는 조건들이라 여겨졌던 것들 이를테면 국내총생산량이라든가 개인 소득, 사회보장제도, 고용의 안전성, 개인 건강과 받은 교육 정도, 휴가활용 등이 국민 행복의 기준이 되지 않다는 것이 이스털린의 역설인 셈이지요. 선진국에서는 생활환경이 개선되고 보건 상태가 호전되고 질병 예방대책이 강화되자 평균 수명이 길어져 고령화 사회 또는 고령사회로 바뀐지 오래입니다. 그런데도 그 사람들은 왜 바누아투나 방글라데시보다 행복지수가 낮을까요.

우리나라는 2019년에 '3050'클럽에 가입한 세계 일곱 번째 국가입니다. 국민소득 3만 불에 인구 5천만 명이 넘는 국가에 포함되었으므로 우린 이미 경제대국이라 할 수 있지요. 선진국이라 해도 되겠지요. 반도체, 자동차, 휴대폰, 가전제품 같은 제품들이 세계시장을 석권하고 있지 않습니까. 그런데도 행복 관련 지표는 세계 최하위권이라니 말이 안 됩니다.

경제협력개발기구(OECD)가 34개 회원국을 비교한 지표를 보니 한국이 노동시간 2위, 산재사망률 1위, 자살률 1위 등등 이유로 국민행복지수 33위가 한국이랍니다. 거기다 출산율까지 꼴찌라고 적혀 있더군요. 미국 여론조사기관의 조사에 의하면 '삶의 질 지수'는 조사대상 135개국 중 한국이 75위입니다. 필리핀(40위)·인도(71위)·이라크(73위)보다 낮다는 것 아닙니까. 우리가 왜 이런 상황이어야 하는지에 대해 맹렬한 반성이 있어야 될 것 같지 않습니까. 거기다 한국은 놀라울 정도로 고령화 사회로 진입하고 있습니다.

UN이 정한 바로는 65세 이상 노인인구 비율이 전체 인구의 7% 이상인 사회를 고령화 사회, 65세 이상 노인인구 비율이 14% 이상이면 고령사회, 21% 이상이면 초고령 사회로 구분합니다. 한국은 2,000년 7월 1일을 기준으로 65세 이상의 인구가 전체 인구의 7.1%를 차지하였으니 이미 고령화 사회에 진입했습니다. 몇 년 전 통계청의 예측은 2020년경이면 노인인구의 비율이 14%를 넘어서서 본격적인 고령사회로 접어들 것으로 전망했는데 올해는 2021년이고 예측처럼 고령화 사회가 되었습니다. 몇 년 안 되어 한국은 초고령 사회로 진입할 전망이라나요. 왜 이리 급속히 고령 사회로 진입하는가. 그것은 사망률 감소로 평균 수명이 증가하였고, 출산 붐 세대에 태어난 연령대가 노년층을 형성하였기 때문이지요.

이렇게 되면 한국 사회는 어떻게 되는가. 오래 사는 게 행복한가하는 문제에 직면합니다. 국가적 측면에서 보면 노동생산성이 낮아 경제 성장이 둔화될 우려, 경제적 빈곤을 호소하는 노년층이 늘어날 우려, 조세감소와 사회보장 기여금 수입의 감소 우려, 연금수급자 증가와 노인 의료비 및 복지비가 상승하면 재정 적자폭이 커질 우려가 있고, 여기에 젊은층은 근로소득세가 커질 위험도 있지요. 노인층은 빈곤·질병·고독과 싸워야 한다면 오래 사는 게 행복할 수만은 없습니다. 국가적 입장에서 노인들이 골칫거리가 된다면 이것 참 곤란한 사회문제 아닙니까.

물론 현재 한국은 미국, 프랑스 등 주요 선진국 보다는 고령 인구비율은 낮은 편이지만, 통계청에 따르면 2050년대에 이르면 이들 나라를 앞지를 것이라는 전망마저 있습니다. 그렇다면 고령사회에 대비해 국가는 제도와 의식을 재정립하고, 선진국 형 노인복지체계를 마련하여 왔거나 이를 위해 정책 수립을 하고 있는가, 뭣보다 출생률을 높이는 현실적 정책을 이미 수립하였거나 진행하고 있는가 하는 문제는 당장 서울 집값 상승 문제 못지않게 심각하게 생각해야 할 문제입니다.

이런 사회적 문제 속에 우리는 이미 노령층에 속하고 젊은층에게 우리를 맡기고 살판이라면 그들을 신뢰하고 정부를 신뢰하면서 살 수밖에 없습니다. 오래 산다는 게 국가에 짐이 되거나 자신의 행복을 보장받지 못하고 살아간다면 비극이지요. 비극이지요.

1978년 이스털린 교수는 또 다른 연구를 한 적이 있습니다. 성인을 대상으로 상품이 적혀 있는 목록을 보여주고 '갖고 싶은 것'과 '현재 가진 것'을 선택해보라고 했습지요. 16년 후 같은 참가자에게 같은 목록을 주며 다시 선택해 보라 했더니, 놀랍게도 참가자 거의 전원이 과거에 갖고 싶은 것으로 선택했던 물건을 현재 보유하였거나 아직도 못 가졌다면 가지고 싶다는 것이고, '갖고 있는 것'으로 선택한 물건을 현재도 이걸 갖고 싶다고 표시했다 합니다. 이것은 현대인의 일상적 사고는 변화가 크게 있는 것이 아니라 '쾌락의 쳇바퀴(hedonic treadmill)'에 갇혀 살기 때문에 반복적 삶을 고수하고 있음을 밝힌 학설입니다.

이런 연구결과도 있습니다. 하버드대학 심리학과 대니얼 길버트(Daniel Gilbert, 1957~) 교수는 로또에 당첨된 사람들을 상대로 연구해보니, 로또가 주는 행복의 효과는 길어도 평균 3개월이고, 이 시기를 지나면 행복감이 사라진다는 것을 확인했지요. 출세했다는 사람들마저 평균 3개월이 지나면 예전과 똑같은 크기만큼의 행복 또는 불행을 느끼며 산다는 이것이 바로 '쾌락의 쳇바퀴'학설입니다.

음식을 생각해 봅시다. 한국인들이 외국 여행갈 때에 고추장과 김치를 싸들고 가거나 아니면 현지에서 한국 식당을 찾아가 이걸 먹으려 합니다. 우린 왜 이런 식품에서 탈출을 하지 못할까요. 이게 바로 쾌락의 쳇바퀴 속에 우리가 갇혀 산다는 증거 중 하나입니다. 현실의 불만족에 갇힌 사람들은 아무리 돈이 많고 권세가 높다 해도 여전히 불만족 속에 살고 그렇지 않은 사람은 그렇지 않은 상태의 쳇바퀴를 돌리고 살겠지요. 쾌락의 쳇바퀴에 우리가 체포되었음을 알았다 해도 여기서 벗어날 기미는 확실하지 않습니다. 오래 산다면 기껏 더 많이 쳇바퀴나 돌리게 되는 것이 우리 인생이라 생각하니 서글퍼집니다그려.

월북 철학자 윤노빈 교수

소크라테스의 아내 크산티페는 악처라 전해지고 있습니다. 그는 순종적인 아내는 아닌 건 사실이지만 그렇다고 악처라고까지 할 것 있나 하는 생각이 드네요. 생각해 보세요. 아내를 생활 전선에 내몰아 놓고 광장에 모인 사람들 앞에 잘난 척하며 진리가 어떻다 떠들어대기만 하는 남편을 어느 아내가 곱게 보겠습니까. 그의 옷을 잡아 뜯기까지 하였지만 그래도 이 짓을 여전히 하자 크산티페는 화가 날대로 나서 소크라테스의 머리에 물을 냅다 퍼부어버렸습니다. 물에 후줄근 젖은. 소크라테스 말이 걸작입니다. “천둥 번개 다음에는 항상 큰 비가 따르기 마련이지”라고 딴전을 폈다지요. 소크라테스는 가난하면서도 가족 생계를 고민하지 않았기 때문에 크산티페가 남의 집에 가서 빨래를 해주고 받는 몇 푼의 돈으로 생계를 유지하였으니 삶이 말이 아니었겠지요. 이런 상황에 처하게 한 남편이 곱게 보일 리 없지요.

따지고 보면 소크라테스가 아내를 악처로 만든 셈 아닙니까. 다섯 식구의 가장인 주제에 가족을 부양할 생각은 안 하고 허구한 날 소피스트들과 말싸움에만 바쁘니 한심한 일 아닙니까.

우연히 유튜브 방송(주성하TV)에서 윤노빈 교수(1941년 생 이하 윤노빈)에 대한 방송을 들을 수 있었습니다. 내가 1981년 부산대 국문학과 전임강사로 발령 받았을 때, 윤노빈은 부산대 철학과 부교수였습니다. 나보다 4살 위입니다. 당시 한국 젊은이들은 마르크스 이론을 재해석하고, 프로이트의 정신분석학과 미국 사회학의 방법을 결합시켜 현대 산업사회에 대한 비판이론을 전개했던 프랑크푸르트 학파, 이를테면 M. 호르크하이머, T. W. 아도르노, H. 마르쿠제, W. 벤야민, E. 프롬, J. 하버마스, A. 슈미트 등에 관심이 쏠렸던 시절입니다.

윤노빈은 서울대 철학과 졸업 후 프랑크푸르트 대학에 유학했다 듣고, 프랑크푸르트 학파와 연관된 연구서가 있는 건 아닌가 하여 책 쓴 게 있으면 한 권 얻어 읽었으면 좋겠다 했더니 그가 쓴 『신생철학』을 주었습니다. 읽어봤지요. 나의 관심과는 다른 책이더군요. 동학사상은 세계 철학시장에 내놓을 만한 상품적 가치가 있는 철학처럼 말한 것이 기억납니다. 이 철학으로 남북이 하나 되면 좋겠다는 취지가 숨어 있는 것 같았습니다.

1982년 윤노빈은 가족들을 데리고 월북합니다. 윤노빈을 까맣게 잊고 있다가 그와 평양에서 이웃해 살던 분이 한국 와서 전해주는 말을 들었습니다. 반디홍(전 평양 거주 특수부대, 보위부 출신의 탈북민)이 전하는 말로는 윤노빈은 이름을 조일민으로 바꾸었다 합니다. 비슷한 시기에 월북한 오길남(1942년 생)도 가족을 데리고 월북했지요. 서울대 독문과 졸업, 1985년 독일 브레멘 대학원에서 경제학 박사 학위를 취득한 인재이지요. 독일에 기틀을 잡고 산 작곡가 윤이상과 자주 만났고, 그가 부추기어 오길남은 아내와 두 딸을 데리고 북한에 가서 윤노빈과 같이 대남방송 '한국민주민족전선'에서 남한을 향해 방송 활동(이땐 윤노빈은 종경호란 이름으로 방송)을 하였다 합니다. 이 방송은 사실 북한 해주에서 방송하지만, 마치 한국 내 지하방송인 것처럼, 아니면 해외 교포가 한국의 군사 정권을 비난하는 것처럼 들리도록 방송했다지요. 그러던 차에 오길남이 처자식을 남겨 둔 채 혼자 탈북하였습니다. 이 사건으로 윤노빈은 위축된 삶을 살 수밖에 없었겠지요. 갖고 간 돈도 소진되고 고난의 시기를 맞으면서 평양 생활이 곤궁하여 윤 교수 부인은 평양 난전에서 꽈배기를 튀겨 팔았다는 겁니다. 평양 사람들 누구도 월북한 남한 사람과 접근하지 않았지만 이웃집 학생 반디홍은 겁도 없이 자주 윤의 집에 찾아 갔다는 것입니다. 어떨 땐 부인이 남편에게 하는 원망의 말을 들었고, 이불을 가린 채 부부 싸움을 하면 윤은 내가 죄스럽다 씻을 수 없는 과오를 저질렀다고 하는 말도 들었다 전하더군요.

남한에서라면 교수 부인으로서 대접 받고 잘 살 분이 연탄을 직접 만들어 난방 하는, 거리에서 꽈배기 팔이 하는 신세가 되었음에 얼마나 통탄스러웠겠습니까.

철학이란 인간과 세계에 대한 근본 원리와 삶의 본질을 알아보는 학문입니다. 철학의 갈래 중에 세상의 본질은 대체 무엇인가. 눈앞에 보이는 실재의 특성은 무엇인가를 따지는 철학을 존재론이라 합니다. 탈레스는 만물의 근원은 물이라 했습니다. 피타고라스는 수학자답게 만물은 수의 결정체라 했지요. 엘레아 학파의 거두 파르메니데스는 만물은 분리 될 수 없는 응결체이므로 하나다, 헤라클레이토스는 "같은 강물에 발을 두 번 담글 수 없다"고 말하면서 "만물은 유동체다." 데모크리토스는 우주 만물은 원자로 구성되어 있다는 등 각자 주장을 하였습니다.

이런 주장과 달리 소크라테스는 인간 자신을 알아야 우주와 자연계를 이해할 수 있다고 하여 인간을 연구하는 학문세계로 철학을 전환시킨 최초의 철학자입니다. 사람이 무언가를 안다는 게 어떤 것인지, 사람이 무언가를 어떻게 알 수 있는지, 참과 거짓을 어떻게 분별하는지 등을 탐구하는 것이 인식론이라면 소크라테스는 바로 이런 문제를 제시한 셈입니다.

그의 철학사적 의미가 그렇다 해서 가족에 대한 책임이 면제되는 것은 아닙니다. 윤노빈은 어찌 설명할 수 있을까요. 그가 월북을 결심했을 때 아내와 딸들의 동의를 받아 실행했던 건 아닌 것 같습니다. 그게 사실이라면 그는 아주 잘 못 한 겁니다. 이 문제로 부부간에 많은 갈등이 있었다 하네요. 그건 그렇다 치고 그가 추구하려 했던 학문세계(신생철학)의 달성을 위해 월북한 것이라면 그 달성과는 딴 판의 삶을 살아야 하는 현실, 다시 말해 그와 가족의 생계를 위해 북한 체제의 당위성을 선전하는 나팔수로 전락하고 만 현실 앞에 스스로 주체하기 어려운 인간적 고뇌가 어떠했을까요.

그가 남한에 있었더라면 공헌할 수 있는 철학의 크기가 대단하였을 것인데, 이것의 상실이 너무 아쉽습니다. 그리고 그를 그런 세계로 유인하여 민족적 비운을 연주하게 한 인물들, 그게 누군진 몰라도 참으로 민족의 역적이라 생각 듭니다.

그는 그의 책 '신생철학'에서 민족 분단으로 자유를 감금당한 현실과 거기에 더하여 군부독재가 자행한 억압을 이렇게 말했습니다.

악마는 정신과 마음을 쪼개 놓으며 사람들을 분열시키며 민족 내부 분단을 조장하며 민족들 사이를 갈라놓는 절단기(devil)일 뿐만 아니라, 갈라진 사람을 '가두어 두는' 감금자다. 악마는 일단 분열된 정신을 언어의 감옥에 감금시켜서 보수적 장벽을 뚫고 나오지 못하도록 하며, 분열시킨 사람들을 개인적 단자의 철창에다 감금하여 놓으며, 분열된 민족들을 민주적 공리주의, 민족적 이기주의의 장막에다 가두어 두려고 획책한다. 모든 분단은 감금이다. 감금은 분단이다. 분단시켜 놓기 위해서는 가두어 두어야 한다. 가두어 두려면 분단시켜야 한다. 분단된 것은 부자유이며 부자유는 분단된 것이다. (신생철학 p159)

법불아귀 승불요곡(法不阿貴 繩不撓曲)

법과 정의를 상징하는 서양의 여신상 모습은 왼손엔 저울, 오른손엔 칼을 들고 눈을 가린 채로 서 있는 모습입니다.

그리스 신화 속의 법과 정의의 여신은 아스트라이어(Astraea)입니다. 이 여신은 공정하다는 걸 내보이기 위해 재판을 할 때, 자기 주관을 버린다는 뜻에서 눈을 헝겊으로 가린다나요. 이렇게 되면 어찌 공평한 저울 눈금을 읽을 수 있는가 그런 생각 안 듭니까. 아무리 신이라지만 여신은 부엌칼(요리칼)이 제격이지 사람 죽이는 무검(武劍)을 들고 서있는 것은 어색한 장면이지요. 사람 죽이는 게 법인가요. 거기다 입은 옷이 여체의 아름다움을 강조하기보다 갑옷인 듯이 보여 전사의 모습이 연상됩니다. 그런 생각 안 듭니까. 법이 어찌 칼의 잔인함으로 표상해서야 되겠는가. 법은 엄함과 냉정함만 있는 건 아닙니다. 자애와 선처까지 준비되어 있어야 하는 것입니다. 법은 국가 권력에 의해 제정된 규범이지요. 모든 사람에게 부여된 정당한 보상과 대우이면서 개인의 자유와 권리가 침해됨을 막고, 개인이 외부로부터 피해 받지 않게 하는 방호벽이 법입니다. 불쑥 칼의 위력이 등장해선 안되지요. 이걸 감안해선지 우리나라 대법원 앞엔 여인 하나가 전통 한복을 입고, 오른손엔 저울을 왼손엔 책(법전)을 들고 앉아 있습니다. 서양에 비해 꽤 괜찮은 모습 같아 보입니다.

여인을 서 있게 하지 않고 편히 앉게 한 것도 좋았고 법전을 쥐고 있는 것도 훌륭합니다. 법은 공정과 정의가 중심이지 살기등등한 위압이 중심이 되어서는 안 되지요.

우리나라 신화엔 여신들이 많이 등장하지 않습니다. 그리고 아스트라이어 닮은 정의의 여신은 보이지 않습니다. 굳이 정의를 실현하고자 하는 대법원 마당에 동상을 세울 판이면 점잖게 관모를 쓴 채 저울대에만 눈을 부릅뜬 근엄한 모습의 판관 모습은 어땠을까요.

내가 오늘 공들여 세워놓은 동상을 탓하려고 이러는 것이 아닙니다. 법 앞에 공정하고 정의는 살아 있어서 이 사회를 사는 데 부당하지 않으면 된다는 생각이고, 법원이 동상의 취지와 의미를 살려 바른 판결하면 된다는 생각 이것뿐입니다.

일찍이 법을 중시해야 나라에 기강이 서고 정치가 제대로 행사되어 강한 나라가 된다고 주장한 사람이 있었습니다. 한비자(韓非子)입니다. 그는 이런 말을 남겼습니다.

> 법은 귀족에게 아첨하지 않는다. 먹줄이 굽은 모양 따라 굽게 선을 긋지 않는 것과 같아야 한다. 법의 시행 앞에는 지자(智者)도 이유를 붙일 수 없고 용자(勇者)도 감히 다투지 못한다. 과오를 벌함에 있어서 대신이라도 피할 수 없으며, 선행을 상 줌에 있어서 필부라도 빠트리지 않아야 한다.(法不阿貴 繩不撓曲 法之所加 智者弗能辭 勇者弗敢爭 刑過不避大臣 賞善不遺匹夫)

법정신을 잘 살려 말했다고 볼 수 있지 않습니까.

얼마 전(2021. 1. 18) 이재용 삼성전자 부회장에 대한 파기환송심 선고 공판이 열렸습니다. 재판부는 회사 돈 86억 원 횡령, 뇌물 공여 등을 유죄로 판단해 이 부회장에 징역 2년 6개월 실형을 선고했지요. 재판부는 “피고인이 박근혜 전 대통령의 뇌물 요구에 편승해 적극적으로 뇌물을 제공했고, 묵시적이나마 승계 작업(아버지 뒤를 이어 그룹 총수 되기 위한 작업)을 위해 대통령의 권한을 사용해달라는 취지의 부정한 청탁을 했다”며 이같이 선고한 뒤 곧 바로 이 부회장을 법정 구속시켰습니다.

횡령 액수가 50억 원 이상이면 법정형은 징역 5년 이상이지만, 재판부는 이른바 ‘작량감경’을 최대치로 해준 양형입니다. 작량감경(酌量減輕)은 법률상의 감경사유가 없더라도 법률로 정한 형이 범죄의 구체적인 정상에 비추어 과중하다고 인정되는 경우에 법관이 그 재량에 의하여 형을 감경하는 것(형법 제53조)을 말합니다. 말하자면 삼성그룹이 한국경제에 공헌하고 있는 점과 대통령의 요구를 거절하기 어려운 실정을 감안해서 처한 조치로 본 것이지요.

삼성은 창업주인 고(故) 이병철 전 회장, 고 이건희 회장도 법정에 섰던 바 있습니다. 현대차, SK, 롯데, CJ, 한화 등 다른 주요 대기업 총수들 역시 비자금 조성이나 횡령 등의 혐의로 처벌받은 바 있어 재벌총수들에 대한 국민감정이 좋지 않습니다.

제 아무리 한국 경제에 큰 보탬이 되고 있다 해도 죄는 죄라고 명시해야 하고, 죄 값은 귀천 없이 받아야 나라 기강이 서는 것입니다. 과거 유전무죄 무전유죄라는 말들이 횡행한 바 있었지요. 법의 잣대가 요령 없이 흔들릴 때가 더러 있었다는 말입니다. 그러나 최근 법원은 이 부회장 사건뿐만 아니라, 조국 전 법무부장관의 배우자인 정경심

동양대 교수의 입시비리 혐의를 유죄로 판단한다든가 윤석열 검찰총장에 대한 직무정지와 징계처분에 대한 집행정지 인용결정을 하므로 해서 법원에 대한 국민적 신뢰가 높아졌지요.

이 재용 부회장은 감옥살이 하면서 반성 많이 하고 나오시기 바랍니다. 통상 형기의 3분의 2 이상이 경과되면 대체로 가석방으로 풀려나지요. 그렇다면 이 부회장은 앞서 구속 상태로 재판을 받으면서 353일의 수감기간을 채운 상태이므로 약 1년 반의 잔여형기가 남은 셈입니다. 따라서 향후 6~8개월 정도의 형기를 마치면 가석방 심사 대상에 오를 수 있습니다. 그러면 올해 추석쯤엔 집에 돌아와 제사 모실 수 있지 않을까요. 그렇게 되면 좋겠지요.

이참에 하나 더 말하고 싶은 게 있습니다. 청와대의 '울산시장 선거 공작' 사건입니다. 작년 1월 29일 검찰이 기소한 후 1년이 다 돼 가는데 추가 수사와 재판이 진행되지 않고 있습니다. 국민들이 이걸 의아하게 생각하고 있어요. 문 대통령이 관련된 사건이라 정권이 총력 저지하기 때문인가요. 그렇다면 이건 작은 일이 아니지요. 그러나 염려할 것은 없습니다. 곧 저지의 벽은 허물어질 것이고, 법 앞에 평등함을 확인할 날이 오고 말 것입니다. 강물을 막는다고 막아지나요. 물 흐름이 멈춰질까요. 한비자가 말한 법불아귀 승불요곡(法不阿貴 繩不撓曲)의 법 정신이 확인될 날이 오고야 만다는 것이지요.

대법원 앞에 그럴싸한 차림의 여성이 법전을 지참한 채 저울눈금을 응시하고 앉아있는 모습, 이 모습을 자꾸 보니 자식을 잘 키우려는 매서운 어머니 모습으로 비쳐지기조차 하네요. 잘 만들어진 것 같군요.

보기 아찔한 미얀마 사태

지성적 문화 과정을 겪다가 보면 과거 누습의 신비주의가 모순으로 가득했음을 알게 됩니다. 마땅히 진화 되어야 할 제도적 모순, 이 제도의 운행주체의 몰지각 때문에 역사의 순행을 방해한 경우가 많다는 겁니다. 교조적 절대권이 폭력적으로 행사했던 중세사회를 교훈 삼아야 함에도 독재 권력이 버젓이 존재하고 있는 사회가 아직도 흔히 볼 수 있습니다. 원시사회에는 마법사가 주술적 기교로 백성 위에 군림하였지요. 중세시대엔 교황이 절대자였습니다. 그런데 지나도 한참 지난 이 시점에서 독재자의 절대권 행사가 마법사가 되어, 교황이 되어 무력으로 폭력을 행사하는 나라가 아직도 많다는 것입니다. 아직까지 인간적 지성의 힘이 주도하기에는 부족한 데가 많다는 이야기지요.

널리 승인된 것이든 자기 마음에 든 것이든 한번 이것이라고 결정을 내리면 확실한 반증사례가 등장해도 사람들은 애초대로의 결정을 주저 없이 따르려 하는 경향이 있습니다. 민간전승의 문화가 그러하듯이 정치문화 역시 이와 유사한 데가 있습니다. 조직과 제도는 교정이 어렵고 변화가 힘듭니다. 오히려 이 제도에 순치(馴致)를 요구하는 교육과 위반에 따른 처벌 강화에 함묵 또는 순응으로 삶을 사는 경우가 많다 이겁니다.

미얀마 사태가 심각하게 벌어지고 있습니다. 1962년 쿠데타 이래로 군사 정권이 들어선 미얀마에서는 2011년부터 2015년까지 점진적으로 민주주의 정권으로의 이양이 이루어지는 것 같았지요. 2021년 미얀마 쿠데타의 원인은 2008년 개헌 때문입니다. 이 개헌은 권력 유지를 위해 군부가 주도하여 만든 헌법이지요. 주요 내용이 이렇습니다.

1. 외국인인 자녀를 둔 사람은 미얀마 대통령이 되지 못한다.
2. 국회의원의 25%는 군부에 할당한다.
3. 개헌에는 국회의원의 75% 이상이 찬성하여야 한다.

이런 내용을 헌법 안에 넣었습니다. 아웅산 수치 여사는 남편은 영국인이었고, 1999년에 암으로 사망하였습니다. 아들 둘을 낳았지요. 특정한 개인을 정치활동으로부터 배제시키기 위해 헌법이 동원된다? 웃기는 일이지요. 군부 동의 없이는 개헌이 불가능하도록 하여 사실상 군부독재를 용이하게 만들어버렸지요. 75% 이상의 찬성이라면 군부 25%가 이미 확정되어 있는 마당에 무슨 재주로 개헌합니까.

2020년 미얀마 총선거에서 국민민주연맹은 476석 가운데 396석, 이전보다 더 많은 의석수를 차지하여 문민정부 2기를 시작하였습니다. 미얀마군과 연계된 통합단결발전당은 33석에 그쳤습니다. 그러나 군부는 선거 직후부터 유권자 명부가 860만 명가량 실제와 차이가 있다며 부정선거 의혹을 제기한 끝에 쿠데타를 일으켰습니다.

2021년 2월 1일에 발발한 쿠데타에 저항한 반대시위는 지금도 계속 되고 있습니다. 최대 도시 양곤에서는 시민 수 백 명이 모래주머니로 바리케이트를 구축해 놓고 시위를 계속하고 있지만, 군경은 최루탄과 실탄 사격을 난사하여 현재(3월 20일)까지 사망자 수만 200명이 넘는 정도에 이른답니다.

내 삶의 가치에 대해 엄정한 자기 평가 없이 목전의 이익에 종사한 사람들은 세상을 값없이 살다 갑니다. 출발이 어색했다 해도 노력 끝에 얻은 공적이 훌륭하면 그것대로 평가를 단단히 받아 마땅하지요. 거기까지여야 합니다. 말년의 자기 욕심이 인생을 망치고 그의 공적마저 뭉개는 사람이 있었습니다. 박정희입니다. 그는 정치꾼들을 믿기 어렵다. 양심을 갖고 이 나라를 새로 건설하자 그래서 쿠데타를 감행하였습니다. 그는 쿠데타에 성공해서 상당한 치적을 쌓았습니다. 한국 경제의 주춧돌을 쌓은 사람은 박정희임을 부정할 사람이 있을까요. 거기까지가 그의 몫이었음을 알고 거기서 정치를 멈추었더라면 그도 좋고 우리도 좋았을 겁니다.

한국 헌정사상 7차로 개정된 제4공화국의 헌법에 대해 말씀드리지요. 박정희는 1969년 3선 개헌을 했고, 김대중을 가까스로 누르고 대통령에 당선된 후, 1972년 5월초부터 또 개헌작업 추진, 같은 해 10월 17일 비상계엄령 선포, 국회해산, 정당 및 정치활동의 금지, 헌법의 일부 효력정지와 비상국무회의에 의한 대행체제, 새 헌법개정안의 공고 등을 내용으로 하는 '대통령 특별선언'이 발표되었습니다.

한태연, 갈봉근 등의 헌법학자들과 김기춘 같은 젊은 검사들이 유신헌법안을 만들었습니다. 평화적 통일지향, 한국적 민주주의의 토착화를 표방하였습니다. 이 유신헌법안이 10월 27일 이른바 비상국무회의에서 의결되어 11월 21일 유신헌법에 대한 국민투표가 실시되었지요. 투표율 92.9%에 91.5%의 찬성으로 확정되었습니다. 이런 투표율과 찬성율이 대체 어찌 가능할 수 있었을까요. 계엄령 하의 순치(馴致)를 요구하는 교육과 위반에 따른 처벌 때문이었을까요.

12월 27일 박정희가 대통령에 다시 취임, 유신헌법을 공포함으로써 유신체제로 돌입하였지요. 정치체제 대폭 정비, 통제기제 강화로 집권세력은 막강한 사회통제력을 보유하게 된 것입니다.

전문과 12장 126조 및 부칙 11조로 되어 있는 유신헌법은 삼권분립으로 견제와 균형이라는 의회민주주의의 기본원칙을 전면부정, 대통령에게 권력집중 및 반대세력의 비판에 대한 원천봉쇄를 그 특징으로 하고 있습니다. 거기다. 법률 유보조항으로 국민기본권의 대폭 축소, 입법부의 국정감사권 박탈과 연간회기 제한, 통일주체 국민회의를 통한 간선으로 국회의원 1/3 선출, 사법적 헌법보장기관인 헌법재판소를 정치적 헌법보장기관인 헌법위원회로 개편, 긴급조치권 및 국회해산권 등 대통령에게 초헌법적 권한 부여, 4년에서 6년으로 대통령 임기 연장과 중임제한조항 철폐, 통일주체국민회의에서 대통령을 간선으로 뽑도록 하였습니다. 통일주체국민회의 의장이 누구냐 이게 박정희였습니다. 박정희 말고는 대통령에 나서기 어렵도록 해 놓았다는 겁니다. 세계인을 웃기는 일이 한국에서 어제 그제 일어났던 거지요.

현재 미얀마 군사정권의 리더, 민 아웅 흘라잉 이 사람이 문제적 인간입니다. 2월 3일부터 미얀마군과 연계된 상품과 용역에 반대하여 '군부 산업 불매' 운동이 전개됐다지요. 불매 운동의 대상이 된 상품은 미얀마군의 주요 사업이자 통신사업자인 마이텔과 미얀마 최대의 맥주 업체 미얀마 맥주, 거기다 민 아웅 흘라잉의 딸이 세운 영화 제작사인 세븐스센스 등입니다.

박정희는 총기 난사까지는 안 했고, 군부 산업으로 축재하지도 않았습니다. 독재타도를 외치던 학생들을 비롯한 민주인사들은 고문을 당하고 급기야 죽기까지 했습니다. 핍박을 견디기 어려워 자살한 사람, 반체제 인사로 딱지가 붙어 삶이 어려웠던 사람들 수가 얼마였는지는 모르지만 참으로 힘든 세월이었습니다.

역사는 바뀌게 되어 있지요. 민 아웅 흘라잉, 북한 김정은, 그 외 독재자들 앞에 어느 날 용기 있는 김재규 같은 인물이 불쑥 나타나지 말라는 법이 없습니다. 아니면 저항의 큰 세력이 등장하여 판을 갈아엎을 수도 있는 겁니다. 역사는 언제나 교훈 적 가치를 지닌 채 흘러갑니다. 이를 모르는 독재자들과 거기에 편승한 추종자들 때문에 지구촌이 시끄럽습니다. 보기가 아찔합니다.

'아니요'라고 말하는 용기

모두가 '예'할 때 '아니요'라고 말하는 이가 있어야 사회는 발전합니다. 마땅히 '예'라 해야 할 당위가 있음에도 '아니요'라 말하는 경우가 아니라면 '아니요'란 말은 소중한 가치를 발휘하게 된다 이 말입니다.

우리가 어린 시절엔 부모에게 순종하고 어른에게 복종하는 것이 예의이면서 사람됨이라고 배웠습니다. '아니요'라 말하는 사람 역시 이런 교육을 받았고, "호박 같은 둥글 세상 둥글둥글 삽시다."를 노래하면서 "모난 돌이 정 맞는다."도 학습한 사람들이지요. 그런 그가 왜 '아니요'라 할까요. 인간의 존엄성을 신념으로 삼는 사람, 도덕적 가치를 무시하고 의무와 책임을 중히 여기는 사람, 이런 사람이 '아니요'라 발언하는 사람입니다.

성공한 사람은 창조성을 밑천 삼은 사람이지요. 창조성은 현실을 긍정하지만 긍정 다음 단계의 높이를 사고하기 때문에 기존을 부정하는 힘, 이것을 창조성으로 발휘한 사람입니다. '아니요'의 인물은 강요나 관습에 대한 거절할 용기가 마련된 인물이지요. 그래서 그를 용감한 사람이라 하지요.

부정적 인물, 비딱한 인물, 한 자리 앉기 거북한 인물로 낙인찍힌다 해도 양심과 자기 가치, 또는 사회 발전을 위한 자기 희생을 각오한 인물이 '아니요' 형 인물입니다. 그리고 그런 자신은 이익 됨에서 멀리 떨어져 있어도 그는 마음의 평화 속에 살아갈 준비가 마련된 사람이지요.

인간은 많이 배워야 합니다. 삶의 개척을 위해서는 의심하는 법, 결단 앞에 망설이는 법, 다시 생각하는 심사숙고 또한 배워야 합니다. 그러면서 꼭 배워야 할 것이 따로 있습니다. 현실영합주의, 자기 편의주의에 함몰하면 할수록 그는 성공적 사례에서 멀리 떨어져 사는 그저 그런 사람이 되고 만다는 것, 이걸 배워야 합니다. 양심에 비추어 '예'가 옳음에는 '예'라 하고, '아니요'가 옳음에는 주저 없이 '아니요'라 하여 소신을 보이는 이런 사람은 훌륭한 사람이지요.

'아니요' 인물을 소개합니다.

1990년 5월 11일과 12일에 걸쳐 한겨레신문에 재벌들의 부동산 비리가 보도되었습니다. 주요 재벌들이 소유하고 있는 비업무용 부동산 보유가 은행감독원(현 금융감독원)이 발표한 1.2%보다 훨씬 높은 43.3%에 달한다는 보도였습니다. 이 기사는 당시 감사원 감사관이었던 이문옥으로부터 제보된 사실을 바탕으로 작성된 기사이었지요.

이렇게 되자 재벌 기업의 땅 투기에 대한 비난 여론이 들끓었으나 정부 당국은 오히려 이러한 사실을 제보한 이문옥 감사관을 공무상 비밀누설 혐의로 전격 구속시켰습니다. 이문옥은 구속적부심 심리를 하던 중에 1987년 제13대 대통령 선거와 1988년 제13대 국회의원 선거 과정에서 서울특별시 예산 88억 원이 선거자금으로 전용된 사실,

재벌기업의 로비로 감사가 중단되었던 사례를 들면서 "감사원에 압력을 가하는 외부 권력기관은 대부분 청와대"라고 추가 폭로를 했지요. 이 사건은 1993년 1심에서 무죄가 선고된 후, 1996년에는 대법원에서 상고를 기각, 최종적으로 무죄 판결이 났습니다. 또한 이문옥은 파면에 대한 취소청구에서도 승소하여 복직이 이루어졌던 유명한 사건입니다.

'예' 인물을 소개합니다.

얼마 전 백운규 전 산업통상자원부장관이 직권남용혐의로 구속될 처지에 놓였다는 보도가 나왔습니다. 이것도 대단한 혐의이지만 원전 월성 1호기 영구 가동 중지에 앞장선 인물로 지목 받아 이 점에 대한 본격 수사가 코앞에 놓여 있지요. 문 전 대통령이 "월성 1호기 영구 가동중단은 언제 결정하느냐"고 다그치자 멀쩡한 월성 1호기 조기 폐쇄가 진행되었던 것 아닙니까. 산업부 정 모 과장이 '원전 영구정지 허가가 나오는 2020년까지 한시 가동한다'는 내용의 보고서를 올리자 백운규는 "너 죽을래?"라며 "즉시 중단으로 보고서를 다시 쓰라."고 지시했고, 고쳐 쓴 이 보고서가 청와대에 보고되자 월성 1호기는 가동 중단에 들어갔습니다. 문 전 대통령이 가담되지 않았다고 보기 어려운 사건입니다. 백운규는 현재 모 대학 교수로 재직 중입니다. 그가 윗선의 지시에 따라 이를 이행하였다 해도 실행한 그 책임이 적지 않기 때문에 곤란한 처지에 놓여 있지요.

앞서 이문옥은 비리를 잠시 눈 감았더라면 어려운 절차를 겪지 않았을 것 아닙니까. 그가 그걸 몰랐을 리 없지만 감사관으로서의 임무에 충실하려 하니 내부 고발자가 되고 말았습니다. 백운규는 과학자라는 소신을 지켜 '아니요'라 했더라면 소신 있는 학자로서 존경 받고 살 수 있었겠지만 그렇지 않았기 때문에 어려운 처지가 된 것 아닙니까.

이문옥은 그 정신을 높이 사 '이문옥 밝은 사회상'이 만들어져 양심을 지키는 내부 고발자 혹은 그와 비슷한 사람들을 포상합니다. 반대로 백운규는 그 정신을 기리는 상은 고사하고 제자들로부터 친구들로부터 무슨 말을 어찌 들을지 걱정하고 있겠지요. 스스로를 현실영합주의자 혹은 자기편의주의자라고 인정할지 안 할지 그건 모르겠고.

아버지 노릇하기, 아들 노릇하기

나라는 존재는 태어나고 싶어 태어난 것도 아니고 부모를 내가 선택한 것도 아닙니다. 그러므로 나의 출생은 나의 의지에 의한 것이 아니기 때문에 내 출생은 내가 책임 질 문제가 아니지요. 신체적 내 모습이 못났건 잘났건 이것도 내 탓이 아닙니다. 거기다 내가 어떤 가문 누구의 아들 때문에 귀하게 또는 천하게 대접 받는 건 부조리한 상속입니다. 천민 혹은 노예 출신이기 때문에 천민 혹은 노예라는 멍에가 자식에게까지 유산 상속되는 건 부조리한 일 아닙니까. 조선조 사회에서는 천민은 사람대접을 받지 못했고, 첩의 자식은 차별대우하였습니다. 이러면 안 되지요.

다만 나는 나의 행동이 올곧지 못해서 내가 욕을 먹는 경우 그건 나의 책임이지만, 나아가 부모까지 욕 듣게 하면 아들 노릇 제대로 못한 불효가 됩니다. 반대로 내가 그럴듯하고, 바람직하게 행동하면 부모에게까지 영광이 돌아갑니다. 아들 노릇 제대로 한 셈이 되지요.

오래 전 일입니다. 국민회의 김대중 대통령 후보(이하 모두 존칭 생략)의 반대 진영에서는 "타도하자 김대중, 타도하자 윤대중, 타도하자 제갈대중" 이런 현수막을 곳곳에 내걸었습니다. 왜 성을 바꿔 이렇게 타도를 외치는 것인지를 조금 있다 알게 되었습니다. 김대중 출생 비밀을 밝힌 고 손창식의 조사에 의하면 이렇습니다.(이 사람은 덮어줘도 좋을 김대중의 출생 비밀을 왜 끈질기게 추적해야 했는지.)

김대중의 모친 장노도는 이웃마을에 사는 제갈 성조와 결혼하였으나 남편이 일찍 죽자 혼자 남은 장노도는 울타리를 경계로 사는 시아주버니 되는 이의 도움을 받았습니다. 그런 와중에 시아주버니와의 관계가 주위로부터 의심을 받았다고 합니다. 그 이후 윤씨 성을 가진 이와 잠시 관계를 맺긴 하였지만, 정작 김운식의 첩살이를 하다 그와 재혼을 하였습니다. 이때 김운식의 아들로 호적에 오른 이름이 윤성만에서 김대중으로 바뀌었다는 겁니다. 이런 개인사를 굳이 우리가 알 필요는 없고, 그게 사실이라 해도 이건 김대중 그가 책임질 일도 흉거리도 아닙니다. 사실이라면 일제 강점기 그것도 열악하고 불우한 환경을 견디면서 주막집을 경영하며 첩살이하다 김운식과 재혼을 하면서까지 김대중을 키운 어머니의 노고는 박수 받을 일입니다. 이런 역경을 견뎌가며 대통령이 된 김대중 참 대단하지요. 대통령으로서의 치적이 어떠했느냐는 두고라도 열악한 환경을 개척한 인간 승리의 쾌거라 할 만합니다. 안 그런가요.

김운식 이분이 보통이 아닌 것 같습니다. 아내가 데려온 애를 내 아들로 호적에 올려 키웠다면 훌륭한 일이지요. 김해 김씨 조상 추모제에 김대중이 나타나면 윤씨가 여길 왔다고 수군거렸다네요. 양자 가기도 입양하기도 하는 판에 김대중이 김해 김씨가 아니라는 주장은 의미가 없습니다. 오히려 김해 김씨 되어준 걸 고맙다 해도 되는 것 아닐까요. 성씨가 무엇이든 그게 대통령 자질에 문제가 될 것같이 현수막에 내거는 행위는 비열한 짓이지요. 김운식은 김대중의 아버지 역할로서 할 일을 다 했다면 그는 훌륭한 아버지 맞습니다.

문제는 아버지로서의 역할을 방기(放棄)하거나 해태(懈怠)한 경우입니다. 전 검찰총장 채동욱은 10여년에 걸쳐 혼외관계를 유지해온 임모 여인이 있었고, 사이에 아들 하나를 두었습니다. 우리 민법은 일부일처주의와 법률혼주의를 채택하고 있기 때문에 공직자가 이를 위반하면 어찌 될까요. 채는 자신의 출세과정에서 내연녀가 있고 거기다 아들까지 둔 이 사실이 노출될 것을 우려해 임 여인과의 관계를 청산하고자 했던 것 같습니다. 이를 알아챈 임 여인이 대전 고검 검사장실에 불쑥 나타나 자신이 채 검사장의 부인이라고 하며 면담을 요청하였으나 거부당하는 바람에 언론에 노출되기 시작하였지요.

그 뒤 임 여인은 채에게 이런 메일을 발송했다 하네요. “10년 세월을 숨죽이고 살았습니다… 저를 인간 이하로 취급하시고 비겁함의 끝을 보여주는 당신이 내 아이의 아빠라는 것이 부끄럽습니다… 당신은 부도덕하며 파렴치한 인간일 뿐입니다.” 이러자 채는 고교동창 이모를 시켜 아들 채군의 통장으로 1억 2천만 원을 송금하였지만 임 여인이 만족하게 생각하지 않자, 다시 8천만 원을 송금했다 합니다. 그러나 이것은 시작에 불과하고 채와 임이 불륜 관계를 유지하는 동안 가정부였던 이모 여인이 가정부로 있으면서 인격적 대우는 고사하고 그의 돈을 임 여인이 빌려 쓰고는 갚지 않음에 대해 이 사실을 신문사에 투서하자 본격적으로 채와 임의 관계가 노출되었습니다. 채는 임 여인에 관해 “전혀 모르는 일” “검찰 흔들기 음모론”이라 주장하였지만 결국 그는 사표를 쓰고 검찰총장직에서 물러났습니다.

채가 혼외부부 상태를 유지했다면 법률혼 상태의 부부와 마찬가지로 부부동거의무, 부양의무, 협조의무 및 정조의무를 부담해야 했지요. 그런데도 채는 이를 방기 혹은 해태하자 임 여인의 화가 폭발한 것 같습니다. 돈 얼마에 해결할 문제인지 아닌지는 우리가 관여할 일이 못됩니다. 내연이긴 하지만 남편으로서 또 아들의 아버지로서 의무를 다하지 않았다면 이건 사회적 비난을 받아 마땅하지요. 임 여인이 술집 마담이었든 아니었든 정을 주고받은 관계의 내연이라면 그 여인과 아들에 대한 책임을 져야 마땅합니다.

이번엔 아들의 행위가 아버지를 욕보인 경우를 말해보기로 하지요. 역대 대통령의 아들들 중에는 뭔가 좀 모자라는 것 같은 느낌을 주는 아들들이 더러 있었습니다. 박정희 아들 박지만은 부모의 죽음을 당하자 마약 복용을 시작하였고 여러 차례 구속되었다가 지금은 조용히 살고 있습니다. 심약한 데가 있는 아들이라는 것이지요. 김영삼 대통령의 아들 김현철은 소통령 행세를 하다 말썽을 일으켜 아버지 얼굴에 먹칠을 하였습니다. 김대중 아들 셋 모두가 부정을 저질러 유죄 판결을 받은 것은 물론이고, 김 대통령 부부가 남긴 감정가 39억 원을 두고 형제끼리 법적 분쟁을 일으켰습니다.

노태우 아들 노재현은 좀 달라 보입니다. 1997년 노태우는 추징금 2,628억 9,600만원을 선고 받았는데, 아들이 서둘러 2013년에 이를 완납하였답니다. (참고로 전두환은 추징금 선고액 2,205억 원 중 미납추징금은 970억 900만원이 아직 미납이라나요.) 그리고 노재현은 5.18 민주묘지를 여러 차례 찾아갔습니다. 전두환과 함께 5.18을 일으킨 아버지는 병환 중이라 대신 아들이 찾아와 사죄의 무릎을 꿇었습니다. 노태우는 아들 하나는 잘 둔 셈이지요.

문재인 대통령 아들 문준용은 어떤가. 서울시에서 '코로나 피해 지원금' 1,400만원을 받아 논란을 빚은 것과 관련해 "대통령 아들에 대한 비판은 괜찮으나, 저의 생업에 대한 비난은 받아들일 수 없다"고 하면서 "대통령을 공격하려는 자들이 저의 생업인 미디어아트 작가 활동까지 훼방한다"며 "저 또한 이 나라 시민이고, 일개에 불과하기에 생업을 보호받을 권리가 있다고 생각한다"고 적었습니다.(2020,12,30 페이스북, 각 언론보도) 하나도 틀린 말이 아닙니다. 신청접수 281건 중 선정은 46건이고 그것도 그가 최고액을 수령하게 되었다는데, 공정히 그가 선정되었다면 그는 대단한 예술가입니다. 그렇지 않는가요. 그러나 그렇지 않습니다. '코로나 피해 지원금'이라면 영세한 예술인들을 돕자는 취지인데 그는 영세한 예술인인가 하는 문제가 남아있기 때문입니다. 그의 말대로 이 나라 시민이면 평등한 것이지 대통령 아들이라고 해서 국가 수혜를 포기할 수는 없다는 논리도 일견 틀리지 않습니다. 그러나 틀립니다. 문준용은 2020년 10월에 파라다이스 문화재단으로부터 예술창작 기금 3천만 원을 이미 받았고, 이번에 다시 서울시에서 1400만원을 받았습니다. 대통령 가족은 국가로부터 보호를 받고 알게 모르게 혜택까지 받는 위치입니다. 욕심이 과한 것 같이 생각 안 듭니까. 역대 대통령 아들들이 물의를 일으킨 것과 달리 문재인의 아들만은 다르기를 기대하였지만, 그렇지 않기 때문에 시방 국민들이 섭섭해 한다는 것을 문준용은 알아야 합니다.

나의 행동은 아버지에게 누를 끼칠 위험이 있다를 생각하지 못하는 아들, 그의 말대로 대통령을 공격하려는 자들에게 공격 기회를 준 아들이라면 잘못 행동한 겁니다. 하나 더 있습니다. 과거 조국 딸을 향해 "원한다면 목소리를 내도 된다"며 "이건(최근 불거진 의혹은) 부당한 게 맞다"고 한 말 등 과거 언론에 등장하는 그의 말이 대통령 아들다운 명석한 판단같이 들리지 않을뿐더러 굳이 나설 자리가 아닌 데도 나서는 태도는 바람직하지 않지요.

아니 이 정도는 젊은이로서의 용기라던가, 그의 생각을 구김 없이 발설했다고 보는 사람들도 있겠지만 그리 보지 않는 쪽이 더 많아 보입니다. 이런 문제보다 문준용은 꼭 배워야 할 게 있습니다. 문준용은 염치를 학습해야 했다 이겁니다. 목전의 이익이 있다 해도 내가 챙겨 먹는 게 옳은가 아니면 그런 이익의 틈에 안 끼어드는 게 대통령 아들다운 태도인가를 학습했어야 했지요.

염치는 체면을 생각하거나 부끄러움을 아는 마음을 말합니다. 대통령 아들이란 사람이 체면 없이 혜택에 용감하고, 그것에 대해 당연하다는 말투는 듣는 사람들에게 뭔가 불편한 마음, 씁쓰레한 느낌을 줍니다. 그래서 그런지 사람들은 대통령이 자식 교육 잘못 시켰다는 말들을 지금 한창 하고 있습니다.

옮기기엔 거북하지만 심하게 말하는 사람들은 그 아비에 그 아들이라는 모진 말까지 해대니 남의 자식 노릇하기 쉽지 않군요.

소망적 사고와 확증편향

심리학 용어에 '소망적 사고(Wishful thinking)'란 말이 있습니다. 현실을 있는 그대로 직시하지 않고 자기가 원하는 방향대로 고쳐 바라보려는 태도를 말합니다. 증거나 합리성을 무시한 채, 이루고자 하는 믿음에 충실하려는 태도이니 인간의 이기심의 발로라 말할 수 있습니다.

흔히 선거나 운동 경기를 보면서 자기가 응원하는 편이 현재 어려운 지경에 처했다 해도 곧 운이 돌아와 승리할 것이라고 믿는 경우가 바로 소망적 사고의 예라 할 수 있습니다.

여기에 비해 나 자신을 믿고 미래에 희망을 걸고 열심히 노력하면 성취될 것임을 믿는 사고가 있습니다. 긍정적 사고이지요. 나는 왜 이리 팔자가 안 풀리는 거야, 하는 일마다 나는 왜 안 되는 거야. 이건 절망적 사고입니다.

이런 사고는 뭘까요.

젊음은 행복의 동의어라 생각해서 젊음이 머무는 동안에 이 젊음을 발산하면서 즐기려는 태도, 이것은 나무랄 일이 못되지만 애써 젊고 싶어 성형수술과 피부미용, 스포츠 한다, 다이어트 한다 하며 젊음의 유지에 좋다는 걸 애써 하는 이것, 거기다 젊어진다는 온갖 약물 복용은 물론이고 젊음을 가장하는 옷차림에서부터 다양한 회춘정보에 솔깃해서 이걸 찾아다니는 늙은이들의 모습, 이미 백발이 다 되었음에도 새카맣게 머리카락 물들인 제조된 젊은이들이 예사롭게 많습니다. 왜 이런 일들을 할까요.

얼마 전 윤석렬 후보는 예전 축구 감독 히딩크가 보여준 올려치기 권투[uppercut]모습을 보여 사람들을 웃기더니, 이번엔 이재명 후보가 태권도 복장을 하고 나와 올려차기 모습에다 이미 금을 낸 판자를 격파하는 모습으로 사람들을 웃겼습니다. 안철수 후보 역시 뒤질세라 야구선수 복장으로 야구 방망이를 휘두르는 모습을 연출하더군요.

다들 젊지 않은 나이인데도 젊음을 과시하는 이것, 나는 상대 선수를 이길 수 있음을 강조하는 선수 아닌 선수들의 과분한 젊은이 행세는 일종의 행위예술인지는 몰라도 내 보기엔 표 얻기 위해 별짓 다 하는 어색한 늙은이 몸짓에 불과하더군요.

이런 모습을 사람들은 서로 달리 봅니다. 윤 후보나 안 후보의 행동은 어색하기 짝이 없지만 우리 이 후보는 차림부터 멋진 태권도 복장에다 격파하는 몸짓은 훌륭했다고 칭찬한다면, 다른 쪽에서는 달리 말할 겁니다. 어느 경우든 한 쪽으로 편향을 보이는 경우이지요. 심리학에서는 이를 확증편향(確證偏向 Confirmation bias)이라 합니다. 보고 싶은 것만 보는 경향이지요. 자신의 믿음에 대해 근거 없는 과신, 다른 사실에 대해서는 불신하고 자신의 믿음만을 고수하려는 선택적 태도를 확증편향이라 말합니다. 왕왕 정치 이야기 하다 입 싸움으로 번지다가 급기야 주먹이 나오는 것은 확증편향 때문입니다.

오늘 저녁에도 자기가 지지하는 대통령 후보 문제 때문에 친구끼리 격한 말들로 분위기 망치는 일들이 곳곳에서 벌어질 겁니다. 그럴 것까지 없음에도 그렇게 하는 이것 또한 인간살이라 생각하고 과한 행동은 하지 말기 바랍니다.

아, 테스 형! 세상이 왜 이래

표상이나 현상의 배후에 존재하는 불변의 실체를 궁극적 실재(窮極的 實在, ultimate reality)라 합니다. 아니면 인식 주체로부터 독립된 객관적 존재를 이렇게 말하기도 합니다. 다른 책에는 이 말을 이렇게 풀어 말하고 있더군요.

> 궁극적 실재란 개념은 언급되는 이론에 따라 각기 다른 것을 가리킬 수 있다. 모든 것의 구성에 들어가는 기본 재료일 수 있고, 모든 현재 사건을 설명하는 기본적 설명 차원일 수도 있고, 다른 모든 것을 야기하는 인자일 수 있고, 모든 것이 발전해가는 목표일 수 있고, 가장 진실한 것일 수도 있다. (중략) 궁극적 실재는 그 배열의 가장 표면적인 곳이 아니라 가장 깊은 끝에 놓여 있다. 진실하다는 단어는 "가장 높고, 가장 깊고, 가장 안쪽에 있고, 가장 본질적인 것, 또는 그것을 넘어선 더 이상의 어떤 것도 생각할 수 없는 최상의 것들을 가리킨다."라고 하인리히 리케르트(Heinrich Rickert, 1863~1936)는 주장했다.(로버트 노직/김한영 역: 김영사, 2014, pp 279-270)

인간 역사 속에는 인간으로서 지켜야 할 '가장 본질적인 것, 또는 그것을 넘어선 더 이상의 어떤 것도 생각할 수 없는 최상의 것을' 지키지 못하여, 인간이기를 포기한 참혹한 일들이 있었습니다. 그 중 하나는 홀로코스트 이야기입니다. 앞에 소개한 로버트 노직의 책에서 유럽 유대인의 3분의 2를 살해한 홀로코스트 사건 일부를 소개하고 있습니다. 독일인 가해자들은 수시로 유대인을 잔인하게 구타하고, 유대교 회당에 몰아넣고 산 채로 불태워 죽이고, 기도복 숄 차림을 한 사람들에게 휘발유를 부어 불을 붙이고, 부모가 보는 가운데 아이들의 머리를 벽에 처박고, 이른바 '의학 실험'을 자행하고, 무덤을 직접 파게하고는 기관총을 난사해 그 무덤을 가득 채우고, 노인들의 수염을 잡아 뜯어 벗기고, 사람들을 공포에 몰아넣고선 조롱을 퍼붓고, 조직적이고 무자비한 방법으로 유대인 하나하나를 죽이고, 그 과정에서 그들의 인격을 완전히 파괴하고, 동부에 재정착하게 해주겠다는 거짓말을 하고는 트레블링카(폴란드 바르샤바 부근의 나치 수용소) 기차역에서 가스실까지 걷도록 한 뒤 몰살시키고는 그 거리 이름을 천국으로 가는 길이란 뜻의 파르스트라세(Himmelfahrstrasse)라 불렀다는 것입니다.(위 책, 335-336)

인간의 존엄이 말살된 사건입니다. 기독교 전통이 살아 있다는 나라에서 이런 인간의 타락행위가 자행되었다는 사실이 너무 충격적이지 않습니까. 사람이 어쩌면 이럴 수가 있을까요. 아니 궁극적 실재는 우리 인간의 두뇌영역이나 자연과학의 영역을 벗어나는 초자연적인 존재를 이르기도 합니다만, 인간적 측면에서 보면 인간으로서 갖출 당위의 가치나 행사되어야 할 인간적 진실성으로 해석해볼 수 있습니다. 그렇다면 인간을 상실한 홀로코스트의 주역들은 야수라 해야 할까요. 야수라도 자기 생존을 위한 최소한의 생명체를 죽이는 것인데, 야수보다 더한 짓을 행사한 이걸 인간들이라 할 수 있을까요.

북한은 그들 나라를 조선민주주의인민공화국이라 합니다. 좋은 뜻을 다 담은 국호이긴 하나 실제는 기막힌 인권탄압 국가임은 세상 사람들이 다 압니다. 이 나라는 총 6개의 정치범 수용소가 있으며 수감자 수는 15만 4000명으로 추정된다고 합니다. 최소 노동연령은 만 6세, 하루 10시간 노동, 연간 휴일은 1.1일이라 합니다. 심각한 폭행과 감시를 겪으며 흥남감옥에서 2년 8개월간 강제노역을 한 문선명 씨에 따르면, 감옥의 하루는 새벽 4시 반에 시작하고, 식량배급은 하루에 작은 밥공기로 두 그릇과 무청이 든 소금물이 전부인데, 목표를 달성하지 못하면 식량배급이 반으로 줄어들었다고 하였습니다. 죄수의 절반이 일 년 안에 죽어나갔다고 증언하였습니다.

2006년 탈북한 최해연씨에 따르면 정치범수용소 중 '제9관리소'라는 곳에서는 기독교인들이 잡혀있다고 합니다. 이들은 옷조차 주어지지 않아 알몸으로 지내며 수용소 간부의 종교탄압에도 굴하지 않고 죽음을 택하고 있다는 것입니다. 이것 외에도 수용소에서는 강간과 구타가 예사롭다는 것입니다. 이게 나라입니까. 그래서 이런 나라와는 다소 경제적 손실이 있다 해도 외교관계를 끊겠다, 혹은 외교관계를 막연히 행사하는 나라들이 늘어나기 시작한 겁니다. 보츠와나는 북한이 대량 학살을 자행하고, 국민을 노예로 전락시키며, 굶주리게 하고 있다는 UN 보고서를 보고는 2014년 2월 19일부로 북한과의 외교관계를 단절하였습니다. 2016년엔 우간다가 북과 군사안보 협력을 중단하겠다 선언하였고, 2017년 아프리카 수단이 북한과의 무역과 군사 관계를 단절하겠다고 선언했으며, 2018년 아랍에미리트(UAE)역시 단절을 선언했습니다. 아예 수교하지 않은 나라는 유럽연합 27개국 중 프랑스와 에스토니아가 있습니다. 수교하지 않는 나라는 더 있습니다. 외교관계 단절을 고려하는 나라 역시 늘어날 추세입니다.

UN 북한 인권조사위원회(UN COI)는 UN 차원에서 최초로 북한 인권실태조사를 1년간 벌인 끝에 2014년 2월 17일 최종보고서를 발표하였습니다. 북한의 인권 침해 사례들은 반인도적 범죄이고, 그 형사(刑事)책임을 김정은을 비롯한 북한 지배층이 져야 한다고 강조하였습니다.

김정은이 고모부 장성택을 고사포로 사살하였답니다. 형 김정남을 외국 공항에까지 암살범을 보내 독가스로 살해하는 장면을 세계 사람들이 봤습니다. 인륜이란 게 인간사회에는 있습니다. 인륜은 인간의 궁극적 가치이고 인간이면 지켜야 할 순서와 도리입니다. 이게 없다면 사람이랄 수가 없지요.

이번에는 9월 21일 소연평도 인근에서 어업 지도선에 승선한 A씨가 실종했는데 안영호 합동참모본부 작전본부장은 24일 "우리 군은 다양한 첩보를 정밀 분석한 결과, 북한이 북측 해역에서 발견된 우리 국민에 대해 총격을 가하고 시신을 불태우는 만행을 저질렀음을 확인하였습니다"라고 국민 앞에 보고하였습니다. 북쪽에서 우린 시신을 불태우지 않았다는 통지문을 보내오자 정부의 태도가 달라지기 시작하더군요. 급기야는 A는 월북을 시도한 자라고 말하기 시작하였습니다. 월북을 시도하면 월북하도록 내버려 두는 게 정부 정책인가. 월북을 시도했든 안했든 그게 본질적 문제가 아닙니다. 그는 대한민국 국민입니다. 우리 국민에게 총을 쏴 시신을 불태우는 만행에 대해 대통령이 취하는 태도가 영 아니더라 이겁니다. 이 사건의 진행 시간을 보면 이렇습니다.

9월21일 오전11시30분 A씨가 실종 인지
9월22일 오후3시30분 북한 선박이 A씨 발견
9월23일 오후9시40분 A씨 사살,
오후10시 시신 불태움,
오후 10시30분 불태웠다는 첩보 입수
9월24일 오전1시26분 문재인 대통령은 유엔연설에서 정전 주장

자국민이 죽을 수 있는 위험에 노출되어 있음을 알고도 이 나라 정부는 구조를 위한 어떠한 조치를 하지 않았고, A씨가 죽은 지 몇 시간도 안 된 마당에 이 나라 대통령은 유엔에서 북한과 종전을 주장하였습니다. 이왕 연설할 판이면 북한 만행이 이러함을 규탄하는 내용이어야 맞다는 것이지요. 종전 선언이 우리 마음대로 되는 게 아닐뿐더러 이 나라 백성이 죽어가는 이 마당에 이런 헛소리를 해서 되느냐는 주장들이 많습니다.

3년 넘게 진행되었던 6·25 전쟁의 휴전 협정은 1953년 7월 27일 체결되었습니다. 당시 UN군 총사령관 마크 웨인 클라크, 북한인민군 최고사령관 김일성, 중공인민지원군 사령관 펑더화이가 서명하여 휴전 상태에 들어갔지요. 남북한 사이에는 비무장지대와 군사분계선이 설치된 것도 이때부터입니다. 당시 이승만 대통령은 통일을 주장하며 끝까지 서명하지 말 것을 주장하였습니다.

이렇게 된 휴전인데 종전에 합당한 북한 측 태도를 확보하지 못한 마당에 그것도 북한 핵탄을 머리에 이고 사는 마당에 종전하자? 미국

이 고려하는 ‘선 비핵화 후 종전선언’에서 벗어난 이 발언, 미국이 받아들일 수 있을까요.

어느 신문 사설엔 이렇게 말하고 있습니다.

> 지금 서둘러야 할 일은 종전 선언이 아니라 국민 피살 사건의 진상을 규명하고 재발을 방지하는 것이다. 그런데 문 대통령은 ‘아버지가 죽임을 당할 때 대통령 당신은 무엇을 했느냐’는 죽은 공무원 아들의 절규에 “나도 마음이 아프다. 조사 및 수색 결과를 기다려보자”고 하더니 이틀 후(다른 장소에서) 다시 종전 선언을 꺼내들었다. 종전 선언 유엔 연설이 빛바랠까 봐 공무원 피살을 겼다는 의혹이 큰 마당에 또 종전 선언을 주장한다면 ‘마음이 아프다’는 말은 도저히 진심이라고 볼 수 없다.(2020.10.09. 조선일보 사설 일부)

“아 테스 형 세상이 왜 이래” 이건 나훈아의 노랫말입니다. 인간이 갖출 존엄성과 진실성이 망실되거나 가려졌다면 이건 보통 참담한 일이 아닙니다. “세상이 왜 이래. 왜 이렇게 힘들어”!!

용기와 명예에 사는 사람들

삼국유사는 역사책이긴 하지만 역사 기록에 그치지 않고 많은 인문학적 가치를 포함하고 있어 보배롭습니다. 향찰로 된 향가 14수의 원문이 설화와 함께 실려 있어 신라문학을 이해할 수 있고, <구지가>·<해가사 海歌詞>·<치당태평송 治唐太平訟>과 일연의 찬시(讚詩) 등 한시(漢詩) 작품까지 포함하고 있기 때문에 당시 시가 연구에도 한문학 연구에도 크게 기여합니다. 뿐 아니라 수록된 신화와 설화들은 우리나라 산문문학의 원류를 밝히는 데 중요한 단서가 되고, <조신몽 調信夢>·<김현감호설화 金現感虎說話>·<거타지설화> 등은 후대 소설의 소재적 원천이 되었습니다. 설화, 관습과 제의 행위 등 민속학적 측면에서도 중요한 자료적 가치를 가집니다. 또 있습니다. 신라 불교가 어떠했던가. 승려들은 어떤 인물, 어떤 행동의 주인공들이었든가를 이해하게 해줍니다.

서양에서는 헤로도토스(Hherodotos, BC 480~420 무렵)가 힘들여 쓴 『역사』(Historiae)가 있습니다. 이 책은 페르시아와 그리스 사이에 벌어졌던 전쟁에 관한 기록이긴 하지만 전쟁 과정과 결과는 물론, 두 나라 관습과 풍물, 언어, 제도, 전쟁 목적 등에 관해 기록되어 있기 때문에

2,500년 전의 동지중해를 두고 마주쳤던 두 나라뿐 아니라, 당시 세계사적 상황을 이해하는 데 크게 기여하고 있습니다.

오늘은 『역사』에 나타난 인간들의 정신적 측면을 알아보기로 하지요. 페르시아 군대가 전쟁에서 패하고 그리스를 떠나자 페르시아 왕이 남기고 간 값진 소파, 테이블, 식사용 접시, 포크 등을 보고 그리스인들은 놀랐습니다. 특히 그리스인들은 간단한 라코니아 풍 식사를 하는 것과는 달리 페르시아 왕이 먹다 남긴 산해진미를 보고 또 놀랐습니다. 그리스인들은 소박한 삶을 살면서 지혜(sophia)와 용기(arete)를 정신적 가치로 삼았던 터라 이런 호화로움에 놀랄 수밖에요.

아르테미시온 해전이 벌어져 수많은 사상자가 나고 식량이 바닥나자 소수의 그리스의 아르카디아 인들이 식량을 구하기 위해 페르시아 진영에 들어갔다 붙잡혔습니다. 페르시아 왕 앞에서 심문을 받았는데 그리스 군의 동태를 물었더니, 그리스인 들은 올림피아 제전의 체육 경기, 전차 경기를 관람하느라 정신이 없다고 답했습니다. 이 경기에 출전하는 선수들은 상당한 훈련을 쌓아야 하고 위험 또한 감수해야 했지요. 이런 위험한 경기의 우승자에게 주는 상품에 관해 묻자 그들은 올리브 가지로 엮은 관이 전부라 하자 트리탄타이크메스(페르시아의 실력자 호위대장 아르타바노스의 아들)는 이렇게 말합니다.

> 아아 마르도니오스(페르시아 군사령관)여, 그대는 어찌하여 우리로 하여금 하필이면 이런 인간들과 싸우게 만들었는가? 금품이 아닌 명예를 걸고 경기를 향하는 (미친) 사람들과!

이 대목을 기록하면서 헤로도토스는 두 나라 사이의 상이한 가치관 때문에 놀랐겠지요. 그리스인들이 추구하는 가치는 물질적 보상과는 무관한 비굴하지 않은 용기(arete)에 찬사를 보내고, 우승자 머리에 명예를 상징하는 올리브 가지로 엮은 관이 상품의 전부라 하니 그렇지 않은 페르시아 군인의 입장에서는 이해가 선뜻 가지 않았겠지요. 이것을 이해하기 위해서는 『역사』의 첫머리에 나오는 아테네의 현자 솔론과 리디아 왕 크로이소스 간의 대화에서 엿볼 수 있지만 설명을 줄입니다.

크로이소스는 막대한 재산을 소유한 채, 백성들을 지배하는 전제군주였지요. 당시 오리엔트 사회에서는 이런 소유와 지배가 이상적 가치로 여겼습니다. 그러나 솔론을 위시한 아테네 시민들은 인간의 자유를 보장하는 민주사회를 지향하고, 물질적으론 빈곤일망정 정신적 풍요와 명예를 지향하였지요. 물질 위주의 페르시아 정신과는 달랐다 이겁니다. 명예를 위하여 목숨까지 각오하는 장면은 『일리아드』에도 나옵니다. 영웅 서사시 『일리아드』 주인공 아킬레우스는 전쟁에 참가하지 않고 편안하게 살 것인지, 아니면 죽음을 무릅쓰고 전쟁에 참가할 것인지를 고민하다가 조국을 위해 죽음을 각오하고 전쟁터로 나갑니다. 불멸의 명예를 위해 죽을 수 있고, 죽더라도 영원히 살아 있는 존재가 되기를 원했던 것이지요.

그리스는 철학적 신념이 대단하였던 것 같습니다. 스토아학파는 의혹과 번뇌를 버려 마음의 안정을 바랐고, 모든 것을 하늘의 뜻에 맡기고자 하는 안심입명(安心立命)이었다면, 에피쿠로스학파는 고요함과 내적인 평화를 추구하였습니다. 그리스군사들은 전쟁에서 지면, 자유와 평등을 상실하게 됨을 알았습니다. 자신들의 자유와 평등을 지키기 위해 필사적으로 싸워 이 전쟁에서 이겼습니다. 하지만, 페르시아는 신 중심이었고, 그리스만큼의 일정 사상 체계가 없었고, 전제 군주제였습니다. 아니 자신을 위해 싸우는 사람들과 군주를 위해 싸우는 사람들과의 전쟁이니 그리스가 이길 수밖에요.

집단이든 개인이든 인간은 자기를 남에게 보이기 위해 행동을 합니다. 설빙의 바위에 둘러싸인 알프스 아이거(Eigar) 북벽은 속칭 죽음의 벽이라고들 하지요. 여기에 도전했다가 수많은 사람들이 추락사하거나 동사했습니다. 히말라야를 등반하다가 눈사태 때문에 산채로 매몰된 사건이 한 두건이 아닙니다. 그런데 여기에 도전하는 산악인들은 무슨 정신에서일까요. 죽음을 무릅쓰고 거기 도전하는 용기는 아무나 갖는 건 아닙니다. 그리고 등정에 성공하였을 때의 명예, 이것 또한 이런 명예를 경험한 사람만이 느끼는 감정입니다. 이것은 타인과 구별되는 자존이고, 그러지 못하는 사람들의 부러움입니다.

그리스 올림피아의 체육 경기, 전차 경기를 관람했던 그리스인들은 단체 혹은 개인의 용기백배한 투지력에 놀라면서 심적으로 편들고 있는 상대를 대신 제압해 주는 선수에 대한 고마움을 박수로 환호하였습니다.

이 경우와 조금 다른 경우도 있지요. 얼마 전(2021.11.23) 충돌로 불이 붙은 자동차에 지나가던 택시 기사, 사다리차 기사가 겁도 없이 달려가 문을 부수고 탑승자를 구해내었습니다. 언제 자동차가 폭발할지 모르는 위험한 순간, 나와 연관 없는 타인의 목숨을 구해내는 용감한 사람들을 봤습니다. 위험에 노출된 인명구조는 이걸 구경하는 사람 모두가 한편이 되어 누군가가 구출해주기를 갈구할 때, 불쑥 이걸 타개한 영웅들이 등장한 겁니다. 이런 용감한 행위는 인간승리이고, 인간으로서의 자부심이고 명예가 아닐까요.

그리스인들이 아니더라도 내 삶의 가치는 명예에 있고 비굴하지 않는 용기에 있다고 한다면 이 정신의 향유자는 시대와 장소를 초월하여 언제나 인간사회 속에 환영 받을 것입니다.

생태계 평형과 인간계 평형

인간이 손대지 않으면 생태계는 먹이사슬이 안정되고 물질순환이 자연스럽게 진행됩니다. 군집한 생물체 종류의 다양성과 개체 수 그리고 물질의 양까지 안정되어 균형을 이룹니다. 이를 생태계의 평형(equilibrium in ecosystem)이라 하지요. 일시적으로 생태계 평형이 깨졌다 해도 시간이 지나면 복원되지만 정도가 지나치면 복원이 어렵습니다. 화산 폭발이나 지진 같은 자연재해는 그리 크게 균형을 깨뜨리지는 않습니다. 다만 인간의 무분별한 자연개발이나 환경 파괴가 주범이 되어 생태계의 안정을 위협하고 있습니다. 생태계 평형이 무너지면 결국은 이를 자행한 인간에게 막대한 손해가 발생하는 것은 물론 인간 삶마저 위협당하지요.

인간이 생태계에 가한 위해(危害)는 그렇다 치고 인간이 인간에게 위해하는 일은 또 어찌 설명되어야 하나요. 우리가 사는 사회는 만연한 아픔을 적재하고 있지요. 더 많게, 더 좋게, 더 즐겁게의 가속 페달을 밟고 우리는 달리고 있습니다. 이 만연한 미친 흐름을 제어하거나 궤도 수정을 하거나 잠시나마 멈추는 노력을 하지 않으면 안 됩니다. 그런데도 시방 인간들은 자기, 자기나라 이익추구에만 몰두하고 있으니 예사롭지 않지요.

타인과 사회와 내가 합목적으로 균형 잡아야 이 세상이 안정성을 확보할 수 있습니다. 이래야 인간계의 평형을 이룬다고나 할까요. 이 삼자의 균형된 조화의 강조는 인간이 역사를 쓰기 시작할 때부터 쌓기 시작한 거대한 성곽이고 보루고 방패였습지요. 도덕적 가치를 중히 여기고, 의무와 책임을 중히 여기고, 옳고 그름의 판단을 중히 여기는 이것은 인간이 가질 존엄입니다. 이 인간 존엄을 재산으로 삼는 모범적 사례가 있어왔고, 그 이치가 옳다는 주장 또한 수도 없이 많았습니다. 그런데도 나아질 기미가 잘 보이지 않습니다.

환경문제는 특정한 지역의 문제만이 아닙니다. 세계 경제 위기 역시 한 나라만 잘한다고 해결될 문제가 아닙니다. 지구촌민들의 통일체로서의 삶을 자각하고, 이웃과의 관계에서처럼 국가 간에도 도덕과 윤리가 살아 있어야 합니다. 서로가 서로에게 영향하는 생태계처럼. 지금 우크라이나와 러시아의 전쟁은 러시아의 과한 욕망에서 비롯되었습니다. 그 결과 세계 경제가 곤란해졌지요.

내 삶을 내가 구매한 것은 아닙니다. 내 삶을 타인에게 양도할 것 역시 아닙니다. 나는 나름대로의 선택과 보유, 가치와 행동을 체득하였고, 그것의 알맞은 조절을 나름대로 행사해 왔다고 자부할 수는 있겠지요. 그러나 통제하기 어려운 욕망의 제어, 이걸 실천해야 한다는 말입니다.

윤리는 인간에게 감정과 사고와 그것의 균형감을 어떻게 취해야 하나를 생각하게 합니다. 생태계가 깍지 끼고 서로 협동하면서 사는 이치를 인간인 우리가 배워야 합니다. 인간이 인간끼리 어떻게 공존해야 하는 가를 공부할 때가 바로 지금입니다. 이 공부가 균형감의 인식입니다. 윤리 의식입니다.

순수의 신화적 인간 되기

법의 테두리 안에서 자기 행복을 추구할 줄 아는 사람은 지혜로운 사람입니다. 공동체 안에서 심적 평화를 얻도록 봉사하는 사람은 훌륭한 사람이지요. 성직자입니다. 본능적 희열을 만끽하기에 바쁜 가난한 영혼의 육체 소유자, 자기 안락에 바쁜 이런 사람을 뭐라 합니까. 쾌락 소비자, 저급한 취미 생활자 뭐 이 정도라 말하면 될까요. 여기서 좀 다른 인종(?)이 있습니다. 타인의 행복과 평화를 도둑질하거나 파괴하는 사람입니다. 이는 범법자입니다.

사회 속에는 인간을 인간답게 가꾸어주는 건장한 훈육주임 같은 사람이 없는 건 아니지만 이런 사람의 역할은 확 드러나지 않지요. 인간을 교활하게 타락시키고, 존재감을 박탈시키고, 순수감정마저 왜곡시키기 일쑤인 잡배, 이런 사람들이 눈에 자주 뜨입니다. 여기서 오염되지 않으려면 어떻게 해야 하는가가 문제 아닙니까.

인간 내부엔 자신을 위험에서 탈출시키는 양심이란 게 있고, 잠시 궤도 이탈을 하면 양심의 죄책감이 채찍으로 등장합니다. 이 채찍이 자신을 때릴 때 아파하는 마음이 곧 사람을 사람답게 만듭니다. 그런데 이 채찍을 많이 아파하는 사람, 덜 아파하는 사람 아예 아픈 줄 모르는 사람이 있어 사회는 복잡하지요.

세상이 나를 행복한 존재로 착각하도록 자신과 용기를 부여해준다면 이건 한때나마 다행한 일입니다. 그렇지 않고 상대적 불만감을 나에게 심어주어 불확실한 미래를 염려하게 하고, 때로는 현재의 나를 내가 저주하게 하고, 못난이로 열등감을 느끼게 합니다. 이건 참 곤란한 일입니다.

인간 세상에는 성경에 등장하는 에덴동산은 없습니다. 다만 스스로의 노력에 의해 가꾸는 가정이 있고, 정원이 있을 뿐이지요. 하나님은 무상으로 안락의 공간을 하사하지는 않습니다. 고된 삶 속에 수시로 찾아오는 작은 다행에서 사소한 행복을 느낄 수 있게 은총을 준다고 생각하면 종교를 믿든 안 믿든 훌륭한 생각이지요.

프로이드는『문명 속의 불만』(김석희 역, 열린책들, 2020)에서 인간은 행복의 달성을 위해 문명을 만들어냈지만 이것이 외려 인간을 불행하게 만들고 말았음을 밝혔습니다. 사회는 인간 내면에 위치하고 있는 욕망을 포기하도록 강제하므로, 삶의 의미와 이유를 사회생활 속에서 발견하기 어렵게 만들었다고 하더군요. 특히 종교는 지상에서 본능적 원망을 단념하는 대가로 내세에서의 행복을 약속하지만, 하늘에 계신 사랑하는 아버지의 환상이 억압수단으로 행세하고, 신에 대한 믿음의 강요 때문에 유아기적 무력감으로의 회귀를 종용한다고 했습니다. 종교를 비롯한 현대 문명은 인간의 본능과 달리 가변적이고, 우연적으로 일어나는 심리 역학적인 욕동(欲動, drive)이 과도할 정도로 억압하고 있고, 인간의 성욕은 물론 공격본능마저 과도하게 억압한다고 프로이드는 말했습니다. 이것 때문에 인간은 불행을 자초하게 되는데, 세계대전이 이래서 일어나게 되었다고 하였습니다. 종교가 인간의 불행을 자초한다는 말은 맞는 말일까요. 일부 수긍한다 해도 종교의 선순환효과(善循環效果)는 값진 것 아닙니까. 정신이 메마를 때엔 종교로부터 위안 받는 힘이 적지 않습니다. 종교는 생활의 자족감을 느끼게도 합니다.

서양 문명은 상품적 가치로 질량적 의미로 재단하여 소비자인 우리를 일상 속에 구속시켰습니다. 상품의 진부함마저 우리 활동영역을 지배하기 시작했지요. 이게 자본주의 사회입니다. 거기다 자본주의는 산업화, 도시화를 가속시켰습니다. 자본주의의 발달은 삶의 단순함과 소박함 그리고 가식 없는 평화를 많이도 앗아갔습니다. 그래서 우리의 몸과 영혼을 쉬게 할 공간은 협소해졌지요. 그러나 이 공간은 문명의 불빛에서 멀어지면 멀어질수록 싱싱하게 남아있습니다. 여기는 번다하지 않고, 소란하지 않고, 산업사회에서 흔히 볼 수 있는 야심이 터를 잡지 못하는 공간입니다. 예전대로의 순수의 신화적 사람들이 지력을 믿고 씨를 뿌리고 결과를 거두어들이는 단순한 반복적 생활 터전입니다. 시골을 말합니다.

일정 테두리 안에서 이탈함이 없는 시골 사람들은 평범하고 단순한 행복을 선사받지요. 시골은 날 것 그대로의 자연이 사는 곳이므로 자연에 의지하고 사는 자연화된 사람들의 삶터라 이 말이지요. 산업사회 더 나아가 후기 산업사회의 질곡에서 탈출하는 것이 행복을 보장받는다는 느낌이 찾아올 때, 자연을 찾아야 합니다. 자연은 인간에게 세계와 공존할 수 있는 환상을 제공하기 때문입니다. 도회에 익숙한 편의주의에서 보면 시골은 불편합니다. 이러한 관습을 포기하면 시골은 사람살이에 아주 적당한 곳입니다. 여기에 동조한다면 조그만 여유를 준비해 가지고 시골 가서 생활하십시오. 생활 전선에서 퇴직을 하였다면 더욱 시골 가서 생활하십시오. 남은 여생(餘生)이 비로소 평화로울 겁니다. 맑은 공기와 소음이 없는 공간, 누구의 간섭을 배제한 자유의 생활 속에 심신을 던져 놓으면 건강은 덤으로 얻게 되지요. 경쟁심이 사라지고, 바빠야 할 이유가 없고, 자연에서 얻는 수확이 있어 생활의 곤궁까지 걱정하지 않아도 됩니다. 마음 준비를 해서 용감하게 도시를 탈출하십시오.

나는 지금 지리산 발치에 앉아 해지는 쪽을 보면서 이 글을 씁니다. 지는 해는 붉게 타듯이 남은 생을 붉게 태우려 작정했습니다.

말은 자신의 인격을 나타낸다

오래 전 본 '마이 페어 레이디(My Fair Lady)'란 영화가 생각납니다. 이 영화는 영국의 극작가 조지 버나드 쇼(George Bernard Shaw)가 1913년 희곡으로 발표한 『피그말리온(Pygmalion)』을 뮤지컬로 영화한 것입니다.

런던의 어느 극장 앞에서 볼품없는 복장에다 품위 없는 말투로 꽃을 팔고 있는 일라이자(오드리 햅번)를 본 언어학자 히긴스 교수(렉스 해리슨)가 이 여인을 데려와 세련되고 우아한 귀부인으로 만들어내는 이야기입니다. 일라이자는 히긴스 교수의 집에서 귀부인이 되기 위한 걸음걸이, 식사예절, 말하는 법 등의 특별훈련을 한참 동안 받은 뒤, 히긴스 교수는 여왕이 참석하는 무도회에 일라이자를 데리고 갑니다. 이 무도회에서 그녀는 다른 어떤 여인들 보다 아름답고 세련된 완벽한 숙녀가 되어 많은 사람들의 눈길을 끌었습니다. 결국 일라이자는 상류사회에 진출할 수 있는 모든 품위를 학습하고 히긴스의 연인으로 등극하는 이야기가 주요 줄거리입니다. 이 영화에서 특히 A를 '아이'로 발음하는 일라이자의 발음 교정부터 언어 표현의 세련미를 교육하는 과정이 인상적이었지요.

이 영화를 통하지 않더라도 언어 사용은 그가 속한 계층을 또는 교양의 정도를 나타냅니다. 가령 "I worked very hard."라고 말한다면 그는 교육 받은 상류층이지만 만약 같은 의미의 말을 "I worked ever so hard."라고 말한다면 그는 비상류층임을 또 "half past ten."을 "half ten"으로 말한다던가, 외국인들을 당황하게 하는 말 이를테면 "그는 화가 머리끝까지 났다"를 "he wasn't half angry"라던가 "그는 아주 잘 생겼다"를 " he isn't half handsome"이라 말하거나 쓴다면 영락없는 비상류민을 나타낸다는군요. 말뿐 아니라 행동에서도 구별되는 바가 있는데, 찻잔에 우유를 먼저 부으면 비상류층을 차를 따른 다음 우유를 함께 내놓으면 상류층을 나타낸다고 합니다.(문화로 읽는 세계:Martin외 1인, 남경회 외 1인 역,명인문화사 2014,p153)

조선조에선 궁중에서 쓰는 말이 따로 있었습니다. 가령 임금의 얼굴은 용안(龍顔), 임금의 의복은 용포(龍袍), 임금이 식사하다를 전하께옵서 수라나오시다로 말해야 한다나요. 행주치마를 휘견치마, 다듬이를 도침, 돼지를 도야지로 말하는 등 궁중어가 따로 있었다고 전합니다. 양반들 역시 양반입네 하는 말투가 있었습니다.

이것과 상관없이 지방마다 방언이 있습니다. 가령 'ㅡ와 ㅓ' 'ㅐ와 ㅔ'의 발음이 어렵다든가 그래서 '의리'를 '어리'로 '횃불'을 '햇불'로 발언한다면 서울 사람들은 이 사람은 경상도 촌뜨기가 확실하다고 생각할 것입니다. 단모음 'ㅚ ㅟ' 이중모음 'ㅢ, ㅙ, ㅞ 등을 발음하지 못하는 게 경상도 사람들의 대부분 아닙니까.

전라도 방언은 소위 독일어의 움라우트(umlaut) 현상이 자주 일어납니다. '퇴끼'(토끼), '괴기'(고기), '가룅이'(가랑이) 등을 예로 들 수 있지요. 또한 'ㅓ'가 'ㅡ'로 발음되거나 'ㅔ'가 'ㅣ'로 발음되는 등의 고모음화

(입을 조금 열고, 혀의 높이가 가장 높은 모음) 현상이 특징이며 이러한 현상은 장모음에서 빈번히 나타납니다. '그짓말'(거짓말), '비개'(베개) 등이 그 예입니다. 그리고 보통 끝에 ~디 , ~잉 등이 오는 말을 쓴다면 저 사람은 전라도 촌뜨기라 단정하게 되지요. 경상도 사람이 경상도 말을 전라도 사람이 전라도 말을 쓴다는 게 흉 거리는 아닙니다. 방언 쓰는 것이 품위에 벗어난다고 말하면 내 생각하고는 영 다릅니다. 오히려 향토적이라서 친근감을 주는 말이 방언입니다. 판소리의 장점 중 하나는 전라도 방언이 구수하게 나온다는 것이고, 서정주 시인의 시적 가치의 하나는 전라도 방언이 적당히 섞이는데 있습니다. 박목월 시인의 "경상도 가랑잎" 시집을 읽으면 '경상도 보리문둥이' 냄새가 물씬 나서 좋습니다.

내가 오늘 이야기하고자 하는 바는 언어의 품격은 그 사람이 표준어를 쓰냐 안 쓰냐에 있는 것이 아니라 말을 품위 있게 쓰냐 안 쓰냐에 관심 두고자 합니다. 말 잘하는 사람은 좌중을 흔드는 능변가를 두고 하는 말이 아닙니다. 말을 공격의 무기로 활용한다 해도 또 자기변호의 수단으로 삼는다 해도 품위를 유지하면서 예의롭게 말을 하는 사람을 말 잘하는 사람이라 해야 옳다 이 말이지요. 말을 잘 하려면 상대방의 말을 잘 듣는데서 출발합니다. 상대의 주장이 내 주장과 다르다 해도 그의 말할 권리를 존중해야 내 말할 권리를 보장 받습니다. 과거 이해찬 전총리가 국회에서 성질을 부리는 말 태도는 투사로서의 무장된 말씨 같아 곱게 보이지 않더군요. 여기에 반해 이 낙원 전총리의 말은 세련미가 보였습니다. 지금 정세균 총리, 황교안 전 총리의 말 맵시 역시 나무랄 데 없더군요. 그런데 추미애 장관의 말은 어떻다 봅니까. 국회의원이 질의하는 도중에 끼어들어 자기 말을 하거나, 때론 딴전을 피거나 아주 노골적으로 국회의원 질의를 소설 쓴다고까지 하더군요. 시 외우는 공부(이분은 심심찮게 시를 인용합니다.)보다 말하기 공부부터 해야 한다는 생각이 얼핏 들었습니다. 알릴에오 유시민의 말투는 어떻다 생각하십니까. 품위하고는 거리가 멀어 보이지 않습니까. 국회의원 장제원은 청문회할 때 윽박지르고 고함치는 걸 봤습니다. 말 잘하는 이의 말씨가 아니더군요.

어제 신문(12.19)을 보니 더불어민주당 다수 국회의원들이 이런 플래카드를 펼쳐 보이며 고함을 치는 사진이 공개되었습니다. "윤석열 입 닫고 내려와라" 다른 사람들도 아닌 국회의원들이 이런 말을 하는 것 여러분들은 어떻다 생각하십니까.

현대사회는 산업화, 도시화, 정보화, 세계화의 시대로 빠르게 발전하고 있지요. 이럴 때일수록 인간적 가치가 강조되어야 한다고 봅니다. 인간적 가치의 행사 중 하나는 언어에서 느끼고 찾을 수 있습니다. 개인이나 집단 간에 의견이나 이해관계의 대립이 있다 해도 품위 있는 언어 사용을 포기해서는 안 되는 일 아닙니까.

정치지도자들 중에는 앞서 말한 영화 '마이 페어 레이디(My Fair Lady)'속의 히긴스 교수 같은 사람에게서 언어 지도를 착실히 받아야 할 인물들이 너무 많은 것 같습니다. 이것이 이들을 바라보고 사는 우리 같은 사람들을 화나게 하고 슬프게 만듭니다.

스토아(Stoa) 철학을 꿈꾸며

자기중심의 세계관으로 산 사람의 극단은 폭군 네로나 연산군, 또 독재자로서 악명 높았던 히틀러, 스탈린, 무소리니, 모택동, 김일성, 프랑코, 팔래비, 레닌, 후세인, 티토, 피노체트, 가다피, 마르코스, 카스트로, 셀라시에, 폴 포트, 페론 같은 인물들입니다. 이들이 지향했던 바는 세상에 자신을 맞추는 것이 아니라 세상이 자신에 맞추는 데서 쾌감을 느끼었던 악당들입니다. 세상을 자신의 욕구 충족의 대상으로 삼았기 때문에 세상과 소통하고 교감하기를 거부한 인간 같지 않은 인간들이지요. 이들의 최후는 어떠했는가. 비난과 욕설을 무시한 채 자기 욕심대로 살았지만 이들은 마음 한 구석에 남아있는 양심으로 괴롭게 일생을 마감했거나, 사회적 처벌로 개죽음을 당했거나, 죽음에 대한 불안과 미래에 대한 불확실성으로 편한 잠을 잘 수 없었거나, 암살의 두려움 때문에 방탄조끼를 두껍게 입고 살아야 했던 불편한 삶의 주역들이지요.

북한 김정은은 과대 비만입니다. 현실의 불안과 미래의 불확실성에서 도피하고자 폭음과 폭식을 자행하다보니 그런 몸이 되었다고 합니다. 그것만 아니고 온갖 짓을 다하고 살겠지요.

자기 위주의 삶이 아니라 자신과 연결된 타인에 대한 책임과 의무를 수행하는 삶은 가치 있는 삶입니다. 인간적 행위입니다. 그렇지 않다면 유한한 생을 허비하는 미성숙한 삶, 균형 잡힌 안정성과는 거리가 먼 황폐한 삶 아니겠습니까.

로마 철인 황제 마르쿠스 아우렐리우스는 그의 『명상록』에서 육체의 속삭임에 귀 기울이지 말라고 하더군요. 몸의 욕구에 굴복한 삶은 편안과 안락에 안주하게 되고 그것은 욕망에 치우쳐 자기 삶이 황폐해짐과 동시에 타인의 삶을 훼방합니다. 그래서 몸의 욕구를 뿌리치라는 것이지요.

세네카(Lucius Annaeus Seneca BC 55경~AD 39경), 코르누투스(Lucius Annaeus Cornutus,생몰미상), 에픽테투스(Epictetus, 50~135 추정), 마르쿠스 아우렐리우스(Marcus Aurelius Antoninus, 121년 4월 26일~180년 3월 17일), 클레오메데스(Cleomedes, 생몰미상)로 대표되는 스토아 철학자들이 남긴 말들이 오늘에 더욱 요긴하게 인용되는 이유는 무엇 때문일까요.

자본주의의 발달은 물질주의 팽배를 의미합니다. 이것의 부작용은 불안과 불확실성에 대한 공포, 여기서 더 나아가면 우울증의 증대 같은 것이라 합니다. 인간이 자기 통제력을 상실한 데서, 사회를 위해 봉사해야 할 의무와 책임을 상실한 데서, 자기 성찰이 평안에 기여함을 몰각한 데서 비롯된 결과라 할 수 있지요.

현자(賢者)는 삶을 꿰뚫어보는 총명의 소유자, 삶의 지혜를 갖추고 있어 어떤 논박에도 흔들림이 없는 마땅한 사람입니다. 마땅하다는 말은 인간 행위가 합리적 정당성을 확보할 때 쓰는 말 아닙니까. 현자는 고통과 죽음 앞에 초연하고 자신의 존재를 드러내기보다 있는 그대로의 삶에서 자족하며 쾌락과 부와 명예를 초월해서, 삶 그 자체를 꾸밈없이 즐기는 사람들이지요. 마땅한 삶의 소유자들이지요. 이들이 바로 앞서 말한 스토아 철학자들입니다.

인간의 가능성을 믿고 여기에 도전하여 성공에 이르렀다 해도 나중엔 이것들을 던져 놓고 마는 걸 알아야 합니다. 이것을 알지 못한다면 불안과 불확실성의 포로가 됩니다. 이것을 대비하여 읽어야 할 책이 바로 『명상록』입니다. 마르쿠스 아우렐리우스는 이 책에서 강조하는 바는 철학으로부터 가능해지는 자비심과 이성존중, 선의지, 소박함, 겸손함, 공동체의식입니다. 그의 말 일부를 옮깁니다

> 어떤 것이 진정으로 아름답다면, 그 자체 외에 다른 무엇이 필요하겠는가. 그런 것들 중에서 법이나 참됨이나 선의나 겸손보다 더 아름다운 것은 없다. 이것들 중에서 어느 것이 찬사를 받는다고 해서 아름다워지고, 비난을 받는다고 해서 아름다움을 잃겠는가. 에메랄드가 찬사를 받지 못한다고 해서 그 탁월한 아름다움을 잃겠으며, 황금과 상아와 자주색 옷과 현악기인 리라와 단검과 한 송이 꽃과 어린 관목은 또 어떠한가.
>
> 네 마음에 새겨두고서 늘 반추하고 돌아보아야 할 두 개의 원리가 있다. 하나는 외부에 있는 사물들은 외부에 있어서 너의 혼을 지배할 수 없고 너를 흔들어놓을 수 없기 때문에, 불안은 언제나 너의 내면에 있는 생각이나 판단에서 생겨난다는 것이다. 다른 하나는 네 눈에 보이는 이 모든 것들은 한순간에 변하여 더 이상 존재하지 않게 되리라는 것이다. 네 자신이 이미 얼마나 많은 변화를 겪어 왔는지를 끊임없이 생각하라. 우주는 변화이고, 삶은 의견이다.

원시공동체 삶이 그립다

문화인류학자들 견해를 따른다면 인간은 원시공동체에서 출발합니다. 원시공동체는 문명사회에 선행하는 형태이며, 소위 말하는 자연사회(自然社會)로서 그 구성은 아주 단순하였습니다. 남녀 간의 분업이 있어, 남자는 주로 수렵이나 어로에 종사하고, 여자는 간단한 식재채취나 육아(育兒)에 종사하였습니다. 계급관계가 드러나지 않은 상태이므로 상하관계는 없지요. 생산수단이 사회 전체의 소유이고 생산물이 평등하게 분배되었다는 의미에서는 공산제였기 때문에 원시공산체라고도 하지요. 지금도 유목 생활을 하는 유목민들에게는 땅은 공동 소유입니다. 그러나 점차 일정 토지에 정착해서 농경이나 목축을 주로 하게 되자 혈연(血緣)을 매개로 하는 씨족공동체(氏族共同體)로 발전했습니다. 그래서 씨족 전체의 협력에 의한 집단노동이 없고서는 생활의 유지뿐만 아니라, 자연재해나 맹수의 위협, 더 나아가 적들의 침입을 막을 수가 없었지요.

모건(Lewis Henry Morgan)이 쓴 <인간의 혈연관계와 인척관계의 제도, Systems of Consanguinity and Affinity of the Human Family 1871>에 의하면 처음엔 혼인도 난혼이나 집단혼 형식이 취해졌다 하더군

요. 혈족간의 혼인을 금지하는 규정이 없으므로 한 무리의 남자가 서로 대등한 자격에서 집단적으로 한 무리의 여자와 통혼했으나, 점차 혈연관계에 있는 형제자매의 혼인이 금지되는 동시에 푸나루아 혼(하와이 제도와 타히티 섬의 원주민 부족 간에 이루어지는 혼, 친자매, 방계의 자매가 서로 혈연관계가 없는 몇 사람의 남자와 집단으로 통혼하거나, 반대로 친형제, 방계의 형제가 혈연관계에 있지 않은 몇 사람의 여자와 집단으로 혼인하는 형태)에서 벗어나게 되고, 족외혼(族外婚)이 확립되고, 동시에 복수의 씨족으로 형성되는 부족(部族)으로, 다시 생산력의 발달과 더불어 부족동맹(部族同盟)으로 사회권이 확대되었다는 군요.

윌 듀런트(Will Durant)의 <문명이야기>(민음사, 2017)에 의하면 혼인형태도 부족내의 다른 씨족과의 통혼이라는 족외혼(族外婚)이 정착되면서, 다른 부족과의 유대가 형성되고, 적의 침공을 막기 위해서는 부족으로서의 통일이 필요해서 차차 부족 내부의 조직화가 도모되어, 남녀노소의 순서에 따라 상하(上下) 구별도 생겼다고 합니다. 또한 생산력의 발달, 예컨대 창이나 활의 사용, 토기나 직물과 같은 기술의 발명, 동물의 가축화 등에 의해서 원시적 채취경제(採取經濟)로부터 농업목축을 중심으로 하는 생산경제로 옮아감에 따라 개인경영으로도 자기 생활유지에 필요한 자료를 획득할 수 있게 되자 공동노동의 필요성이 줄어졌습니다. 이리하여 수확물이나 토지의 사적 점유(私的占有)가 시작되고, 부족 간의 정복에 따른 토지수탈 등에 의해서 사유재산제와 계급국가가 형성되어 원시공동체는 해체되고, 노예제사회로 옮아갔다. 이것이 듀런트의 주장입니다.

시골엔 씨족 사회의 잔재로 집성촌이 남아있습니다. 현재 내가 사는 마을은 허 씨와 노 씨로 집성된 복수의 씨족마을입니다. 보통 집성촌의 마을은 한 성씨로 구성되어 있는데, 여기는 왜 두 성씨로 구성되어있는가. 그것은 허 씨와 노 씨가 결혼하면서부터 시작되었다고 봅니다. 노 씨가 허 씨 집안에 사위(또는 그 반대)가 되었다면 사위는 처가살이를 하면서 노동을 제공하고, 처가 논을 부쳐 먹다가 그 마을에 안주하였고, 그 자손 역시 결혼해서 그 마을에 안착하면서부터 양 집안이 큰 마을을 이루었을 것으로 추정됩니다. 두 성씨 가족들로 구성된 이 마을은 화목한 분위기입니다. 양 성씨 집성촌은 더 큰 세력권을 형성하여 다른 부락 성씨와의 대결에서 위세를 부릴 수 있는 방어벽이 될 수도 있었겠지요.

예전 서민들의 통혼은 가근방에 있는 사람들끼리 통혼하였습니다. 통상 4km, 멀어도 6km 범위 안에서 통혼하였으므로 그 범위 안은 다 연줄로 연결됩니다. 이 거리가 한 장을 봐 먹고 사는 거리입니다. 중매는 장날에 잘 이루어집니다. 이렇게 되니 친가 쪽으로는 조카벌이지만 외가 쪽으로는 아저씨 벌이 되는 희한한 관계가 드물지 않게 나타납니다. 한 장을 봐 먹고 산 이 영역은 혼인으로 연결되는 문화공동체라고 해도 됩니다.

내 고향 마을에 노루목 뜨기라는 아주머니가 살고 있었습니다. 노루목에서 우리 마을로 시집을 왔지요. 산세가 잘록한 마치 노루의 모가지 부분에 마을이 생성되었기 때문에 마을 이름이 노루목입니다. 이웃에는 벼른바구 뜨기가 있었지요. 아마 벼락 맞은 바위(벼락 바구)가 있는 동네에서 시집왔다는 의미인 것 같고, 다른 아주머니는 버들이 뜨기였는데, 이 마을엔 버들이 많다고 해서 마을 이름이 버들이였기 때문이고, 쇳골 뜨기는 쇳골 마을에서 시집왔다는 것입니다. 일제가 동네 이름을 한자화 하는 바람에 노루목은 장항(獐項), 쇳골은 우동(牛洞) 버들이는 유평(柳坪)으로 한자화 하였습니다.

집안 아주머니 한 분은 엄천 뜨기입니다. 한냄이 뜨기여야 하는데 이미 한냄이 뜨기가 한 마을에 있어 강 이름 엄천강을 따와 엄천 뜨기가 되었지요. 한냄이는 한남이에서 온 말입니다. 세종의 서자 한남군(漢南君)이 1455년(세조 원년) 윤6월 모란(謨亂) 혐의로 함양으로 유배되었는데, 유배된 장소가 지리산 자락 엄천강 가운데 있는 자그만 섬이었습니다. 여기서 살다 1459년(세조 5)에 병사하였고, 함양읍에 묘가 있습니다. 그 이후 한남군 유배지가 한남 마을이 되었지요.

집안 할머니 중 한 분은 벌말 뜨기입니다. 지금은 화계(花溪)라 하는 곳인데, 여긴 금관가야 끝 왕 구형왕능이 있는 곳이고, 동네 뒤는 지리산 그 너머는 당시 백제 땅이니 금관가야의 끝자락 마을인 셈입니다. 뒤에 신라 땅이 되었으니, 신라 벌의 끝이란 의미에서 벌말 마을이 된 것 아닌가 합니다. 마을 이름 재미있지 않습니까. 내 살던 마을 이름은 하촌(下村)입니다. 상촌 아랫 마을이란 뜻이지요. 가근방으로 시집가서 하촌 뜨기로 살고 있을 내 초등학교 동기들이 그립네요.

마을이 멀든 가깝든 서로가 사돈 간, 친척 간이 많으므로 인심이 좋습니다. 드물게 한 동네 안에서 결혼하기도 합니다. 이럴 땐 한동 뜨기(또는 제동 뜨기)라 부릅니다. 혈연 사회를 이루었던 과거가 현재도 남아있어 시골 마을에는 민형사 사건이 아주 드뭅니다. 그리고 공동의 동네 논도, 동네 산도 있는 마을이 흔합니다. 부락 공동체로 살고 있다 이거지요.

비록 산업사회 속에 살긴 살아도 이것과 달리 옛 풍습 그대로 이웃을 남이라 생각하지 않고 사는 게 시골입니다. 나는 고향집에서 4km 정도 떨어진 함양군 유림면 노루목 마을에 살고 있지요. 마땅히 우리 집 혹은 인척과 연관 되는 인연이 여기 살고 있습니다. 종고모님이 이곳 허 씨 문중 며느리가 되었지요.

나는 도시문명에서 떨어져 시방 원시사회의 순수가 남아 있는 노루목 마을에서 이들과 한 통속이 되어 살고 있으니 세월 가는 걸 모르겠는 걸요. 이름이 그래서 그런지 노루가 들판을 뛰는 모습을 가끔 볼 수 있고, 산꿩이 떼로 나는 모습도 자주 볼 수 있어 좋네요.

행복을 위한 에피쿠로스와의 만남

우리 말 중에 '세월이 흐른다'란 말도 있지만 '세월이 간다'란 말도 있습니다. '흐른다'는 세월을 물로 인식한 것이라면 '간다'는 세월을 동물로 인식해서 한 말이지요. 세월을 움직이는 물체로 본 것이 근사하다고 생각합니다. 어느덧 올해도 다 흘렀고, 갔습니다.

이때, 내년은 어찌 살아야 하느냐 이게 생각납니다.

얼마 전 『에피쿠로스 쾌락』(현대지성, 2022)이란 책을 읽고 다시금 에피쿠로스(Epicouros, BC 341~BC 270) 철학을 확인하게 되었습니다. 이 책의 핵심어는 대단하지 않으면서도 대단한 그 사람 되려는 욕망 이게 문제임을 말하더군요. 불만은 현재대로의 나를 보다 다른 나로 채우고 싶어 하는 욕망 때문에 발생합니다. 이 책에서 에피쿠로스는 이런 불만을 해소하고 살아야 행복한 삶이라고 일러주었습니다.

에피쿠로스는 아테네 자기 집 정원에다 학생들을 모아 놓고 철학을 강의하였지요. "충분한 것을 너무 적다고 여기는 사람에게는 아무것도 충분하지 않다.(*현재 삶이 불충분하다고 여기면 마음에 차는 게 없어 언제나 나는 거지꼴이다.)"고 말하면서 인간이 갖는 세 가지 욕망에 대해 설명하였습니다. 요약해 보지요.

① 자연스로우며 반드시 필요한 욕망
② 자연스럽기는 해도 반드시 필요하지 않는 욕망
③ 자연스럽지 않으며 반드시 필요하지 않는 욕망

①은 생명체로서 존재하기 위해 필요한 원초적 욕망이 여기에 해당합니다. 배고픔을 해결하려는 욕망, 갈증을 해소하려는 욕망, 사랑의 상대를 구하고 싶은 욕망, 이웃과 정을 나누고 싶은 욕망, 편안하고 싶은 욕망, 자유롭게 활동하고 싶은 욕망 등이 여기 속합니다.

②는 모범으로 삼은 타와 동등한 삶을 사는 나이고 싶은 욕망입니다. 나도 남들이 그러하듯 한 끼 음식이나 술 혹은 음료수 한 잔이라도 맛있는 것을 먹고 마시고 싶어 하는 욕망, 옷을 입어도 내 친구 누구가 그랬듯이 유명 메이커 제품을 입고 싶어 하는 욕망, 큰 집 그것도 정원이 아름다운 집에서 사는 모씨 같이 살고 싶어 하는 욕망, 해외여행을 자주 가는 이웃집 김사장처럼 나도 그렇게 하고 싶어 하는 욕망 등이 여기 속합니다.

③은 타가 자신을 우러러 보는 존재로 등극하고 싶어 하는 욕망이지요. 현재도 상당한 위치에 있지만 여기에 만족하지 않고 더 높은 지위에 앉아 거드름 피우고 싶은 욕망, 현재의 축적한 재산도 대단하지만 더 많은 재산을 축적하고자 하는 욕망, 현재의 명예도 대단하나 이것이 미흡하여 더 많은 명예를 갖고 싶어 하는 욕망 등이 여기 속합니다.

①은 인간으로서 가지는 원초적 욕망이니 이를 포기할 수는 없지요. 그러나 ②와 ③은 굳이 욕망하지 않아도 되는 욕망입니다. ②는 소비가 생산을 생산한다는 자본주의 사회에서 보면 일정 범위 안에서는 긍정적 측면이 있습니다. ③은 타를 초월하고자하는 과도한 욕망입니다. 여기에 빠지면 개인은 불행해질 수 있고, 사회적으로도 환영 받기 어렵게 됩니다.

에피쿠로스가 말하고자 하는 것은 "진정한 행복은 방탕과 욕망 충족이 아니라 모든 정신적·육체적 고통으로부터의 해방에 있다."는 데 있습니다. 이 말 한 마디 안에 에피쿠로스 사상이 다 들어 있다고 할 수 있지요. 하나는 '아타락시아'(αταραξία,마음이 두려움에서 해방되어 평정한 상태)이고, 다른 하나는 '아포니아'(ἀπονία,몸에 고통이 부재한 상태)입니다. 에피쿠로스는 이것을 유지한다면 지속 가능한 쾌락을 누리고 살 수 있다고 보았습니다. 마음이 평정하고 몸이 고통스럽지 않으면 그것이 쾌락이고 행복이 아니겠습니까.

욕망을 줄여 살자는 뜻으로 소확행(小確幸)이란 말도 있습니다. '작지만 확실한 행복'이런 뜻인데, 일본 작가 무라카미 하루키의 수필집『랑겔한스 섬의 오후』에 나오는 말입니다. 갓 구운 빵을 손으로 찢어먹는 것, 서랍 안에 반듯하게 접어 돌돌 만 속옷이 잔뜩 쌓여 있는 것, 새로 산 정결한 면 냄새가 풍기는 하얀 셔츠를 머리에서부터 뒤집어쓸 때의 기분을 그는 소확행이라 했지요. 행복은 소박한 삶 속에 찾는 것이 확실한 행복이라 말했습니다.

일찍이 에피쿠로스가 말한 쾌락도 무라카미 하루키가 말한 소확행도 소박한 행복에서 멀리 있지 않다고 봅니다. 아직 갖지 못한 것을 욕망하느라 이미 갖고 있는 것을 즐길 줄 모른다면 이것은 현재 갖고 있는 기쁨마저 망쳐버리는 일이 됩니다. 이걸 에피쿠로스는 이렇게 말하더군요.

우리는 가지지 않는 것을 바라다가 가진 것까지 망쳐서는 안 되고, 우리가 지금 가진 것도 전에 우리가 바라던 것이었음을 생각해야 한다.

어느덧 2022년이 저물고 한 해를 반성해야 할 시점에 도달하였습니다. 한 해 동안 나는 하잘것없는 일에 분주하였고, 되잖은 욕심 때문에 기분만 잡쳤고, 마음을 비운다 해놓고 욕심만 채우려 든 한 해가 아니었던가하고 반성합니다.

내일이면 이제 2023년을 맞게 됩니다. 새해에는 앞서 말한 에피쿠로스의 쾌락, 무라카미 하루키의 소확행을 기억하고, 현재대로의 나를 사랑하며 한 해를 살아볼 작정입니다.

행복 추구와 박애주의

아도르노(Theodor Ludwig Wiesengrund Adorno, 1903~1969)는 서구 부르주아에 대한 비평을 하면서 행복에 관한 고견을 밝힌 적이 있습니다. 행복추구의 문화적 명령어를 왜곡해서 받아들이는 데에 자본주의 행복의 한계가 있다고 말했지요. 개인 우월주의에 빠져 자신의 안락추구에 매몰된 사회적 질병이 자본주의 행복의 한계라는 것이지요. 이것이 자본주의의 결함이라고까지 지적했습니다.

현대인들은 개인의 타락과 정신적 본질의 상실에 기인한 결과, 정치에 무관심하고 사회 변화를 외면하게 되었다고 하면서 이 현실을 무시하고 행복을 찾는 것은 개인적 이기주의의 행복임을 역설한 사람이 아도르노를 비롯한 프랑크푸르트학파들입니다.

아도르노는 행복이란 어머니 품속(더 근원적으로는 어머니 자궁 속이 아닐까요.)이고 여기서 포근함으로 둘러싸여 포근함을 느끼는 상태가 진정한 행복이라고 하더군요. 그리고 '가지는 것이 아니라 그 안에 존재하는 것'이 행복이라는 말까지 했습니다. 어머니 품속을 벗어난 어린이는 그때야 어머니 품속의 아늑한 행복을 추억하게 된다는 겁니다. 행복은 행복한 상태에서 벗어나 있을 때 비로소 행복의 모습을 발견하게 되는 건 맞지요. 아도르노는 '나는 행복하다.'고 말하는 사람은 거짓으로 행복을 말한다고 하며, 진정 행복한 사람은 자신이 행복에 싸여 있는 자신을 발견하지 못한다는 겁니다. 이게 아도르노의 행복 이야기입니다.

그렇겠지요. 그래서 아도르노는 이렇게 말하더군요. "나는 행복하다고 말하는 사람은 거짓말을 하는 것인데, 그것은 그가 행복을 불러냄으로써 행복에게 죄를 짓기 때문이다."

개인적 행복을 가능하게 하는 것은 주위 여건에 의해 나도 모르는 행복이 찾아올 때라는 겁니다. 말하자면 부의 편재인 부르주아적 편협성만으로는 진정한 개인의 행복은 도래하지 않기 때문에 행복을 위해서는 자본주의적 행복에 도전하여 어머니 품속 같은 여건 조성을 위해 정치와 사회 변화에 적극적이어야 한다는 게 그의 주장입니다.

개인 위주의 자본주의적 행복을 질타한 아도르노는 개인을 초월한 대중의 행복을 위해 정치가 사회가 노력해야 한다고 보고 있습니다만 나는 이런 논리에 대해 비평할 실력은 없습니다. 다만 아도르노와 같은 이념적 입장에서의 행복이 아니라 자본주의 사회 속의 한 개인으로서 행복 추구에 대해서만 관심을 갖고 삽니다.

쇼펜하우어(Arthur Schopenhauer 1788~1860)는 그의 에세이집『소품과 단편집 Parerga und Paralipomena』(1851)에서 '고슴도치 딜레마'란 말을 하더군요. 고슴도치가 추위를 견디기 위해 서로 몸을 기대어 온기를 나누려 가깝게 접근하면 서로의 가시에 찔리어 가까이 갈 수 없고, 그렇다고 떨어져 있으면 추위를 막기 어려운 딜레마를 이렇게 말한 것입니다. 인간의 독립성과 상대와의 일체감 사이의 갈등을 말하기 위하여 고슴도치(나아가 호저 같은 동물)들의 이야기를 한 겁니다.

이익 도모를 위해서는 혼자보다 군집된 힘이 필요할 때가 많지요. 그러나 군집은 개인적 자유가 제한되고, 인간 내부에 존재하는 추악성과의 만남이 예고되어 있습니다. 그래서 인간은 적당한 거리 두기를 하며 가까운 것 같지만 실상은 떨어져 있는 개체일 수밖에 없습니다.

이런 상황 속에서 개인 행복이 어떻게 하면 보장될 수 있을까요. 자기 삶의 가치를 높이는 방법, 즉 자신에 대한 만족감을 키우는 것이 행복이라고 생각할 필요가 있을 것 같습니다. 재물에 대한 집착으로부터의 도피, 나에 대한 타인의 판단으로부터의 도피를 할 수만 있다면 이것은 그만의 자족적 행복에 가까이 접근한 바로 그 사람이라고 생각합니다.

알렉산더 대왕이 디오게네스에게 소원을 부탁하면 들어주겠다 하니, 디오게네스가 뭐라 말했습니까. 당신은 나에게 오는 햇빛을 가리고 있으니 한 발짝 물러서주는 것이 부탁이라면 부탁이다 이랬다는 것 아닙니까. 디오게네스의 입장으로는 내 삶에 있어서는 필요한 것이 별로 없다는 투의 말입니다. 당신처럼 거드름 피울 생각도 없고, 야욕의 노예가 되어 이 나라 저 나라 침략자로 설치고 다니는 꼴이 불쌍하다. 너는 나를 불쌍하다 하지만 나는 네가 불쌍해. 그러니 빨리 꺼져라 이 말한 것 아닙니까. 자신의 행복은 자신에게 달려 있다는 말이 숨어 있습니다.

빈곤한 내 저금통장과 볼품없는 내 행색은 남의 비웃음거리 대상이 된다는 염려로부터 해방될 수 있어야 합니다. 그리고 가진 게 별로지만 한 끼라도 나누며 살면 굳이 아도르노의 의견이 아니라 해도 이것이 행복 아닐까요.

덧셈 뺄셈을 하지 못하면 미적분을 할 수 없듯이 행복의 능력 배양은 기초부터 학습해야 더 큰 행복에 도달합니다. 행복에 대한 기초 학습을 한 사람은 나름대로 행복을 종 부리듯이 데리고 산다 이 말이지요. 인간이 추구해온 지식과 지혜는 이것을 습득한 날로부터 시행착오를 거치고 다듬어져서 우리 앞에 당도하였습니다. 이것 중 하나가 박애주의(博愛主義, Philanthropism)입니다. 인간이 부딪치고 있는 모든 현실적인 차별 즉 인종·종교·신분·풍습·이해관계 등의 차별을 초월하고 인간이 인간을 사랑해야 한다는 당위를 존중해야 한다는 이걸. 어릴 때부터 교육받아야 합니다. 이 정신이 인류를 행복하게 만든다고 가르쳐야 합니다.

아도르노의 말을 나름대로 달리 해석하자면 필요 이상의 재화의 보유는 내 행복을 죽이는 독입니다. 여유가 있음에도 어렵고 힘든 이웃을 나 몰라라 하는 건 죄악입니다. 이 말을 아도르노는 에둘러 말한 것이라면 아도르노의 행복론에 일정부분 나는 동의합니다.

인간 가치에 상처를 낸 인물들

나는 홀수의 개인 독립체가 아닙니다. 인간 사회의 얽히고 설킨 문화의 가시덤불에 묶인 존재이기도 하고, 구성체로서의 일부분이기도 합니다. 나를 지배하는 논리는 구성체로부터 공급받고 영향 받은 결과물, 또는 과거 사람들이 행사했던 가치에 의미를 덧붙여 나를 지배하는 논리로 만들었지요. 『세네카의 인생론』이 말하듯이 인생의 모든 것은 과거로부터 빌려온 것입니다. 긍정적 인간 가치를 빌려온 사람들은 성공에 이릅니다.

고전(古典)이란 옛날 아주 똑똑한 이가 이렇게 삶을 살아야 옳음을 밝힌 책입니다. 전(典)의 글자는 상 위[ㅠ]에 값지고 귀한 책(冊)을 얹어놓았음을 의미하는 글자 아닙니까. 삼국지, 일리아드, 오디세이 같은 고전에는 많은 영웅들이 등장하지요. 영웅들은 이런 생각을 합니다. 어찌하면 전쟁에서 이겨 조국을 구할 것인가, 어찌하면 용감히 전투에 참가하여 명예롭게 죽을 것인가. 어찌하면 심각한 갈등 앞에 정의롭게 행동할 것인가 등등을 학습하게 하는 책이 이런 고전입니다.

항해에 익숙하지 않는 사람은 폭풍우를 염두에 두지 않습니다. 그래서 낭패를 당하지요. 고전 속 주인공의 운명은 나에게도 닥칠 수 있는 운명임을 학습하게 하지요. 그 점에 대비하면 낭패를 막을 수 있음을 말해주지요.

나무에 칠을 하여 아름답게 꾸미었다 해도 세월이 가면 칠은 벗겨지고 본래의 목질이 들어납니다. 한 순간 모면을 위한 거짓의 포장은 곳 맨 살의 진실이 들어나지게 마련이지요.

요새 한창 이슈가 된 '서해 공무원 피살사건'은 바로 이 점을 우리에게 말해줍니다. 이 사건은 2020년 9월 22일 소연평도 해상에서 해양수산부 소속 어업지도원 고 이대준씨(당시 47세)가 실종 끝에 북한군에게 사살, 시체가 불태워진 사건입니다. 1년 8개월이 지나는 동안 문재인 정부가 이 사건을 은폐, 왜곡했다는 의심이 드러났습니다. 이 사건은 크게 세 가지가 문제더군요.

1) 북한군이 이대준씨 신병을 확보하고 사살하기까지 6시간이 흘렀고 그 시간 대한민국은 구출 조치를 하지 않았던 점.

2) 당시 해양경찰청과 국방부는 이 씨 사망 일주일 뒤 중간 수사 결과를 발표하며 이 씨가 "월북한 것으로 판단된다"고 밝혔던 점.

3) 새 정부 들어서자 해경과 국방부는 6월 16일 브리핑에서 "실종 공무원의 자진 월북을 입증할 수 없다"고 말을 바꾸면서 국민 앞에 사과한 점.

1)을 보면 세월호 사건 때가 생각납니다. 박근혜 전 대통령이 국민이 죽어가고 있는 그 순간 7시간을 뭐했느냐가 탄핵에 상당히 영향을

미쳤습니다. 문재인 전 대통령은 국민이 적국의 바다에 표류하고 있는 6시간 동안 뭐했느냐 하는 물음에 답을 해야 합니다.

2)라고 했다가 해경, 국방부는 말을 바꾸어 3)이라 한 발언은 이 사건의 성격 규정에 결정적 근거를 제공합니다. 국민들은 문 정부가 진실을 덮었다. 이 씨를 자진 월북자로 만들었다. 이렇게 의심할 수밖에 없지요. 국군통수권자가 국민이 개죽음당하는 시점에 잠을 잤다는 것도 말이 안 되지요. 정권이 바뀌자 해경, 국방부 태도가 돌변하여 사과까지 하는 이것은 상부의 명령에 따른 것이 잘못이었음을 시사하는 것 아닐까요.

고전 속 인물들 중 인간 가치에 상처를 낸 인물들은 어찌 되었던가. 기구한 삶을 살다 죽습니다. 역사 속에서 사실을 호도(糊塗)하고 정당성을 훼철(毁撤)한 인물들은 긍정적 인간 가치를 망실한 사람들이지요. 그는 결국 사회로부터 어떤 대우를 받았던가. 구성체에서 제외되거나 사회로부터 격리되지요. 얽어놓은 문화의 자장(磁場)밖의 기구한 모습으로 추락하지요. 성미 급한 사람들은 이런 사람들을 개xx라 욕까지 하지요.

제3부

무기교가 최고의 기교

진정 현명함은 기교를 보이지 않는 순수에 있고, 완전함이란 인위적 수단에서 멀리 떨어져 있을 때입니다. 인위적 수단이 행사되지 않고, 저절로 그렇게 완성되도록 내버려둔 상태, 이것이 삶의 방향이고 가치여야 합니다.

아! 대한민국

아시아 대륙에 연결되어 있으면서 삼면이 바다로 둘러싸인 반도국 대한민국은 헌법상에는 남북을 통칭하지만 실질적 대한민국은 남한만을 말하고 약칭해서 한국이라 합니다.

한국 영토는 9만 9,221㎢인데 이만해도 작지 않은 영토이지요. 오스트리아·헝가리·아이슬란드·불가리아·포르투갈·리베리아·쿠바·과테말라·온두라스 등과 비슷한 면적이니까요. 109번째 큰 나라가 한국입니다. 인구수는 51,683,025명(2021년 추계)입니다. 세계 28번 째로 많은 국민을 가진 나라가 한국입니다.

1921년 보고에 의하면 한국은 국내총생산량(GDP)순위가 세계 10위, 거기다 자유 민주국가 중 인구 5천만 명이 넘는 잘 사는 나라를 들먹이면 미국, 독일, 일본, 프랑스, 영국, 이탈리아, 그 다음이 한국이라니 이게 보통일입니까.

자신들이 스스로 개발한 말과 문자를 가진 나라, 석유 한 방울 나지 않아도 질 좋은 석유제품을 양산하여 세계 시장에 내놓고 파는 나라, 질 좋은 전자제품, 모바일 폰이 세계에 쫙 깔려있는 나라가 한국임을 다 아시지 않습니까.

문화와 스포츠는 어떤가요. 클래식 첼리스트 정명화(1944), 바이올리니스트 정경화(1948), 지휘자 겸 피아니스트 정명훈(1953)의 정 트리오 천재 남매들이 세계 음악애호가의 사랑을 받았고, 바이올리니스트 사라 장(1980), 첼리스트 장한나(1982) 등 기악연주자들이 세계를 무대로 활동하고 있습니다.

K-Pop은 아시아 지역을 넘어 유럽, 중동에 이르기까지 확산되었고 특히 '방탄소년단(BTS)'은 세계적 명성을 새로 쓰고 있습니다. 그렇지요. 이게 보통 일은 아니지요. 또 있습니다. 영화 '기생충' '미나리' '오징어 게임'이 국제 영화제에 출품하여 큰 상 받은 것 아시지요. 영화 하면 유럽이라 자부해왔던 터에 한국 영화가 돌풍을 일으킨 셈입니다. 신사 게임 중에 바둑만한 것이 없지요. 세계를 제패한 바둑천재 이세돌(1983), 거기다 1998년 사상 처음으로 일본 본인방전 10연패를 달성한 조치훈(1956), 이렇게 되니 바둑이라면 중국도 아니고 일본도 아닌 한국이라 칭하게 된 겁니다.

골프는요. 박세리(1977), 그 뒤를 이어 박인비(1988)를 비롯해 여 전사들의 맹활약이 보통이 아닙니다. 야구하면 선동열(1963), 박찬호(1973) 이 사람들이 등판하면 미국인들은 열광했지요. 베르린 올림픽 마라톤 대회에서 우승한 손기정의 뒤를 이어 바르셀로나 올림픽 마라톤 우승자 황영조(1970)를 기억하시겠지요. 축구 이야기가 남아있군요. 분데스리가 팀의 차범근 뒤를 이어 맨유 팀의 박지성, 토트넘 팀의 이영표, 분데스리가 팀의 구자철, 잘츠부르크 팀의 황희찬, 아우크스부르크 팀의 홍정호, 지금 한창 맹활약하고 있는 트트넘의 손흥민, 참 대단한 선수들입니다.

엄청난 여자선수도 있습니다. 역도 영웅 장미란. 장 선수는 2004년 아테네 올림픽에서 은메달을 2008년 베이징 올림픽에서 금메달을 획득하였습니다. 양궁, 쇼트트랙, 태권도 이 분야에선 대한민국 선수를 제압할 다른 나라 팀이 사실 없지 않습니까. 대한민국이 이런 나라라니까요. 여기까지는 좋고 훌륭합니다.

말하긴 창피합니다만 돈 주고 샀다는 말까지 나돈 노벨 평화상 말고는 다른 분야 노벨상을 하나도 받지 못한 나라가 한국이라니 이게 어찌된 말입니까. 세계에서 자살률이 높기로 유명한 나라도 한국입니다. 이것 말고 정말 참고 견디기 어려운 게 또 있습니다. 다른 나라에 비해 한국 정치수준이 저질이란 평입니다. 정치인들이 수시로 불법을 저질러 재판 받는 경우는 다른 나라에서도 허다하니 그렇다 치고, 성 범죄 탄로 나자 자살하거나 징역살이 하는 인물이 있는 것도 다른 나라에서도 볼 수 있는 추태이니 이것도 그렇다 칩시다. 전쟁터에 끌려가 일본 군인들에게 유린당한 불쌍한 위안부 출신 할머니들을 등친 인물이 국회의원으로 활약하는 나라가 한국이라니 기가 차지 않습니까.

이건 어떻습니까. 전과 4범, 버젓이 아내가 있음에도 여배우와 놀아나 소송을 당한 인물, 거기다 국가 돈으로 음식 마음대로 시켜먹고, 제사상까지 보고, 국가 공무원을 종 부리듯 사역시킨 파렴치범, 형과 형수에게 무지막지한 욕설을 해댄 패륜아, 말썽난 대장동 개발 사업을 본인 입으로 설계했다고 하여, 범죄 혐의를 의심 받는 인물, 이 사람이 여당 대통령 후보가 되어 지지율 35%를 오르내리는 이상한 나라가 한국입니다. 대통령을 지낸 인물들이 자살하거나 망명하거나 감옥살이하거나 임기 중에 살해당하는 이상한 나라도 한국입니다.

프랑스 정치철학자 토크빌(Alexis de Tocqueville 1805~1859)은 이런 말을 남겼습니다. "모든 국민들은 그들 수준에 맞는 정부를 가진다.(Every citizen chooses a government that suits his or her level.)"라고. 경제적, 문화적으로 대단한 대한민국이 어떻게 이런 정치 수준에 머물고 있는지 한심해서 한 마디 했습니다.

무기교가 최고의 기교

큰 기교는 서투르고 어색하고 어리석게 보입니다. 머리를 굴려서 교묘함으로 현명함을 가식한다 해도 시간이 지나면 결함과 모순은 드러나지요. 진정 현명함은 기교를 보이지 않는 순수에 있고, 완전함이란 인위적 수단에서 멀리 떨어져 있을 때입니다. 인위적 수단이 행사되지 않고, 저절로 그렇게 완성되도록 내버려둔 상태, 이것이 삶의 방향이고 가치여야 합니다. 이것은 남과의 연관에서도 훌륭한 인연의 끈이 되지요. 그러므로 물질적인 외재적 담론에 귀 기울이지 말고, 곧 다가올 자연 그대로의 시간을 기대하면서, 자신을 허위에 가두지 않고, 평이하고 천진하게 놓아두면 됩니다. 차고 넘치는 교만은 억지요, 기만이고, 허위고, 가식입니다. 자기가 자기를 속이는 행위입니다. 자신을 자연스럽게 물같이 흘러가도록 놓아두어야 합니다. 이것이 무기교의 기교입니다.

한가로운 초월적 감흥에 노닐다 보면 자신은 어느새 어린애 같은 순진무구에 휩싸입니다. 이 소박과 순수가 사람 마음을 이끌어 와 나를 행복하게 만듭니다. 근심과 걱정은 대부분은 힘들인 조작행위 끝에 찾아오지만, 목적과 이지(理智), 추구하는 욕망, 이런 인위성을 배제한 자연스러움은 큰 힘으로 나를 아름답게 감쌉니다. 이것이 무기교의 기교입니다.

하늘과 더불어 하나가 되는 삶, 땅을 장판 깔고, 하늘을 이불로 덮는 경지가 아니라 해도 사람과 더불어 조금도 꺼림과 두려움이 없는 이것, 지식으로 세상을 바꾸려는 우둔보다 진정한 본성을 내보이는 이것, 과학사회의 번거로운 속박과 자본위주의 허위로 몸을 저당 잡히고 보면 자기 본연에서 멀리 떨어지지요. 애초 자기와 딴판의 자기가 등장하게 되지요. 이럴 때 자신의 복구를 위해 가식을 벗기려 하는 이것, 천하 사물에는 본래 적은 것도 많은 것도 없으니 부족한 것도 넘치는 것 또한 없음을 알아, 많고 적음에 연연하지 않는 이것, 이것이 무기교의 기교입니다.

뱁새가 숲속에 살지만 그가 의탁하는 것은 작은 나뭇가지 하나뿐입니다. 인간이 깃들어 사는 지구가 광활해도 다섯 자 내 몸 하나 눕힐 공간이면 족한 것 아닙니까. 거만한 차림은 거추장스럽고, 나를 단순하지 않게 합니다. 여기서 해방된 자유로운 상태, 단순한 모습, 이것들을 숭상하는 마음, 이것이 무기교의 기교입니다.

연무가 자욱하고, 적설마저 가득하니, 길은 눈에 덮였지만 앞산 봉우리는 의젓이 솟은 설경, 거기 몇 그루 노송이 눈을 이고 눈 녹기를 기다리는 자세. 천지 풍파 앞에 봉우리처럼 노송처럼 기다림으로 지켜서면 세상은 곧 본연으로 돌아오는 법이니 느긋하게 기다리는 법을 배워야 합니다. 수단에 의지하지 말고, 조급에 부산떨지 말아야 합니다. 이 마음, 이것이 무기교의 기교입니다.

옛 사람들이 즐겨 그렸던 그림을 연상하는 것 또한 내 삶을 풍요롭게 합니다. 유유히 물길은 흘러가고 조각배 위해 낚시를 즐기는 여유, 널따란 바위 위에 엎드려 흘러가는 물을 관조하는 모습, 우주의 기화(氣化), 운전(運轉)을 오동잎 한 잎 떨어짐에서 또는 꽃 한 송이 피는 데서 이치를 찾아 읽으려 했던 풍도(風度)의 주인을 연상하면서, 산은 작아도 우뚝하고 개울물은 옅어도 산을 감고 흐르는 것처럼 작은 것에서 큰 것을 읽어야 합니다. 유한한 것 같지만 무한한 이치를 대변하는 자연을 스승 삼아 살아볼 일입니다. 그러니 일체의 진술은 삶의 찌꺼기를 배설하는 것, 무리한 형색은 남루를 대변하는 것, 진면목을 감추려는 행동은 사람 사이를 어렵게 만드는 것임을 알아야 합니다. 꾸밈이 없는 언행 이것이어야 합니다. 이것이 무기교의 기교입니다.

세 교수들의 잡담

나를 포함한 80이 다 된 퇴직 교수 셋이 자주 모임을 합니다. 각자 전공이 다르지요. 전공과 다른 방면의 독서를 제법 했는지 잡학 잡식이 꽤 많은 척들을 하는 친구들이지요. 며칠 전 저녁 자리에 셋이 또 만났습니다.

A: 내가 요즘 『인간은 무엇이어야 하는가』(백종현: 아카넷 2021)를 읽었네. 서울대 철학과 명예교수가 쓴 책인데, 의미 심장한데가 있더라.

B: 뭣 땜에 의미심장한가를 말해야지.

C: 그 사람 말은 인간은 침팬지 같은 유인원에서 진화해 왔다는 건 다 아는 이야기인데, 요점은 인간이 뭣 때문에 인간이라 하고 침팬지는 왜 동물이라고 하느냐를 설명하더군. 거기서 더 나아가 인조인간이 만들어 질 판인데 이걸 인간이라 해야 하나를 고심하는 글이더군.

B: 그거야 생태적으로 암수가 번식하는 게 생물이고, 남녀가 결합해서 결과를 만드는 게 인간인데 이걸 거부하면 인간 닮은 기계

요 조작품이지. 그런데 그건 그렇다 하고, 결국 그가 말하고자 하는 요점은 인간다움 이거겠지. 동물과 다른 게 인간은 이성을 가졌고, 더 나아가 윤리, 도덕을 행사하는 걸 인간이라 했겠지. 그것 아닌가. 기계인간도 그걸 흉내 내면 인간 범주 안에 든다 그 말 한 건가.

A: 그래. 그걸 우려한 내용이 적혀 있더군. 자네는 우리 셋 중에 아는 게 제일 많은 것 같네. 이왕 내가 발제 했으니 내가 좀 썰을 풀게.

일동: 해봐, 해봐.

A: 상대에게 모욕적인 욕설 혹은 폄하하는 한국어 중 "네가 인간이냐?" 이 말이 있네. 이 말 뒤에는 "짐승이지."가 생략된 것이기 때문에 이 말 들으면 사람들은 열 받지. 인간의 본성 중에는 착한 심성만 있는 것은 아니고, 동물과 같은 야수성도 있는 것 아닌가. 인간의 감추어진 야수성을 들추어낸 문학이 자연주의 문학인데, 생태학적으로는 인간도 동물임을 문학으로 내보였던 적 이 있지?

일동: 그렇지.

A: 인간은 동물과 구별되는 이성이란 걸 갖고 있거든. 이 이성을 밑받침해서 도덕심을 배양하고 도덕 주체로서 인간 존엄성까지를 학습해서 갖추었을 때 비로소 인간답다는 말을 듣게 된다는 말일세.

B: 인간다움의 객관적 명징을 위해 각자 노력하는 것이 또 있지. 인격 말일세.

A: 그래. 인격은 인간 개인 스스로가 규범을 정하고, 이것으로 스스로를 강제하는 자존심, 자신의 자신됨을 외부에 내보이는 차별화된 품위, 이게 인격이지. 여타한 사람들과 다른 나의 고귀함을 내보이는 작전, 이것이 그 사람의 인격이란 말일세.

C: 그렇지 인격은 각자의 소유재산이기 때문에 크기와 질량이 다르다 이 말이지.

B: 인격을 내보이는 데는 자기 손실을 감당해야 할 때가 많지. 내 혜택과 수혜를 포기하고 고통을 감수하면서까지 통속과 세속적 가치와는 다른 내 가치를 보존하는 것, 지금의 나는 여타와 다른 나임을 객관화시켜려는 행동, 이것 아닌가. 나중에는 긍정의 박수를 받을지언정 타와 다른 근사한 인격을 내보이는 일은 어렵고 힘들지.

C: 그게 범속을 넘어선 고귀함이고, 범속을 닮지 않음으로써 인간 가치를 발휘하고자 하는 자기 인간다움으로의 행진이지. 여기까진 알겠는데, 오늘 우리들 앞에 궁극적으로 토설하고자 하는 요점은 뭔가. 칸트 윤리학은 아닐 테고.

A: 한국 살자 하니 인격 파탄자들이 너무 많고 이것들이 설쳐 짜증난다 이 말 할 참이네. 자기 인격적 자산을 포기한 값싼 인간들이 너무 많아서 짜증난다 이 말이야.

C: 조국 이야기하려는 거지?

B: 윤석렬 전 검찰총장, 최재형 감사원장 말하려는 것인가?

A: 그래 둘 다 맞아. 조국 이야긴 이제 신물난다. 불쌍한 그 인간 이야기는 그만 하자.

C: 윤미향 이야기는 해도 되나?(일동 웃음)

A: 애초 윤석열은 나는 정치에 관심 없고 소질도 없어서 정치할 생각이 없다고 한 사람 아닌가. 그가 정치판에 나선 것인데, 이번에는 최재형이가 또 나선다는구먼.

C: 이 두 사람은 가장 상식적인 일을 했음에도 영웅이 된 인물들이다. 마땅히 자기 할 일 했는데 영웅이 되는 나라가 한국이라면 한국 참 문제 많은 나라 아닌가. 이게 슬픈 거지. 그건 그런데 이 두 사람이 대질리면서 서로 대통령하려 하는 건 문제가 있는 것 같은데…. 둘 다 대쪽 같은 성질, 원칙을 준수하는 직업윤리, 그것이 자신의 존재가치라 생각했던 사람들이지, 그렇게 하지 못하는 자들의 영웅이지 우리 같은 사람들에겐 굳이 영웅이랄 수야 없지 않은가.

A: 최재형의 초등학교 친구 중 김민웅 목사가 있는데 이 목사가 대뜸 시편에 나오는 "복 있는 사람은 악인의 꾀를 따르지 아니하며 죄인의 길에 서지 아니하며 오만한 자의 자리에 앉지 아니하며 오로지 주님의 율법을 즐거워하며 밤낮으로 율법을 묵상하는 사람이로다."를 소개하면서 대통령 될 헛된 꿈을 버리라고 말하더군.

B: 그 말은 친구 아니면 말하기 어려운 말인데 잘 말했다고 생각하네만 본인이 마음의 결정을 내렸으면 고쳐먹기 힘들 거야. 국민여론이 긍정한다고 해서 우쭐대지 말고 당신의 가치는 감사원장으로서 제대로 행사하는 것만으로 족한데, 그 위에 뭘 더 바라는가 하는 말이 김 목사 말이지. 사실 윤석열이도 하도 이 나라

정치판이 썩었으니 네가 나와 바로 잡아 봐라는 국민 명령을 받들어 대통령 되려는 것이라면 이런 사람은 한 사람으로 족해야지 안 그런가.

A: 거기다 김 목사는 근사한 말로 당부하더군. "온유하고 겸손하게 기도하면 더욱 명예로운 길이 열릴 걸세. 일생을 통해 쌓아온 인격의 존엄함을 잘 지켜나가기를 비네. 자신과 가족들이 부질없고 하염없이 상처를 입게 될 늪으로 덥썩 걸어 들어가지 말고, 부디."라는 글로 끝맺더군. 내가 복사해 왔으니 읽어들 보게.

C: 그렇지. 국민들에게 인기가 있다고 다 대통령 되려 하면 안 되지. 최재형은 친구하나 잘 뒀구먼. 그런데 최재형이를 꼬드겨서 대통령 만들려고 하는 사람들 이게 문제인 것 같은데, 어떤 부류의 사람들일까.

B: 윤석렬이 박근혜 특검수사팀장으로 있을 때, 박근혜와 최서원이 경제공동체라고 인정하여 30년 구형 때린 것 알지? 이걸 불쏘시개로 만들어 윤석렬 흔들려 하는 세력들이 있겠지. 이들이 경상도 정서를 살려 최재형을 옹립하여 윤석렬과 맞대결시키려 하는 장난 아닐까 하네. 누가 되도 좋은데 문정권을 타도할 힘의 응집력, 이게 과연 누가 크고 셀까.

C: 귀한 사람들인데 둘이 대질리면 한 사람은 큰 상처를 입게 될 것을 우려해서 김 목사가 따끔하게 하는 말 같구먼.

B: 그렇지. 그런데 우리의 불쌍한 문재인이는 김민웅 같은 친구가 없는 모양이더라.

A: 그것도 그 사람의 역량 아니겠나. 좋은 친구를 가지려면 제가

좋은 친구를 가질 역량이 준비되어야 하는 것이지. 안 그런가. 그 친구 대통령 마치면 과연 안녕할까.

B: 이 사람아 그런 말 하지 말게. 누구처럼 고소당한다.(일동 웃음) 이 나라 대통령은 저보고 심한 말하면 당사자를 고소한다. 이걸 알아야 돼.

C: 우리가 제법 마셨네. 나는 좀 취하는데. 이제 자리를 뜨면 좋겠네.

B: 그 뭐 심대한 이야긴 줄 알았는데 오늘 저녁 이야기도 우리가 가끔 했던 주제로 돌아왔군. 그래 자네 말이 맞네. 자기 존재가치를 위해 목숨까지 던지는 사람들이 있지 않는가. 우린 그런 사람들 축에는 못 들지만 그런 세계를 동경하면서 남은 삶을 우리 인격대로 잘 살아보세. 오늘 주제도 재미있었네. 자 한 잔 쭉 하고 할마이 기다리는 집으로 가세. 벌써 9시가 넘었네그려.

일동: 그러세.

역사를 보는 새로운 시각, 백남운(白南雲)을 생각하며

일제강점기 시대 한국사를 연구한 일본관학자 중에 후쿠다란 인물이 있었습니다. 그는 한국의 근대화가 늦은 이유를 봉건제 결여에 있다 하면서 정체(停滯)된 한국사회를 근대화시키기 위해선 일본의 역할이 필요함을 주장했습니다. 한 걸음 더 나아가 일선동조론(日鮮同祖論)까지 주장하였지요. 여기에 반기를 든 신채호(申采浩)와 최남선(崔南善)이 있었습니다.

신채호는 조선일보 연재(1924.10.13.~1925. 3.16)를 통해 우리 민족은 중국과 맞먹을 정도로 힘이 세었지만 후대에 와서 약화되어 조선 근세에 와서는 사대주의 노예가 되고 말았다 하였지요. 결정적 사건은 '묘청의 난'인데, 묘청은 낭불사상(화랑+불교), 국풍파(國風派), 독립당, 진취사상을 가진 반면, 김부식은 유가사상, 한학파(漢學派), 사대당, 보수사상을 대표한다고 보았습니다. 묘청의 난을 제압한 김부식은 삼국사기를 사대주의 입장에서 기술하면서 낭가(郎家)의 역사와 고구려의 진취적 사고를 역사에서 지워버렸다고 하였습니다.

총독부는 조선의 고유 신앙을 귀신 신앙으로 여겨 미신타파의 대상으로 간주했지만, 최남선은 단군신앙을 부흥하여 '조선민족의 정신 작흥'을 도모하려 하였습니다. 민족주의 사관과 내선일체(內鮮一體) 사관이 서로 대질리고 있을 때, 둘 다 틀렸다고 주장하는 청년 학자가 나타나 세상을 놀라게 하였지요. 백남운(白南雲)입니다.

그는 도쿄고등상업학교(東京高等商業學校)와 동경상과대학(東京商科大學)을 졸업한 뒤, 나이 30세 때인 1925년부터 연희전문 교수로 재직하면서 두 권의 경제사 <조선사회경제사>(1933), <조선봉건사회경제사>(1936)를 썼고, 그 외 <조선민족의 진로>(1946)를 썼으니 당시로서는 대단한 인물인 것은 맞습니다. 그는 두 권의 경제사를 통해 한국의 역사도 세계사적 발전 과정에 따라 발전해왔음을 주장하였지요. 즉, 한국 역사 역시 원시공산사회-노예사회-봉건사회-자본주의사회라는 보편적 역사발전의 단계를 거쳐 왔음을 증명하려 두 권의 조선사회경제사를 썼습니다.

백남운은 이 책에서 신채호(申采浩)의 민족사관이나 최남선(崔南善)의 단군신화론은 원시 씨족공동체 내지 민족 형성의 역사 관점을 전혀 이해하지 못한 비역사적인 견해라고 비판하고, 일본 관변학자들의 한국 정체성이론이나 특수성이론까지 비판한 뒤, 그 대안으로 유물사관의 일원론적 발전법칙을 제시하였습니다. 특히 최남선의 민족주의 역사학이 '초월적 절대적인 무엇'(조선심·조선의식·조선얼)을 강조하여 한국문화를 독자적 소우주로 신비화·특수화시키려 했고, 신채호가 주장한 세계성보다는 한국이란 여건의 '한국 특수 사정론'은 감상적이라 비판했지요.

당시의 역사 서술이 왕조 중심이거나 정치사 중심의 관념사관인데

반하여, 피지배계급에 역사의 초점을 맞춤으로서 한국사회경제사 연구의 효시가 된 점은 부정하기 어렵지만, 프롤레타리아 계급성을 지나치게 강조하여 민족문제를 과학적으로 인식하지 못했다는 비판은 남아 있습니다. 이런 결함은 있다 해도 한국사의 발전과정을 세계사적인 안목에서 보았다는 점, 다시 말해 마르크스의 유물사관을 한국사에 적용해 원시씨족사회·노예경제(삼국시대)·아시아적 봉건사회(삼국시대말~조선 후기)·자본주의로 시대구분하여 기술한 점은 평가 받을만하다 생각됩니다.

그는 이북으로 가서 김일성 주의에 편입되어 최고인민회의 대의원, 교육상, 최고인민회의 의장 등의 요직을 맡아 잘 살았지요. 어설픈 접합으로 유물사관에 의한 한국경제사를 기술한 것까진 좋은데 이걸 보완하지도 더 나아간 이론도 남기지 못한 채 그는 죽었지요.

오늘, 나는 유물사관이나 백남운을 두둔하려 이 글을 쓰는 건 아닙니다. 단선적 연구의 편협성을 극복하는 것이 학문 세계라면 그것이 맞든 틀리든 백남운 같은 학자의 등장을 경계할 필요가 없다는 생각을 말하고자 한 겁니다.

한국 정치사를 기술한다면 한국 정치사는 보수와 진보로 나누어지겠지만, 정객들은 속칭 보수에서 진보 쪽으로, 진보에서 보수 쪽으로 이사(?)를 자주하는 꼴을 보면 보수와 진보의 정체성(正體性)의 확립 없이 정치를 하는 것 같습니다. 진보가 친북좌파의 시선이라면 진보의 원래 개념과는 영 다르지요. 민주화 운동을 하다 감옥에 갔다 오면 진보인사로 행세하는 것도 이상한 일 아닙니까.

극단적 구분은 자본주의냐 마르크스주의냐, 이것이 냉엄하다면 자본주의 시장경제 시각이냐 노동자와 하층민 삶의 시각이냐가 보수와 진보의 차이여야 한다고 봅니다.

과거 김달호(金達鎬)란 정객이 있었지요. 일본 쥬오(中央)대학교 법학부를 중퇴, 일제 고등문관시험(高等文官試驗) 사법과에 합격. 광복 후 서울고등검찰청 차장검사를 역임한 그는 사회민주주의 이념을 표방하는 혁신계 인사들과 정치노선을 같이하여 1956년 조봉암(曺奉岩)·이동화(李東華)·박기출(朴己出)·윤길중(尹吉重) 등과 함께 혁신정당인 진보당을 창당하였습니다.

이들이 1958년 자유당의 북진통일론과 대치되는 평화통일론을 표방하자, 자유당정권은 진보당의 혁신계 인사들을 대거 투옥시켰는데, 진보당의 부위원장이었던 그도 체포되었으나 대법원에서 무죄로 석방되었지만, 위원장이었던 조봉암은 1959년 간첩죄로 사형을 당했지요.

김달호는 계속 혁신정당의 조직을 위하여 활동하다가 제2공화국을 맞이하면서 사회대중당을 결성, 제5대 민의원에 당선되고 사회대중당의 중앙집행위원장을 역임하면서 한국의 보수정치체계에서 혁신정당의 정착을 위하여 지도급 인사로 활동하였습니다. 그러나 1961년 5·16이 발발하자 사회민주주의 인사를 자유민주주의 체제를 부정하는 자로 간주, 군사혁명 세력에 의하여 군사혁명재판소에 체포되어 15년의 징역형을 언도받았지요.

세월이 흘러 지금은 그때와는 다릅니다. 그래서 말인데, 영국의회가 보수당과 노동당, 독일의회가 기독교 민주연합(기민당)과 사회민주당(사민당), 미국의회가 공화당과 민주당의 두 큰 세력이 서로 각축하듯이, 한국 정당도 노선의 선명성을 확보한 보수와 진보가 서로 멋진 정책 대결을 하는 모습, 이걸 구경하고 싶습니다.

가짜 뉴스가 나라를 어지럽힌다

정치인들은 표를 얻기 위해 실행하기 어려운 공약을 남발하는 경우가 많습니다. 그래서 사람들은 정치인을 두고 강이 없는데도 다리 놓아주겠다고 공약하는 사람들이란 야유를 보내지요.

신문은 인터넷 신문의 등장으로 발행부수가 줄어들자 이를 타개하기 위해 교양이나 삶의 가치를 돋보이는 기사 대신 구독자의 입맛에 맞는 기사 중심으로 신문을 만들거나 자극적인 기사를 싣거나 합니다. 사회적 계도(啓導)가 될 만한 긍정적 기사를 싣고자 해도 이를 발굴할 수 있는 전문기자가 적어 어렵고, 대신 폭로성의 기사를 실어 판매부수를 높이려 합니다.

광고비만 많이 주면 약효가 수상한 건강 제품 판매를 권하는 광고라도 언제든지 실어줍니다. 광고주들은 인기 있는 배우 혹은 가수를 등장시켜 제품의 신통함을 과포장합니다. 여기까지는 그래도 일반 대중에 큰 피해를 주지는 않습니다. 영 근거 없는 소리는 아니니까요.

한때, 황색언론(黃色言論)이란 말이 언론에 자주 등장하였습니다. yellow journalism을 번역한 말로서 원시적 본능을 자극하는 기사나 흥미 본위의 보도를 통한 선정주의적 저널리즘을 이렇게 말합니다.

여기서 나아가 언론 윤리에서 벗어나 자극적, 편향적, 선정적인 기사에 치중하는 언론도 황색언론이라 부릅니다. 『선데이 서울』을 비롯해 많은 흥미본위의 저널들이 판을 친 것 기억날 겁니다. 이것이 문제이긴 하지만 이것도 그리 큰 문제라 할 수야 없지요.

큰 문제는 사실이 아닌 것을 사실인 것처럼 꾸미어 여론 몰이하는 가짜 뉴스입니다. 이게 보통 문제가 아니기 때문에 이걸 오늘 언급하려 합니다.

국가선전기구를 장악하고, 최후까지 히틀러를 보좌했던 괴벨스(Paul Joseph Goebbels 1897~1945)는 1945년 미국과 영국이 독일 드레스덴 시를 공습하자, 연합국의 잔인함을 부각시킬 필요가 있다 생각하여 당시 드레스덴 경찰에 의해 집계된 공습의 사망자 수 2만 5친 명에 0을 하나 더 붙어 한 차례의 공습으로 무려 20만 명이 사망했다는 가짜 뉴스를 퍼뜨렸습니다. 이걸 독일 전시뉴스로 보도한 것을 넘어 스웨덴이나 스위스 등 중립국 언론에 뿌렸고, 이 가짜 뉴스가 연합국 시민들에까지 분노를 사게 했지요. 이 전쟁 그만하자, 죄없는 사람들을 너무 많이 죽이는 것 아니냐란 여론이 나오기 시작한 거지요.

트럼프는 사소한 거짓말에서부터 중대한 국가정책에 이르기까지 거짓말을 많이 한 미국 대통령이었습니다. 미디어가 자신의 취임식에 모인 관중 수를 25만 명으로 보도하자 이건 거짓이라며 사실은 100만 명이지만 언론이 자신을 질시해서 이런 짓을 한다고 흥분했지요. 그리고 언론들이 자신의 지지율을 낮게 조작했다고 흥분하였습니다. 재선의 밑그림을 그리려는 의도 아니었을까요?

2008년 이명박 정부가 미국산 쇠고기 개방을 추진하자 MBC PD

수첩에서 앉은뱅이 소를 보여주며 광우병 괴담을 유포했지요. 그러자 겁에 질린 시민들이 광화문에 모여 쇠고기 수입반대 촛불집회를 연일 계속했습니다. 좌익 단체들이 '뇌송송 구멍탁'이라는 구호를 내걸었습니다. 이로 인해 이명박 정부 지지율이 20%대까지 떨어지고 국정 운영에 동력을 잃었습니다. 미국산 쇠고기 수입 이후 10년 넘도록 한국에서 광우병에 걸린 사람은 단 한 명도 없습니다. 그리고 이 가짜 뉴스를 생산한 인물은 어떠한 처벌도 받지 않았습니다.

박근혜 대통령 탄핵을 주장한 네티즌들은 박근혜가 청와대 안에서 굿판을 벌렸다거나, 세월호 사건이 일어났을 때, 박근혜는 관저에서 엉뚱한 짓을 했다거나, 정유라가 실은 박근혜 딸이라는 허위사실을 유포하였습니다. 지지율은 폭락했고, 역시 국정 운영력을 상실하였습니다. 이건 음모론이지요. 진실을 고립시키고 신뢰를 폭락시키어 반사이익을 추구하려는 짓 아닙니까.

이번엔 선거를 아주 망가뜨린 가짜 뉴스 이야기를 좀 하지요. 제16대 대통령 선거 당시 김대업이란 인물이 오마이뉴스, 일요시사 등에 가짜 정보를 제공했습니다. 이회창 두 아들의 체중 미달로 인한 병역 면제는 사실과 다르다는 것이었지요. 자기가 보증한다는 말까지 했지요. 하지만 이회창의 두 아들의 병역 의혹은 사실무근으로 밝혀졌고, 김대업은 대선이 끝난 후 명예훼손 및 무고, 공무원 자격 사칭 등의 혐의로 징역 1년 10개월의 형을 선고받았습니다. 이 가짜 뉴스로 당선이 유력시 되었던 이회창은 낙선하고 말았습니다.

2017년 대선 과정을 이야기할 차례입니다. 김경수가 '드루킹' 김동원과 공모해 저지른 여론조작이 1·2심에 이어 지난 21일 대법원에서까지 일관된 판결로 유죄가 확정됐습니다. 여기에 여당 대선 예비후보들의 발언이 가관입니다. 이낙연·정세균·추미애·김두관은 물론, 이재명·박용진까지 일제히 김 지사를 두둔하더군요. "증거우선주의 법원칙 위배"라 하는가 하면 "(김 지사) 결백을 믿는다" "불법 방식을 동원할 필요가 없었던 선거" "너무도 안타깝다" 등의 논평을 냈습니다. 판결을 부정하고 '공동정범'으로 확정된 범죄자를 옹호하고 나서는 이 모습을 보면서 이런 비양심이 대한민국 대통령 되면 어쩌나 하는 생각이 들더군요.

김경수는 26일 창원교도소에 재수감됐지요. 창원교도소 앞에 도착한 김경수는 "사법부가 진실을 밝히지 못했다. 있는 그대로의 진실이 바뀔 수 없다"며 "외면당한 진실이지만 언젠가는 반드시 제자리로 돌아올 것"이라고도 하더군요. 이와 비슷한 말을 한 사람이 있습지요. 국무총리 시절 한명숙은 건설업자로부터 1억 원짜리 수표를 받아 여동생 전셋집 자금으로 썼고, 2억 원은 되돌려 준 사실에 대해선 어떤 말도 하지 않더니, 징역 2년을 선고 받자 '역사와 양심의 법정에서는 무죄'라는 얼토당토 않는 말을 한 것과 유사한 말을 하고는 김경수는 감방 갔습니다. 이 사람들 왜 이럽니까.

김대업이나 김경수는 특정한 인물을 대통령 만들려고 가짜 뉴스를 생산 배포하였다는 데서 출발하였고, 결과는 특정인 당선에 기여하였습니다.

아주 최근의 저질정보 이야기도 좀 하지요. '열린공감TV'가 윤석열 전 검찰총장 아내 김건희와 A 변호사가 혼전 동거설을 제기하자 A 변호사는 27일 "동거설은 사실이 아니다"라며 해당 매체를 상대로 법적 조치에 나서겠다는 입장이고, 윤석열도 "악의적 오보"라며 "가장 강력한 법적 조치를 취하겠다"고 했습니다.

A 변호사는 "모친은 고령에 거동을 제대로 하지 못하며, 귀가 어두워 가족에게도 동문서답 하는 등 치매기가 있어 정신 상태가 온전치 못하다"고 했습지요. 그런 사실이 있었다 해도 특정 언론이 나서서 개인 사생활을 공개할 필요가 없고, 사실이 아니라면 그에 따른 책임을 져야합니다. 며칠 전에는 서점 주인이란 자가 자기 점방 벽에다 윤석열 아내 얼굴을 그려놓고 과거 여럿 애인이 있었다는 문자를 적어놓았는데 여론의 뭇 매를 맞았습니다. 뭐하는 겁니까. 이게 이 나라 수준입니까. 윤석열이 과연 대통령감이 되느냐 하는 자질 문제가 초점이 되어야지 혼전의 윤석열 아내가 어땠다 이게 중심 화제로 등장할 이유는 없습니다.

사실이 아닌 걸 사실처럼 폭로하거나, 없던 일을 있던 일로 꾸며대는 가짜 뉴스 이것 정말 곤란합니다. 저질정보, 허위정보는 민주주의를 상처 입힙니다. 이것들이 범람하면 불확실성을 키우고 분열을 재촉하기 때문이지요. 이런 일을 자행한 인물들은 엄히 다스려야 합니다. 감옥 1,2년 갔다 오는 걸로는 죄에 비해 양형이 너무 가볍다 생각들지 않습니까. 10년은 과하고, 한 5년은 콩밥 먹고 사람 되어 나오도록 해야 하지 않겠습니까.

다시 한 번 '붉은 악마'가 되고 싶다

우리를 우리 되게 만드는 것은 일차적으로 재능, 한계, 취약점 등타고난 선천적 기질이라 할 수 있습니다. 이차적으로 이 선천적 기질이 외부영향을 받아 상호 작용의 결과로 재탄생 과정을 겪는다고 할 수 있지요. 거기다 우리가 이런 모양의 인생으로 태어난 것 역시 우리의 의시와 부관합니다. 인종, 피부색, 성별, 태어난 시간과 장소, 가족, 양육 방식에 이르기까지 여기에 우리의 의지가 참가할 여지는 없었던 겁니다.

또 있습니다. 애초 우리가 원하는 그 무엇이 될 것 같은 희망을 가지는 것은 나쁘지 않지만 무슨 인물로 성공하고 싶은 욕망 때문에 오늘의 우리가 된 것은 아닙니다. 인간의 의지가 상당히 작용하였다 해도 우리의 의지와 상관없이 그 무엇이 우리를 간섭하고 결정짓기조차 한 것이 현재의 우리입니다.

인간은 언제나 사회 환경에 적응도 거부도 하면서 진화합니다. 기회의 포착도 장애의 극복도 개인의 안목과 능력마저도 상호 작용해서 오늘의 우리가 이룩되었다는 말입니다. 우연이라고나 할까, 재수좋은 일이 행운을 가져다 준다고나 할까, 하여간 이런 것이 있다는 겁니다.

실패가 없는 인생은 없습니다. 성공한 사람은 실패를 더 나은 방향으로의 돌파구로 삼았거나 실패를 교훈으로 삼은 사람입니다. 국가도 이와 같이 실패한 경험을 교훈으로 삼고 이를 개선해 나가야 발전합니다.

한국이 경제적 측면에서 빠른 성장을 할 수 있었던 이유는 첫째, 급속한 경제성장과 괄목할 만한 구조적인 변화를 잘 겪었기 때문이라 할 수 있지요. 1962년 국민총생산(GNP)은 23억 달러였는데, 1999년에 4,021억 달러로 늘어나 연평균 경제성장률 8%를 상회했고, 그리하여 이 시기에 1인당 GNP도 87달러에서 8,581달러로 크게 늘었습니다.

이 시기 GNP상의 농림어업 부문이 차지하는 비중 36.6%를 5.4%로 축소시키는 대신 광공업의 비중은 16.3%에서 31.9%로 2배 가까이 확대시켰고, 거기다 사회간접자본 및 서비스 부문의 비중도 47.1%에서 57.9%로 증대시켰습니다. 둘째, 교육에 대한 집중적인 투자로 인적 자본이 상당한 수준으로 축적되었고, 이것으로 수출증대를 향한 고급인력의 고용 확대가 일어났습니다. 셋째, 자립경제 체제의 운영이 큰 힘이 되었습니다. 자립경제 체제로 국민경제가 잘 운영되었다 이 말입니다. 넷째, 이 시기에 큰 국제적 외환과 내환이 없었다는 점을 들 수 있습니다. (베트남 전쟁은 불행한 전쟁이었지만, 이 전쟁은 한국 재건에 기여를 했다고도 할 수 있습니다.)

한마디로 운이 좋은 시기에 우리의 노력을 보탠 결과가 오늘의 한국이 되었다 할 수 있지요. 오늘을 사는 우리는 또 다른 비약을 위해 어떤 노력을 경주해야 옳느냐 이게 남은 문제 아닙니까.

2002년 5월 31일~6월 31일에 걸쳐 우리들은 실성한 사람들처럼 붉은 옷을 걸치고 광화문, 서울시청 앞 광장은 물론 전국 구석구석에서 응원의 함성으로 들끓었지요. 외신들은 연일 이런 나라 처음 본다고 보도를 해댔습니다. 우리가 우리를 두고 놀라는 사건이 일어났습니다. 우리가 세계 4강의 축구로 등극하다니!

곧 월드컵 대회가 열립니다. 이때 과거 우리의 뜨거운 열정을 다시 불 붙여 이것으로 생활의 활력을 찾고, 국민 모두 하나 되는 잔치 마당의 기회를 가졌으면 합니다.

이태원 참사의 슬픔이 덜 가신 이 마당에 월드컵 응원 말이 왠 말이냐라고 말하는 분도 있겠지요. 그러나 이 참사의 잘잘못을 따지는 일은 그 일대로 진행되어야 하고, 책임질 사람들은 책임을 지게 하고, 재발 방지책 또한 강구하면 됩니다. 세월호 참사 때처럼 초상집 슬픔을 오래 연장시키는 이런 짓거리로 국민을 속이려 들면 안 됩니다. 이제 안 속아야 합니다. 이제 슬픔을 잊고 다시 한 번 '붉은 악마'가 되어 벅찬 감격으로 길 거리에서 미친 듯 박수 치며 '대-한민국'을 외쳐 봅시다. 그리고 다시 우리 태어납시다.

순혈적 민족주의의 허망

나치즘의 탄생 배경 중 하나는 아리아인(게르만인)은 세계 인류의 발전에 기여할 민족이므로 순수 혈통을 보호해야 한다는 관점에서 출발했습니다. 나치 집단은 유대인이야말로 자본주의로 자기 보존과 확보에 안주하는 기생 인종처럼 여겼지요. 이에 반하여 계급갈등을 초월하는 아리아인만의 국민결속을 홍보하면서 폐쇄적 민족주의로 출발한 이것이 나치즘의 비극의 시작이었습니다.

북한이 주장하는 주체사상 역시 한민족의 민족 단일성과 우수성과 그것으로의 구심으로 타와 구별되는 나라를 만들겠다는 폐쇄적 민족주의가 밑바닥에 깔려 있습니다. 이런 논리에서 보면 미제국주의에 편입된(?) 남한이 한심스런 존재로 여겨지겠지요. 우리 북조선은 주체적 활동을 하고 있는 자주 국가이지만 남조선 괴뢰도당은 일본식민지에서 벗어나더니 이젠 미제국주의 식민지 행세하는 꼴이 측은하고 딱하다고 생각하겠지요. 그럴까요. 그렇다면 주체다 뭐다 떠들기 전에 6.25 전쟁 때 소련과 중국에 기대어 무기 지원에다 중공군의 투입을 요청하지 않았어야 주체라 말할 수 있는 것 아닙니까.

북한의 주체사상은 혁명과 건설에서 주인다운 태도를 가지는 것,

다시 말해 자주적 입장, 창조적 입장을 견지하는 사상이라고 주장하고 있습니다. 지도적 지침은 '사상에서 주체, 정치에서 자주, 경제에서 자립, 국방에서 자위'를 구현하는 것이라고 떠듭니다. 통치자 역시 백두혈통이라는 순혈주의에 의해 세습되는 것이 당연하다고 봅니다. 북한에서는 피부가 다른 외국인과의 결혼은 금기시되어 있지요.

남한은 이런 북한 논리를 어찌 받아들이는가. 한국 전쟁을 거치면서 반공체제가 공고히 되어 한국 내 공산주의자들 거의 대부분이 궤멸되었습니다. 반공사상이 학교 교육으로 전파되었으며, 공산주의 국가와는 외교 단절은 물론, 정보 교류조차 금하였지요. 6.25의 상흔은 김일성 정권에 강한 증오와 거부감을 불러일으켰습니다. 이런 논리가 상당히 유효하여 전쟁주범 김일성을 증오하기 시작했지요. 이것은 박정희 정권 들어서는 더 노골화 되었습니다.

10·26 사태를 겪고 12·12 군사 구데타로 전두환 신군부(新軍府)가 들어서면서 군사독재에 저항하는 학생 운동이 일어났습니다. 특히 1980년 5·18 광주 민주화 운동에 군부의 유혈진압은 이루고자하는 '자유민주주의체제'의 소망이 무너짐과 동시에 자유수호자로서의 우방인 미국이 이를 묵인하였다는 판단으로 미국에 대한 신뢰에 강한 의문이 생기자 여태 숨죽여 왔던 마르크스주의 정치운동세력이 대학가를 중심으로 성장하였습니다. 여기에는 마르크스 사상과 함께 북한의 주체사상도 대학가에 유입되었지요. 70년대 대학가는 마르크스주의파와 주체사상파 중심의 학생 노선투쟁이 벌어지고 어느 파가 학생운동의 주도권을 쟁취하느냐 문제로 시끄러웠습니다.

80년대 주체사상을 흡수한 세력들이 기성정치권에 유입되어 제도

권정치로 활동무대를 넓혔습니다. 주체사상파(줄여서 주사파)는 조선민주주의인민공화국의 지도이념인 주체사상을 지지하는 친북(親北) 세력들입니다. 1960년대 생 80년대 학번이 주류를 이룹니다. 이들이 학습한 내용의 주체사상은 인민대중이 역사의 주체이고 김일성 수령의 영도를 받드는 것은 물론 수령에 대한 충실성이 주체 확립의 핵이라고 생각합니다.

남한이나 북한이나 우리는 같은 인종으로 예전처럼 하나가 되어야 한다는 논리는 남북 모두의 염원입니다. 그러나 인종이란 뭔가를 따져보면 여기엔 고심해야 할 부분이 상당히 있지요. 흔히 인종을 코카사스 인종에서 볼 수 있는 신체적 특징에 의한 구분, 유대인들처럼 종교에 따른 구분, 영국 인종(British race)에서와 같이 민족(국민) 개념으로의 구분 등이 있을 수 있지요. 아니 해부학적 입장에서 피부색, 머리카락의 조성, 몸이나 얼굴 모양으로의 특색, 내과적 생리학적 입장에서 대사율, 유전적 형질, 호르몬 활동의 특색, 또 혈액성분에 따라 혈액성분의 어떠함으로 따져 인종이 어떻다 할 수도 있겠지만 그렇게 구분해본들 그래서 어쨌다는 건가 하는 의문 앞에서는 무의미한 것입니다. 국가라는 울타리 안에서 헌법적 가치를 공유하는 것이 중요한 문제이지 겉 거죽만 같다고 해서 적을 민족 범위 안에 넣어 동질을 외치면 엉뚱한 일입니다.

아리아인(게르만인)은 세계 인류의 발전에 기여할 민족이므로 순수혈통을 보호해야 한다면 이런 일을 어째서 아리아인들만이 할 수 있는가에 대해 납득되는 설명이 필요합니다. 인종이 다르다 해도 더불어 같이 잘 살면 되는 게 국가인데 우리 인종 말고 타 인종은 배제해야 한다면 이런 고립주의로서는 세상 살기 어렵지 않겠습니까. '백두혈통'도 좋고 '우리 민족끼리'도 좋고 나아가 '주체사상'도 좋은데 그건 그들 나름의 삶의 방식이니 안타깝지만 어쩔 수 없는 그들의 노릇이지요.

대체 순혈주의 이게 가능한 건가요. 피부가 어떻든 정들면 같이 사는 건데 이것마저 부정한다면 인간의 행복은 어디서 찾아야 하는가요. 유대인은 혼혈이다 아니다를 따지지 않습니다. 2천년이 넘게 남의 나라 땅 밟고 살았으니 그 땅 사람들과 피를 섞고 살 수밖에 다른 도리가 있었겠습니까. 다만 유대정신만은 간직해야 나라를 건설한다는 일념이 오늘날 유대교가 된 것입니다. 이것이 이스라엘을 지탱하는 힘입니다. 북한의 주체사상 역시 종교와 비슷한 이데올로기라 생각듭니다. 그 나라는 그 나름의 철학대로 살면 되고 우리는 우리식으로 살면 되는 겁니다. 사고가 서로 다른 마당에 함께 한 가족처럼 살기는 어렵지요. 홍콩 사태를 보지 않았습니까. 두 나라로 서로 잘 살면 되는 것이지요. 어제의 동포가 오늘은 적으로 대치된 마당에 굳이 북한을 도울 생각이라면 우리가 도우는 만큼은 아니라 해도 사이좋게 살 방도의 성의와 노력을 보여줘야 사람 노릇인데 이게 안 되니 딱하지요. 이런 마당에 북한을 돕자고 한다면 이적행위 같이 비칩니다. 이 일을 어찌해야 합니까.

제일 안 된 것은 북한은 남한을 남한은 북한을 정치판에 끌어와 긴장을 고조시켰다가는 어느새 그럴 듯한 관계처럼 위장했다가 다시 긴장하게 하는 이런 장난으로 양 국민을 속이는 행위, 이게 슬프다는 겁니다. 얼마 전 남북 전화가 개통되었다 하여 여권에서는 기쁨에 넘쳤지만 이 주 뒤엔 북한은 불통을 만들더군요. 이번이 처음이라면 이해되지만 여태 끊었다 이었다를 반복하는 터이니 한심하지요. 속된 말로 북한이 남한을 공깃돌처럼 갖고 노는 것 같아 화가 엄청 난다 이 말입니다.

김일성이 적화통일을 달성하고자 일으킨 전쟁은 민족적 비극으로 막을 내렸습니다. 이 비극을 연출한 주연 김일성은 전쟁의 책임을 느끼지 않고 오히려 미국을 통일 훼방꾼으로 지목함으로써 전범으로서의 가책에서 벗어나려 하였지만 히틀러는 스스로의 가책과 역사적 책임을 진다는 의미에서 자살하였습니다.

이런 북한인데 주체사상을 추수(追隨)하려드는 주사파 이 사람들이 제 정신인가 하는 의아심이 납니다.

역사에서 인생을 배운다

기원전 5세기 중반, 헤로도토스(Herodotos, BC 483-430?)는 『역사』란 책을 저술하였습니다. 이 책은 서양 최초의 역사서이면서 최초의 산문집이라는 데 의미가 큽니다. 기원 전 9 세기 무렵, 호메로스의 『일이아드』, 『오딧세이』는 영웅담을 내용으로 하는 6보격 운율의 서사시이지요. 문자 활동이 활발하지 않았던 시기엔 구전하기 편한 율문으로 중요 내용을 전해왔습니다. 이걸 호메로스가 뒤에 문자로 기록한 것이라면, 헤로도토스 때는 문자 활동이 원활하여 필사로 중요 사실이 전해지기 시작하자 운문에서 벗어난 산문이 등장하게 된 것입니다. 거기다 『일이아드』, 『오딧세이』는 신과 영웅의 활거가 중심이지만 『역사』에서는 신은 배제 되고 인간 중심의 활동을 담았다는 데 의의가 큽니다.

헤로도토스가 남긴 이 책을 국내에서는 『역사』라 번역하고 있습니다만, 히스토리에스 아포덱시스(historie-s apodexis)가 원래 책명이고, 그리스어로 된 총 9권의 책이지요. 히스토리에스는 탐구라는 뜻이라면 아포덱시스는 제시라는 뜻이라 합니다. 헤로도토스는 인간과 세상이 왜 이런 꼴인가, 그 이유와 결과는 무엇을 의미하는가 에 대한 강한 의문을 품고 인간을 탐구해서 제시한 책이 바로 『역사』인 셈입니다. 역사서는 어느 때든 이런 인간이 이런 일을 저지른 원인과 결과와 그것의 의미를 챙겨 읽도록 하는 책 아닙니까. 이 책에 이런 내용의 이야기가 적혀 있더군요.

리디아 마지막 왕 크로이소스(BC 560경~546 재위)가 아테나이의 입법자 솔론을 만났습니다. 크로이소스는 부유한 나라의 왕이고 자신 역시 큰 부자였습지요. 유식한 솔론을 초청하여 향연을 베풀고 자신이 행복한 사나이임을 과시하고 싶었습니다. 크로이소스는 솔론에게 물었습니다. 이 세상에서 가장 행복한 사나이가 누구냐고. 솔론은 이미 죽은 현자 세 사람 이름을 들먹였지요. 크로이소스의 기대와는 다른 답을 하자 그 이유를 물었습니다. 그러자 솔론은 이런 요지의 말을 했습니다.

> 똑 같은 일이 일어나는 날은 단 하루도 없고, 인간은 전적으로 우연의 산물입니다. 지금 부를 누리고 있어도 행운이 있어야 그 부를 누릴 수 있고, 행운을 누리다 좋은 죽음을 맞아야 진정한 행복한 삶이라 말할 수 있습니다.

행복은 지나고 봐야 그때가 행복한 시간이었음을 비로소 알게 되는 것 아닙니까. 생을 어떻게 마감했느냐 이게 행복의 평가가 되는 것 아닙니까. 크로이소스는 마냥 행복하진 않았습니다. 큰 아들이 멧돼지 사냥을 하다 죽고, 거기다 세력이 커진 페르시아 침공이 걱정되기 시작하였지요. 전쟁이 일어나면 어쩌나, 크로이소스는 신탁에 기대려 하였습니다. 신탁의 목소리는 "노새가 메디아인들의 왕이 되면 도망쳐라."였는데, 이 말이 무슨 뜻인지 해석이 필요해졌습니다. 그는 이런 뜻일 것이라 유추했지요. "크로이소스가 페르시아와 전쟁을 하면 대국을 멸하게 될 것이다."라고. 이까지 해석은 좋았습니다만 크로이소스는 페르시아를 대국으로 생각하고 선제공격하였습니다. 대패하여 자신 역시 포로가 되고 리디아는 망했지요. 신탁이 거짓말을 한 것이 아니라 대국을 자신의 나라로 해석하고 전쟁을 피했더라면 아무 탈 없을 것을 페르시아로 해석한 데서 불행해졌다 이겁니다.

크로이소스는 화형이 결정되어 장작더미 위에 매달렸습니다. 죽음을 앞둔 그는 " 솔론, 솔론, 솔론 아! 그래 당신 말이 옳았다."라고 외쳤습니다. 불이 붙어 타오르는 터에 엉뚱한 말을 하는 그에게 페르시아 왕 키루스 2세는 죽는 마당에 왠 뚱딴지 소리를 하느냐고 물었지요.

> 내가 예전에 솔론을 만났는데, 내가 그렇게 번성하고 번영하여 있었을 때도 행복한 사람이라는 건 죽을 때 가서야 안다고 이야기 했습니다. 난 지금 그 말이 생각나서 솔론을 불렀습니다.

키루스 2세는 그 말이 의미 있다 하여 불을 끄려 하였지만 쉽지 않았는데 난데없이 하늘에서 소나기가 퍼부어 불을 껐다는 이야기가 헤로도토스의 『역사』에 나옵니다.

이런 이야기를 굳이 책에 적은 헤로도토스의 의도는 무엇일까에 이제 주목해봐야 합니다. 첫째, 행복은 행복한 순간의 문제가 아니고 일생을 마친 그 순간에야 깨닫게 되는 것임을 강조한 것입니다. 현재가 행복하다 해서 미래마저 행복한 것도 아니고, 행복을 잘 간수하는 것 또한 중요하다는 것입니다. 가진 게 많아본들 그것을 죽기 전까지 잘 보전한다는 것도 어려운 일이고, 돈이 행복을 보장하는 것도 아니라는 겁니다. 둘째, 인생은 내일 일어날 일을 오늘 모르고 죽을 수 있습니다. 끊임없이 일어나는 자연재해를 인간이 어찌 예측하며, 뜻하지 않게 내가 몹쓸 병에 걸릴 수도 있고, 사랑하는 가족들을 잃을 수도 있는 게 인생입니다. 셋째, 놓여 있는 현상을 내 편의대로 해석하여 불행을 자초하는 인간의 우매를 지적한 겁니다.

간단히 요약하면 인간이 큰 번영을 이루었다 해도 불안정한 것, 그 내부엔 몰락의 싹이 트고 있는 것, 이것에다 자신의 오만과 어리석음은 몰락의 촉진제가 됨을 말해준다 하겠습니다.

한 자연인으로서의 행 또는 불행은 자신의 몫에 해당하지만 왕국사회라면 왕의, 한국 같이 대통령 중심제의 나라에서는 대통령의 실책은 국가 명운과 연결됩니다. 대통령 중심제라면 이런 위험을 줄일 방책이 강구되거나 그렇지 않다면 제대로 된 사람을 대통령으로 뽑아야 한다는 걸 가르쳐 준 책, 이게 바로 『역사』인 셈입니다.

꼰대 할배 교수들의 나라 걱정

며칠 전 속칭 꼰대 교수 셋이 모여 나눈 대화를 정리했습니다.

A: 야이 사람들아! 가을이 이미 짙었네. 떨어지는 잎을 보게. 가을이 우리에게 한 대여섯 개나 남아있으려나 몰라. 그러니 자주 보자구.

B,C: 그러세, 그러세.

B: 오늘 자넨 뭘로 우릴 놀리려 불렀나?

A: 아니야. 놀리기는.....보고 싶어 불렀지. 오늘을 보고 미래를 보는 데는 역사책만한 것이 없더군. 요즘 역사책 몇 권을 읽고 느낌이 좀 있었네.

C: 뭔데.

A: 이렇다 할 나라가 아니었던 러시아가 20세기 들자 왜 최강국이 되었느냐에 의문이 있어 책 두어 권을 구해 읽었다네. 『러시아의 이해』(니콜라스V, 까치, 2011)와 『러시아 역사문화 탐방』(이창주, 우리시대 2014) 등을 읽었네.

C: 이야기 좀 들어보세.

A: 러시아를 큰 나라로 만들려면 어찌해야 하나를 고민한 지도자가 있었지. 일단 서구화를 해야 강대국이 된다는 생각을 했지. 산업을 일으키는 게 급선무라는 생각을 한 건지는 모르지. 신분보다 능력 중심으로 인재를 등용해야 한다는 이런 생각을 실천한 황제가 있었네. 귀족은 특권 계급이 아니란 점을 발표하자 놀고먹던 귀족들의 불평이 대단했지.

B: 알 것 같다. 표트르 대제 이야기군.

A: 그래 맞아. 꼰대 할배가 독서를 많이 했네. 어려운 과정을 겪은 뒤, 1698년 최고 통치자 차르가 된 표트르는 러시아를 강국으로 만들려면 자신부터 많이 배워야 한다고 생각하였지. 신분을 감추고 유럽으로 배낭여행을 떠났다는구먼. 영국에 가서 의회정치, 그리니치 천문대, 런던탑 그리고 시민들이 어찌 사느냐를 보고난 뒤, 해군에 대해 관심이 많았던 그는 네덜란드에 가서는 조선소 일꾼이 되어 군함 만드는 걸 직접 체험했다 이거지. 배낭여행을 18개월이나 했지. 돌아와 러시아가 바다로 나아가야지 육지에 갇혀 있어서는 안 된다는 생각을 하게 된 거야. 러시아가 유럽의 무대에 진출하려면 흑해 쪽 아니면 발틱해 쪽인데, 흑해 쪽은 강대한 오스만 투르크의 세력이 버티고 있었지. 이걸 격파하려고 힘을 엄청 썼지만 신통하지 않자 발틱해를 택하였지. 이것 역시 막강한 스웨덴 세력이 터 잡고 있었지. 18세기의 러시아는 생존을 위해선 스웨덴과의 전쟁은 피하기 어려웠어. 스웨덴과 전쟁을 벌인 끝에 이 전쟁에서 승리하자 이걸 발판으로 삼았지. 드디어 20세기에 들어서면서 러시아는 최강국으로

발돋움하게 된 것이지. 이런 역사의 터를 닦은 인물이 바로 표트르 대제라 이거지. 지도자가 깨어 있어야 부강한 나라가 된다는 대표적 예가 된 셈이네.

B: 한국 같으면 얼룩이야 있지만 박정희 같은 인물 아니겠나. 그렇다면 표트르는 자기 자리를 내놓고 입헌군주제나 입헌공화제를 제창하고 실현했다면 러시아가 미국을 앞질렀을는지도 모르겠네.

A: 그랬다면야 세계사가 바뀌겠지. 박정희는 장개석의 통치 방법에 많이 의존한 것 같더라. 당시는 대만이 우리보다 훨씬 잘 살았거든. 소위 개발주도 독재는 상당 기간은 유효한 통치지. 싱가포르 역시 마찬가지로 성공한 사례 아닌가. 독재자는 사회가 혼란할 때 사회 안정을 봉합한다는 명분을 내걸고 집권을 정당화하지. 장기화를 시도하다가 결국 죽임을 당하긴 했지만 그 시절 그 당시는 그의 정치 철학은 영 틀린 건 아닌 것 같애. 그때 그가 아니었다면 빠른 시일 안에 산업화를 이룰 수 없었던 건 사실 아닌가.

C: 러시아가 이럴 때 아시아는 어쨌나 이걸 내가 잠깐 말하지. 포르투갈과 스페인은 14세기만 해도 유럽의 변방이었지. 포르투갈 항해가 바스코 다 가마가 1497년 리스본을 떠난 지 1년 만에 아프리카 동부 말린디를 거쳐 인도 캘리컷에 도착했지. 인도에 도착하자마자 "우리는 기독교도와 향료를 찾아 여기 왔다."고 하였지만 여긴 힌두교 사회임을 알게 된 것이지. 그건 그렇고, 가지고 간 직물들을 보여주면서 향료와 바꾸자 하였더니 인도 사

람들은 "웃기지 마라. 지금부터 50년 전에 명나라에서 함대를 이끌고 많은 사람들이 중국 비단을 갖고 왔었다. 비단에 비하면 이게 뭔가." 이러는 통에 의도한 교역은 큰 성공을 거두진 못했지. 어쨌든 그는 서유럽에서 아시아로 가는 항로를 개척하여 포르투갈을 일약 해양국가로 성장할 수 있는 계기를 마련하였으니 대단한 일을 한 셈 아닌가.

A: 당신 말 들으니 당시 중국도 대단했네그려!

C: 그렇지. 중국은 해양을 향해 나아갔긴 하였지만 인도를 갔다 와서 내린 결론은 해외 오랑캐들에게서 배울 게 별로 없고 문물이 뒤떨어지니 다시는 배 타고 멀리 갈 생각 말자고 배를 부수고 칩거하고 말았지. 그렇지 않아도 만주족의 위협이 현실로 나타나 해양으로의 진출을 어렵게 만들고 말았어.

B: 다음 이야기는 한국은 어떠했느냐가 오늘 이야기 중심이라 이 말이군.

A: 그렇지. 그럼 한국 이야기를 좀 하지. 사신 따라 청을 갔다 온 역관들의 이야기는 놀라왔네. 역관들이 가져온 청의 문물, 이를테면 자명종, 서양식 달력, 지구본 기타 등등 책과 이런 걸 귀족 자식들에게 보여주고 가르치기 시작하였지. 중국이 세계의 중심이 아니란 것과 세계 동향의 어떠함을 알게 된 셈이지. 이 귀족 자식들은 영리해서 외국문화와 문물을 경이롭게 받아들였다네. 거사를 했다 이것 아닌가. 갑신정변, 이건 나라를 새롭게 만들자는 건데, 뜻이야 훌륭하였지만 여건 조성이 안 된 상태에서 출발했으니 혁명은 실패하고 주역들은 역적 신세가 되었지. 당시 조

선은 세계가 어찌 돌아가고 있는가를 까맣게 모르고 있었지만 일본은 달랐지. 명치유신을 한 일본은 재빨리 서구 문물을 적극 받아들여 근대 사회로 진입했고, 그 결과 큰 수고 없이 조선을 쉽게 잡아먹을 수 있었다 이거야. 안타까운 일이지만 세계 조류에 낙오되면 이런 꼴을 당한다니까.

B: 과거는 그렇고 현재 한국은 어떤가 이게 오늘 이야기의 종결이겠구먼.

B: 눈치 빠르네. 이건 내가 말하지. 한국이 더 나은 나라가 되려면 관료들의 생각이 확 달라져야 한다고 보지. 뭘 좀 하려면 온갖 장애가 많아서 사업하기 힘든 나라가 한국이라고 사업가들은 말하데. 노조 문제도 만만치 않고. 뭣보다 정치가 문제지. 직패 청산한다고 5년 내내 부산떨더라고. 미래지향적 사고로 내일을 위해 투자하는 오늘이 되어야 할 건데 과거만 뒤적거리다 문재인 정부는 막을 내린 것 같더라. 세계에 자랑할 만한 원자력 발전소를 주저앉게 한 안타까운 일도 이때 일어난 건 다 아는 일 아닌가. 북한에 매달리는 정치 이것도 국익에 기여하지 못했다고 보네.

C: 이 사람들은 남북간 긴장 해소에 큰 공을 세웠다고 하는 것 같던데….

A: 남북문제 이게 또 여간 성가신 문제가 아니지. 통일은 하나 되는 건데, 베트남처럼 무력에 의하든 독일처럼 흡수 통합하든 이렇게 되어야 하는데 통일은 현실적으로 어렵지. 우리만의 욕심으로 성사될 것 같지도 않고.

A: 그래도 통일에 대한 염원 때문에 통일부가 존재하긴 하지만 신통한 결과를 만들어낼 수가 없지 않는가. 두 나라가 평화롭게 서로 잘 사는 방법을 모색하자는 걸 내보인다고 백두산 올라가 문 전 대통령과 김정은이 손잡고 사진 찍어봐야 신통한 일은 일어나지 않았지. 결국 양쪽 국민들만 속은 셈이지. 박정희 대통령 시절에도 통일이 될 것 같이 밀사들이 오고 가고 했지만 남은 북 때문에 북은 남 때문에 결렬 되었다고 동시에 발표하였지. 사기극을 연출한 것 다 아는 일 아닌가. 국민을 속이는 일은 이제 그만해야 해.

C: 사회학자들 중에는 베트남이 두 나라로 각자 잘 살 길을 도모했더라면 현재보다 더 나았을 것이고, 독일 역시 어마어마한 통일 비용 들일 필요 없이 두 나라로 살았다면 더 생산적이었다는 이론이 있더군. 우리도 마찬가지 아닐까.

A: 이런 책 읽어 봤나. 『청나라에 잡혀간 조선 백성의 수난사』(주돈식, 학고재, 2008)

C: 오래 전에 이 책에 대한 기사는 읽어봤는데 조선인이 병자호란 때 포로로 청에 잡혀간 숫자가 얼마라 하더라?

B: 60만이라 하더군. 당시 조선 인구는 대략 1천 만 명인데 60만이 노예로 끌려간 셈이지. 이들은 선양[瀋陽]의 노예시장에서 값이 매겨져 팔려나갔다는 거야. 포로들은 노동력이 있는 남자나 젊고 예쁜 여자들이었는데 비싼 값에 팔렸다고 하지 않나. 조선으로 돌아가는 것은 허용되었지만 큰돈을 내지 않으면 안 되었기 때문에 민초들의 가슴은 다시 한 번 피멍이 들었지. 중국은 역사

이래 우리를 심하게 괴롭힌 나라는 맞지. 이런 꼴을 당하고도 조선은 대오각성이 없었고, 세계를 향해 눈을 뜨지 못했으니 안타까운 노릇이지. 역대 왕들 중에 가장 못난 왕이 인조, 선조, 고종인데 이 인물들이 조선을 망쳤지. 당시로는 불가능하지만 만약 폭군 연산군이 만인평등을 부르짖고 왕자는 물론 양반 자제 역시 국토 방위 의무를 감당하고, 산업으로 부강한 나라를 만들겠다고 주장하고 실천했더라면 조선은 어마어마한 나라가 되었을 거야. 그러나 그것만큼 나아가려면 그만큼의 안목이 있어야 하지 않나.

A: 16~18세기의 유럽 사정도 험악했어. 3년에 한 번 꼴로 전쟁이 일어났다네. 서로 원수지간의 나라지만 시침 떼고 지금 잘 살고 있고, 비록 일본이 미국에 선제공격을 했지만 미국 원자탄 투하로 21만 명이 숨지고 26만 명이 피폭자가 생겼어도 역시 시침 떼고 미국과 잘 지내고 있고, 베트남이 미국과의 전쟁으로 엄청난 희생자가 발생했음에도 적대감을 감추고 미국과 잘 지내고 있지 않나. 그런데 우리와 일본이 문제다 이거야. 일본과 잘 지내자고 누가 말했다가 토착왜구란 말 들은 것 알지? 우리 정치 수준이 이 정도야.

B: 요새 중국 시진핑이 걱정이더군. 미국이나 대만 그리고 이웃나라와 대립각을 세우는 것 같더군. 이렇게 되면 중국이 고립될 것 같더라고. 대만과 이웃해서 잘 살 생각을 하지 않고 무력통일을 하려 들면 쉽지 않은 일이 벌어지겠지. 남북도 마찬가지야. 적대감 버리고 서로 잘 살 궁리에 바빠야 하지 않겠나. 우리 대통령

도 정치인도 나아가 북한 김정은도 표트르 대제처럼 선진 외국들이 어찌 정치를 행정을 하는지를 많이 배워 실천한다면 서로 좋고 서로 이익되는 일이 될 거야.

C: 세계사적 안목과 미래지향적 사고를 가진 정치인들이 많아야 할텐데 걱정 되더라. 고향 동네 앞에는 몇 백 년 묵은 느티나무가 있지 않나. 적어도 느티나무가 큰 그늘을 짓자면 한 이삼 십 년은 더 되어야 하네. 뒷사람들을 위해 먼저 산 사람들이 심어놓은 것이 느티나무이듯이 오늘 우리는 우리의 후손들 후배들을 위해 느티나무를 심어놓고 가야 한단 이 말일세. 그 느티나무가 뭔지는 몰라도....

A: 그참 좋은 말이군. 그래야지. 어디서 술 마셨니 안 마셨니 이걸 가지고 싸움질이나 하고, 정권 잡으려 촛불 들고 태극기 들고, 이것도 보기 딱하지. 형편없는 입씨름이나 하는 국회, 이걸 어찌 봐야 하나. 한심하지 않나.

A: 이런 걱정하는 걸 보니 우린 오갈 데 없는 꼰대 할배가 틀림없네. 하하하. 우리 지도자들이 많이 배워 잘할 거라 믿어 보세. 오늘은 이쯤해서 우국 꼰대 할배들아! 집에 가자! 자 잔을 들고.

B,C: 그러세.

사회적 함정(social trap)

1999년, 미국 코넬 대학교 크루거(Kruger) 교수와 그의 제자 더닝(Dunning)은 재미있는 실험 하나를 하였습니다. 학부학생 45명에게 논리적 사고 시험을 치른 뒤 자기 예상 성적 점수를 각자 적어내라 하였더니, 성적이 낮은 학생들은 예상 점수를 높게 평가하여 적은 반면, 성적이 높은 학생들은 예상 점수를 낮게 평가해 적었더랍니다. 자신의 능력을 과대평가한 경우는 자신의 능력 부족을 알지 못한 경우이고, 자신의 능력을 과소평가한 경우는 자신의 능력에 대한 자신감이 부족하거나 지나친 신중함의 결과라 할 수 있습니다.

앞 경우는 과도한 자신감 때문에 실패할 우려가 있는 반면, 뒷 경우는 지나친 신중함 때문에 기회를 놓지는 우를 범할 수 있지요. 이 현상을 더닝 크루거 효과(Dunning Kruger effect)라 합니다.

정치에서도 이 같은 현상을 목도할 때가 있습니다. 현 민주당은 국민들이 민주당에 대한 신뢰가 깊기 때문에 다수당이 되었다 생각한 것까지는 좋은데, 여기서 더 나아가 국민정서를 무시한 정치행위를 하였습니다. 소위 검수완박법(검찰 수사권 완전 박탈 법)을 만들었습니다. 일단 이것의 성사를 위해서는 안건조정위원회의 심의를 거쳐야 합니다. 안건조정위 구성은 민주당 3인 국민의힘 2인 그리고 무소속 1인으로 구성, 4대 2로 가결됩니다. 여기에 무소속 양향자 의원(그는 과거 민주당 소속)을 내정하였으나 양 의원이 검수완박법의 부당성을 주장하며 반대를 표명하였습니다. 이렇게 되면 3대 3이 되는 것 아닙니까. 민주당은 양 의원을 빼고 대신 민형배 의원을 민주당에서 탈당시켜 무소속 자격으로 조정위에 합류시켜 목적을 달성하였습니다. 이 억지는 다수당의 과도한 자신감이 횡포로 나타난 거지요.

검수완박법 이게 왜 필요할까요. 검찰의 수사권한을 대폭 축소시켜 검찰이 정치권의 수사를 하지 못하도록 하자는 게 이 법안의 골자입니다. 뭣 때문에 이런 발상을 하였는가. 검찰의 수사 범위를 제한하여 경찰로 권한을 이양한다 해도 경찰인들 이미 검찰이 수사해온 문재인 연루 사건, 이재명 연루 사건을 포기할 수 있을까. 이 법에 대한 헌법재판소의 판결은 언제 나올까. 다른 묘책을 강구하여 수사를 계속할 길은 뭘까. 이게 궁금합니다.

비리에 눈 감지 않은 검사 윤석열은 국민의 여망을 받고 대통령이 되었습니다. 법과 원칙을 고수한 검사 한동훈은 법무부장관이 되었습니다. 양향자 의원은 장차 어찌 될까요. 그는 광주여상을 졸업한 후 삼성그룹 연구원 보조로 입사, 급기야 능력을 발휘해 임원이 되더니 국회의원까지 되었습니다. 그런 그가 이번에는 법과 원칙과 자기 신념을 고수하여 검수완박법을 반대하자 여론의 중심인물로 주목 받고 있습니다.

인간은 탐욕을 포기하기 어렵고, 이기심을 감추기도 어렵지만 여기서 탈출한 인물은 예사롭지 않은 평가를 받지요. 개인의 탐욕과 이기심은 한 개인의 책임으로 한계 지어집니다만 엘리트 집단의 탐욕과 이기심의 발로, 이건 사회 혼란를 일으킵니다. 특정 정당의 패권주의 역시 사회에 해악을 끼칩니다. 이것들은 사회적 신뢰성, 제도의 정당성을 추락시키는 것은 물론, 민주주의 그 자체를 훼손시키는 결과에까지 도달할 수 있습니다.

사회 내부에는 무리한 힘의 행사를 억제하는 덫이 있습니다. 이것을 사회적 함정(social trap)이라 하지요. 정권이 무리한 힘을 행사하거나 다수당의 횡포가 자행되면 국민들은 저항하거나 선거로서 징벌합니다. 이것이 사회적 함정입니다. 지금 그걸 입증할 6월 1일 지방선거가 다가옵니다. 지켜보시기 바랍니다.

1국가 2체제의 허위

진실하고 참된 성질을 진정성(眞情性, authenticity)이라 합니다. 개인의 진정성은 타인의 적대감과 압력으로부터 벗어나기 위하여 굴절하거나 아예 엉뚱한 절차로 둔갑하여 나타날 때가 있습니다. 사회에 순응하는 것이 손해 볼 일이 아니라는 현실감 때문에 타인의 요구에 순응하는 거짓의 자기표현으로 진정성을 감출 때가 있다는 말입니다. 그러나 기질적으로 이러한 심리적 상태에서 해방하려는 사람들 또한 존재하는 게 사람 사는 세상이지요.

아무리 삶에 익숙한 영악한 인격이라 해도 자신을 억압하는 타인의 적대감과 압력에 굴복 당하지 않고, 억압에서 자신을 해방시키려는 성질이 불쑥 나타나는 불뚝성의 주인공들이 있습니다.

> 이런들 어떠하며 저런들 어떠하리
> 만수산 드렁칡이 얽어진들 어떠하리
> 우리도 이같이 얽어져 백년까지 누리리라

고려 말 역성혁명을 꿈꾸던 이방원이 정몽주를 불러 술 한 잔 하면서 회유하기 위해 또는 의중을 알아보기 위해 넌지시 이 시조를 읊었다는 것입니다.

부패와 몰락의 기미를 보이고 있던 고려 사회를 이대로는 지탱하기 힘든다는 구국 정신이 이성계의 혁명에 대한 사고였다면 정몽주는 그렇다 해도 수정과 개혁이 옳은 것이지 역성혁명은 가당찮은 일이라 손사래를 친 이것 또한 그의 사고였지요.

> 이 몸이 죽고 죽어 일백 번 고쳐 죽어
> 백골이 진토 되어 넋이라도 있고 없고
> 임 향한 일편단심이야 가실 줄이 있으랴.

정몽주는 불사이군(不事二君)의 자기 신념을 주장하였습니다. 이방원은 현실개혁파라면 정몽주는 명분의리파라 할 수 있지요. 현실개혁은 현실적 요구에 적응하는 기질이라면 명분의리는 득실로 현실을 보지 않고 명분의 정당성을 삶의 가치로 따지는 기질입니다. 서로 다른 진정성을 솔직하게 표현하고 있지 않습니까.

문종의 아들 단종은 나이 고작 12세에 왕위에 올랐습니다. 옆에서 보필을 잘 하면 나라 다스림에 문제없다는 측과, 주위에 오랑캐들이 들끓는 이 마당에 허수아비 왕 보다는 사리판단을 잘 할 수 있는 새 왕을 모셔야 한다는 측이 다투게 되었습니다. 세조는 현실주의자들의 힘에 의해 등극하였지요.

인조는 친명배금 정책으로 명과 관계를 유지하고 후금에서 청으로 국호를 바꿨지만 청은 오랑캐 나라라고 배척했지요. 이에 청은 조선에 신하 나라가 될 것을 요구했지만 조선은 이에 응하지 않자 청이 12만 병력을 이끌고 조선을 침입한 전쟁이 병자호란입니다. 백성을 위하는 실리 입장에서 청나라와 화친하자는 주화파 최명길, 이병헌 등과 의리와 명분을 중시하며 청나라와 끝까지 싸우자고 주장한 김상헌, 김윤석 등의 주장이 대립하였습니다. 척사파는 임란 때 파병을 한 명과의 의리를 지키는 것이 옳다는 주장이었지요. 그러나 주화파는 국난에 대처한 이 마당에 의리보다는 실리를 따져 청과 화해하자는 주장이었습니다.

역사에서 보는 이들 두 갈래의 다툼은 개인의 명리가 아니고, 자기 신념으로 국가 위기를 극복하자는 진정성에 의한 주장이었습니다.

개인은 말할 것 없지만 국가 간에도 진정성은 존재해야 합니다. 허위를 진정성으로 포장하는 유혹은 낭패지요. 일국양제(一國兩制)는 하나의 국가 안에 자본주의와 사회주의 두 체제를 받아들인다는 뜻으로 중국이 홍콩과 대만을 통일하려는 논리입니다.

이 주장은 개방론자였던 덩샤오핑(1904~1997)이 1978년 중국 공산당 11기 중앙위원회 전체회의에서 '사회주의를 핵심으로 하지만 경제 체제는 사회주의, 자본주의 두 개를 병행할 수 있다'고 선언한 데서 유래됐습니다.

중국은 속칭 제국주의자들에 의한 중화민족 간섭을 배제, 봉쇄하고 중화민족 통일을 해야 한다는 정책으로 일국양제를 들고 나왔습니다. 이후 일국양제는 1997년 7월 홍콩이 중국으로 반환되면서 적용돼 홍콩의 통치 원칙이 되었지만, 2020년 7월 1일 홍콩 국가보안법이 통과되면서 일국양제의 원칙이 깨졌습니다. 진정성이 허구였음을 확인한 홍콩 젊은이들의 분노가 대단했지요. 이걸 본 대만이 순순히 이 논리에 따를까요.

심한 해석일지 모르지만 한국 사회에 존재하는 주사파들의 논리는 민족 우선, 통일 우선으로 보아 설령 적화통일이 된다 해도 모순이 아니란 생각을 하는 것인지, 북한의 고려연방제의 주장을 신빙하는 것인지 나는 잘 모릅니다. 어느 경우든 위험천만입니다.

1960년 8월 14일 김일성의 "8.15 해방 15주년 경축대회 연설"에서 연방제 통일안을 제시하였습니다. '과도적 대책'으로 현 정치제도를 그대로 인정하고 양 정부의 독자적 활동을 보장한다는 겁니다. 이후 1980년 10월 제6차 당대회를 통해 '고려연방공화국'에 민주를 덧대어 '고려민주연방공화국 창립방안'을 제시하였지요. 내용은 연방통일정부 수립 후 남북 양 지역정부가 내정을 맡고 외교와 국방은 중앙정부가 맡는 1민족, 1국가, 2제도, 2정부 형태의 통일국가를 지향한다고 했습니다. 거기다 자주적 평화통일을 이루기 위한 선결조건은 ① 남한에서의 군사통치 청산과 민주화, ② 미국과의 평화협정 체결과 미군 철수를 통한 긴장상태 완화와 전쟁위험 제거, ③ 미국의 '두 개 조선' 조작책동 저지와 남한의 내정에 대한 미국의 간섭 종식 등을 골자로 합니다. 미제국주의 물리치고 주체사상으로 통일하자는 뜻임을 알만하지 않습니까.

체제가 둘이라면 두 나라입니다. 이걸 어찌 한 나라라 할 수 있나요. 그런 나라가 어디 있는가요. 진실하고 참된 정신을 기반하는 진정성은 의심의 여지가 배제되었을 때만 유효합니다. 진정성이 호도(糊塗)된 이런 논리에 현혹되어 통일을 꿈꾸고 이걸 선전하는 사람들의 말에 현혹되면 낭패당합니다. 정신 똑똑히 차려야 합니다.

동양인에 대한 테러, 한심한 일이다

조선 사회는 과거시험으로 인재 선발을 하였습니다. 선발기준은 철저하게 유교국가의 건설에 있었으므로 사서육경의 해석 또는 이것을 토대로 한 현실문제의 해법 논리 같은 것이 출제 되었지요. 중국고전이 삶의 모범적 전범(典範)이므로 이를 적극적 수용을 강조한 것이면서 중국을 종주국으로 모시고 사는 것이 정당하다는 논리가 숨어 있다 보입니다. 과거용 학문, 그러니까 교과서용 지식으로 시험준비에 몰두하는 것이 학문하는 자세였다 이거지요. 외부의 변화를 무시하거나 무관심하였고, 실용학문, 이를테면 지리학, 의학, 과학에 대해서는 등신 국가가 되었습니다. 이래서 식민지가 된 것 아닙니까. 당시 조선의 엘리뜨 소견머리가 그 정도였다니까요.

영국은 말할 것 없고 초기 미국의 건국에 기여한 대통령을 비롯한 엘리뜨 층에서는 라틴어와 고대 그리스어에 능통했던 사람들입니다. 종교지도자 역시 그러했지요. 1900년대 미국 공립 고등학교 커리큐럼에는 라틴어가 필수, 아니면 이런 과목의 선택을 권했습지요. 서구문명과 고대 철학을 이해하기 위해서는 라틴어나 그리스어가 필요하다는 의미이면서 이들 언어를 통한 세계관의 확립, 이것이 중요하다고 생각했기 때문이겠지요. 결과적으로 이것은 서구문명이 자행한 부정적 안목을 감소시키는 데도, 서구 우월적 사고를 고착시키는 데도 라틴어나 그리스어 교육이 일정한 공헌을 했습니다.

에드워드 사이드(Edward Said, 1935.11.1~2003.9.24)가 쓴 『오리엔탈리즘』에선 그리스와 로마 문화유산이 동양을 타자화(othering)하였음을 지적하면서, 동양문화의 지적 가르침을 왜곡하게 하는 동력이 되었고, 유럽 중심적(Eurocentric), 백인 중심적(Caucasoid) 사고를 고착시키는 결과로까지 이행되었음을 주장하고 있더군요.

과거 우리가 중국 고전 중심의 학문체계를 적극 받아들임으로써 세계화에 대한 안목을 스스로 자멸시킨 것과 유사한 일이 서구 사회에서도 벌어졌던 겁니다.

플라톤 이야기 좀 하지요. 그는 교육을 통해 도덕적 인간이 되어야 함을 '동굴의 비유'로 설명하였습니다. 동굴 안에는 어릴 적부터 몸을 결박당한 상태로 있는 사람들이 있고, 이들은 앞만 보도록 되어있습니다. 이들 뒤에는 멀리서 불빛이 타오르고 있는데, 이 사람들에게 인공물들을 불빛에 비추어 주었다 합시다. 그러면 감금되어 있는 사람들은 그것이 그림자임을 인지하지 못하다가 어느 날 굴 밖으로 나온다면 실재의 인공물들을 보고 놀라게 된다는 겁니다. 처음엔 사물과 그림자의 차이를 인정하지 못하다가 차차 햇빛에 눈이 익숙해져 사물 자체를 인식하게 되는 이것처럼, 교육은 인간으로 하여금 동굴 밖으로 끌어내는 역할이어야 함을 말한 것이지요. 닫힌 사고가 아니라 열린 사고, 편협성이 아니라 확장성 이것이 인간 의식에 자리 잡아야 한다 이것 아니겠습니까.

인간사회는 서로간의 접촉을 통해 다양한 문화를 만들면서 사회적 관계망을 구축해 왔습니다. 타인의 가치를 인정하여 자신의 사회자본(social capital) 즉, 신뢰감, 공유하는 가치관, 시민적 도덕성을 구비하여 인간 삶에 보탬을 삼아왔던 것입니다.

19세기 들어서면서 중국인 노동자들은 일자리를 찾아 세계 각지로 떠났습니다. 미국으로의 유입이 많았지요. 이 노동자들은 중개인과 계약을 맺고 가장 기본적인 생활요건만 갖춘 채 막노동에 종사했습지요. 하지만 이들은 사실상 노예생활이었습니다. 노예제가 금지되자 노예업자들은 동양인을 선택했던 겁니다. 계약기간은 8년이었으나 80%도 이걸 채우지도 못하고 죽었고, 탈출을 시도하다 총살을 당하기조차 했습니다.

1903년 1월 13일, 조선인 102명은 일터를 찾아 하와이 사탕수수밭에 갔습니다. 1905년까지 7000여 명의 조선인은 사탕수수 농장에서 하루 10시간 노동을 해야 잠자리에 들 수 있었고, 하루 일당은 고작 70 센트, 기가 찰 노릇 아닌가요. 미국의 부정적 역사 중 하나는 인권에 대한 회의적인 사건들이 많았다는 점, 그리고 거대한 미국이 되는 데는 흑인 노예 뿐 아니라 아시아계 노동자들의 노동 착취가 있었음을 인정해야 합니다.

며칠 전 미국 뉴욕포스트는 뉴욕 브루클린의 한 주택가에서 동양인 여성 A씨가 의문의 남성으로 부터 염산 테러를 당했다는 보도를 이어 동양인에 대한 테러 사건들이 줄을 잇고 있습니다. 미국 뿐 아니라 유럽에서도 동양인 혐오 범죄가 자주 등장하고 있다나요.

미국문화는 다양한 인종들의 다양한 문화를 융합한 결과물입니다.

이것이 미국문화임을 잊어서는 안 된다고 봅니다. 그리스나 로마 문화에 빠진 편파적 식견은 사라진지 오래고, 현재 미국 학생들 대부분은 라틴어나 고대 그리스어를 배우려고도 또 학교가 적극 가르치려고도 하지 않습니다.

서양인들은 자주 유럽 외의 지역을 타자화해 왔습니다. 이건 상대적 가치를 존중하지 않는 태도이니 틀린 생각입니다. 중국 철학은 노자, 장자, 공자, 맹자, 순자, 한비자 등이 있다면 한국 철학은 원효, 자장, 이이, 이황, 박지원, 정약용 등이 있고, 서양은 소크라테스, 플라톤, 아리스토텔레스, 칸트, 니체 그리고 맹랑한 마르크스까지 있습니다. 어느 것의 우세가 아니라, 그 나름의 상대적 가치가 존재하는 학자들임을 인정해야 옳지요. 나아가 경계를 초월한 메타 학문으로서 서로 수용이 가능해져야 하는 것이 맞지요.

서양의 동양에 대한 편견인 오리엔탈리즘에 맞서서 동양의 서양 편견 논리인 옥시덴탈리즘(occidentalism), 이것 때문에 코 큰 서양인들이 동양인들에게서 테러를 당한다면 안 되지요. 일부이긴 하지만 몰지각한 미국인들 중에는 아직도 아프리카인, 동양인을 얕잡아 보고 테러를 감행하는 이것은 미국의 수치입니다. 미국인으로서의 자존심이 박살나는 이 광경을 빨리 걷어치워야 합니다. 묘한 교육방법, 이런 게 없을까요. 동굴 안 사고에서 동굴 밖 사고로 이행시킬 교육방법, 이게 당장 급한 것 같습니다.

사회적 명성은 다른 욕심을 내게 한다

지성적 문화 과정을 겪다 보면 과거 누습의 신비주의가 점차 빛이 바래짐을 알게 됩니다. 신비주의 잔존물들이 문제가 있음을 깨닫게 되고 이걸 제거하기 시작한다 이 말입니다.

왕족은 풍채가 어딘가 다르다. 양반은 배움이 달라서 그런지 품위마저 달라 보인다 등의 평은 군자다운 모습의 연출효과 즉, 자신의 그럴듯한 위장이 성공한 예일 수 있지요. 이런 과거의 신비주의는 이미 사라졌습니다. 그러나 한국사회엔 과거 명문고를 졸업하고 서울대 법대를 들어가 고등고시를 합격한 인재는 다른 국면에서까지 그 능력을 발휘할 수 있으리라는 신비주의 색채, 이게 얼마간은 유효하지만 빛이 바래지고 있지요. 한 분야에서 뛰어난 재능을 인정받았다해서 다른 국면에서조차 탁월성을 발휘할 수 있을 것이라는 판단은 오류입니다. 한 분야에 뛰어난 인재라 해도 다른 분야엔 멍청한 경우를 우리들은 많이 봐왔습니다. 이것저것 다 잘할 수 없는 게 인생이니까요.

선택 받은 인간이라면 가끔 마음이 들썩이는 순간들을 가질 수 있습니다. 그러나 그의 탁월성은 그것대로 쓰일 데가 따로 있는 것이지 아무데서나 이것이 통용되지는 않지요.

탁월성을 인정받은 사람일수록 자신에 대한 사랑을 돈독히 합니다. 자신의 판단이 옳다는 이 생각에 대해 거부 혹은 반대하는 사람들이 등장하면 저 사람은 아직 공부가 덜 되었다거나 사악한 무리라거나 시기심 많은 하잘 것 없는 존재라 여기는 경우가 왕왕 있습니다. 너무 자신을 사랑하는 사람, 내 능력의 초과분을 과제로 삼는 사람을 일러 과대망상증(megalomania) 환자라고들 합니다. 아마 또 이번에도 단골 대통령 후보 아무개는 등장하겠지요.

가끔 '박찬종TV'를 봅니다. 야무진 말솜씨와 폐부를 찌르는 지적이 훌륭해서이지요. 박찬종 그는 서울대 상대를 나와 3과를 합격, 나중에는 대통령에 도전을 했던 인물 아닙니까. 반기문은 서울대 외교학과를 거쳐 외무고시 합격하고 두루 행정을 밟다가 나중엔 유엔 사무총장을 역임하였습니다. 대통령 꿈을 꾸다가 중도에 포기한 인물이지요. 이회창 역시 서울대 법대 졸업 그리고 사시 합격 국무총리까지 역임했습니다. 이회창은 두 번이나 대통령 꿈을 꿨다가 낙마하였고, 황교안은 경기고를 거쳐 성균관 대 법대 졸업, 사시 합격 국무총리 역임, 저번 국회의원 선거에 실패, 이번에는 대통령 출마를 하였습니다.

윤석열이나 최재형 경우는 어떤가. 그들은 애초 대통령 후보로 등판할 생각이 없었던 인물로 보입니다. 두 분 다 서울대 법대, 사법고시에 합격하여 검사로 판사로 공직생활을 해오다가 직무 수행을 엄정하게 하는 통에 여당의 맹공에 시달렸고, 그것을 본 국민들이 여론으로 응원하자 대통령 욕심을 낸 사람들이지요.

사회적 명성은 자신을 우쭐하게 하고 다른 욕심을 내게 만듭니다. 앞서 말한 이회창, 박찬종, 반기문, 황교안, 윤석열, 최재형은 하나 같이 사회적 명성의 주인공들이었지요. 그들은 과거 학교 시절 우등상, 표창장 받은 것은 수도 없이 많을 겁니다. 사법고시 합격하였을 때, 아버지가 돼지 잡아 동네 잔치하였던 일(동네잔치가 아니라 해도 집안잔치는 하였을 것입니다.), 친구들을 만나면 부럽게 바라보던 눈빛, 동네 어른들 역시 귀한 존재로 맞아주던 일들을 쉽게 연상하겠지요. 그러나 이것은 빠지게 쉬운 함정일 수 있습니다.

그들은 다른 재주보다 공부하는 재주를 타고난 것뿐이고, 그 공부가 소용되는 곳에서 열심히 생활하였던 직장인에 불과합니다. 그들은 다른 방면엔 소질이 없거나 있다 해도 내놓을 처지가 못 될 수도 있지요. 그런데도 그들은 다른 사람들의 박수 소리에 현혹되어 다른 길을 걸으려다 실패하였습니다만, 황교안과 윤석열, 최재형은 검증이 남아 있는 셈이지요.

노무현이나 문재인 역시 사법고시 출신입니다. 이 사람들은 대통령 되기 위한 수업을 많이 받았습니다. 국회의원도 해보고 낙선의 고배를 마시기도 하여 정치판에서 상당한 내공을 쌓은 뒤에 대통령이 되었지만, 이렇다 할 공적을 쌓았다, 쌓고 있다 생각이 안 듭니다. 그리고 홍준표는 사시 합격, 도지사도 해보고 당대표도 해본 소위 정치판에서 잔뼈가 굵은 인물이기 때문에 만만한 인물이 아닙니다. 여당의 이재명은 입지적 인물입니다. 역시 사시 합격하고 시장, 도지사를 거쳐 여당에서 가장 지지도가 높습니다만 이런 저런 구설수에 올랐지요. 이낙연 역시 서울대 법대 졸업, 지사, 국무총리를 거쳤지요. 거기에 비해 윤석열, 최재형은 정치 때가 안 묻었다는 의미에서는 참신하다고 할 수 있지요. 그러나 참신만으로 대통령을 뽑습니까. 예로 든 사람 대부분이 사시 합격을 했습니다. 이게 대통령 될 큰 재산거리일까요.

칸트는 『판단력 비판』에서 "천재란 어떤 특정한 규칙도 주어지지 않는 것을 새로 만들어내는 재능보유자다. 재능은 어떤 규칙에 따라서 배울 수 있는 것에 대한 숙련의 소질이 아니다."란 말을 했습니다. 천재 예술가들은 독창적인 규칙으로 새로운 작품을 창작하였기 때문에 불후의 이름으로 남아있습니다.

여야 할 것 없이 이번 대통령 후보들은 머리가 명석하다는 소리를 듣는 사람들입니다. 머리가 명석하면 정치도 잘 할까요. 머리 좋은 사람에 값하는 통칠력과 예지, 이걸 누구에세서 읽어야 할까요. 머리 좋기 보다는 국민의 마음을 헤아리고, 역사적 추이를 잘 살펴 누구도 이행하지 못한 선진 대한민국 만들 사람, 그가 누굴까요. 어쩌면 정권의 재집권 이것에 몰입한다, 이게 이 나라 정치 수준이라면 대한민국은 어려운 절차에 직면하지요. 난 어떤 사람 그것이 여든 야든 국익에 기여할 수 있는 인물 이 사람을 뽑고 싶습니다. 먼 미래의 주춧돌 될 그 사람이 누군가 이게 짐작이 안 됩니다.

불멸의 이름으로 살아남기

인간은 항상 나라는 존재에 대해 알고자 합니다. 나는 한국인 그래서 한반도의 운명으로 살아가는 존재, 북한의 위협에 상관없이 살 수가 없고(남자는 군대 복무를 의무로 생각해야 하고), 강대국 이를테면 중국이나 일본이 행사하는 경제 보복, 간섭으로부터 자유롭지 못하고, 우방이라는 미국의 존재가 역사적으로 고맙기야 하지만, 국가 이익의 측면을 무시하고 미국편만 들어줄 수 없을 때, 이를 어쩌나 걱정해야 하고, 거기다 고 이건희 회장 말대로 4류 정치 패거리들의 속된 짓거리들 때문에 일어나는 천불을 참아내야 하는 존재가 바로 나입니다. 이런 건 한국인의 공통적 운명이라 할 수 있습니다만 느낌의 강도야 다르겠지요.

여기서 개체 한국인 '나'에 국한해서 잠깐 생각해 보기로 하지요. 개인적인 나는 누구인가. 그리스 신화의 오이디푸스처럼 주어진 운명으로부터 벗어나려 몸부림쳐 봐도 벗어날 길이 없는 운명대로의 삶을 살아야 하는 나일 수 있습니다. 운명이 미리 점지되어 있다는 생각을 하면 나라는 존재는 운명의 피동체에 불과하기 때문에 삶의 자율성이 닫힌 상태 아닙니까. 그러나 운명이란 걸 부정하고 나면 나는 나로서의 운명 개척자가 되는 자율적 존재입니다. 나는 한국인이라는 굴레에서 자유롭지 않는 면도 있지만 나름대로의 삶을 살 수 있는 자유인입니다.

여건과 환경을 바꾸어 보면 나는 현재대로의 나와 다른 삶을 살 수 있겠지요. 가령 외국에 가서 사는 방법은 어떨까요. 그것은 나쁘지 않을 것 같지만 썩 좋을 것 같지도 않습니다. 가령 내가 선택한 미국에서의 미국인 생활을 한다 해도 또 조부모님이나 부모님의 선택 때문에 중국 연변의 조선족으로 아니면 우즈베키스탄의 고려인으로 사는 나의 삶이라 해도 행과 불행은 각자가 생각하고 판단할 몫일뿐입니다.

어쨌든 나를 나답게 만드는 건 순전히 나 자신에 있습니다. 나라는 존재는 누가 뭐라 해도 내 인생의 주인이기 때문이지요. 그런데 각자는 각자의 주인을 어떻게 모시고 가꾸었느냐 그게 그 사람의 존재가치를 나타냅니다. 남에게 비난의 손가락질을 받는 사람은 그런 가치의 주인을 섬기고 살았기 때문입니다.

호메로스의『일리아드』의 주인공은 아킬레우스입니다. 그는 트로이야 전쟁에 참여하지 않고 안전하고 편안하게 일생을 살 수 있었지만 그는 죽을 걸 알면서도 불멸의 이름을 위해 출전하였고, 결국 전쟁터에서 명예롭게 죽었습니다. 또 다른 작품『오딧세이』의 주인공은 오딧세우스입니다. 트로이야 전쟁의 영웅이지요. 전쟁이 끝난 후 그는 집으로 귀가하는 여정이 주 내용입니다. 그의 귀가 길은 순탄하지 않았습니다. 온갖 미인의 유혹과 환락이 그의 귀가를 막았지요. 전쟁이 끝 난지도 10년이 되어가도 남편이 돌아오지 않자 왕비 앞에 108

명의 남자들이 등장합니다. 이미 오딧세우스는 죽었으니 나와 결혼하자고 졸랐습니다. 오딧세우스가 세운 왕국의 국왕이 되고자하는 속셈 때문이지요.

오딧세우스는 고향 이타카로 돌아오고야 맙니다. 오딧세우스는 다시 나라를 가정을 되찾았습니다. 이 두 작품은 여러 해석이 있을 수 있지만 뭣보다 살아도 가치 있게 살고, 죽어도 불멸의 이름으로 남아 있어야 한다가 주 내용이라 할 수 있습니다.

대법원은 자동차 부품업체 다스(DAS)의 자금 수백억 원을 횡령하고 삼성에서 거액의 뇌물을 받은 혐의로 기소된 이명박 전 대통령(79)에게 징역 17년을 확정, 경호·경비를 제외한 전직 대통령 예우마저 정지시켰습니다. 거기다 벌금 130억 원, 추징금 57억여 원을 선고한 원심을 확정했습니다.(2020.10.29.)

한때 대한민국 대통령이었던 영웅이 파렴치범으로 추락한 이 사건은 본인은 말할 것 없지만 국민들의 자존심을 너무 훼손하였습니다. 대한민국 대통령이었던 사람이 이런 사람이라니. 그는 왜 이런 일을 저질렀을까요. 그는 자기 내부의 부적절한 욕망의 싹을 잘라낼 수 있는 가위가 없었기 때문입니다. 아니 자기 인생의 주인을 잘못 만났거나 잘못 키운 사람이기 때문입니다. 자기 형님이란 자는 또 어쨌더라?

앞서 예로 든 이 두 작품들을 통해볼 때, 그리스인들은 자신의 명예와 국가의 명예를 존중하고 사랑하였음을 알 수 있습니다. 비록 개인이 죽더라도 그 명성만은 지워지지 않을 존재로 남아 있기를 희망했던 사람들. 그런 가치로 살기를 원했던 사람들은 그리스인들만이 아니라 세계인들이 원하는 바고, 우리나라 역사 속에서도 흔히 등장하고 있습니다. 이 전 대통령은 호메로스가 남긴 이 두 작품을 두고두고, 읽고 다시 읽었더라면, 한국 역사 속에서 가치 있게 살다 간 불멸의 영웅들 이야기를 되새기고 되새겼더라면 그런 짓을 안했을 것 같은 생각이 듭니다. 타인의 모범적 삶을 배우는 일에 인색한 사람, 그가 바로 이 명박 자신임을 늦게나마 깨닫고 감옥 문을 나오기 바랍니다.

비역사적 인간으로서의 정치인

공동체 삶은 각 인간 자신의 독자적 존재를 보장하기 보다는 전체 속에 용해되어 '나'가 아닌 '우리' 되기를 강조합니다. 여기서의 이탈은 공동체와의 암묵적 약속을 위반한 적으로 몰립니다. 공동체 삶을 살기 위해서는 공동체가 요구하는 규율과 법칙과 관습을 지키지 않으면 존재하기 어렵지요. 그러나 공동체 삶(이것이 바람직한 삶이라고만 할 수 없지요.)을 산다 해도 공동체의 이익에 상반되지 않는 한에서는 인간은 개체적 삶, 각자적 삶이 존중되어야 합니다.

개체로서의 자기 자존 없이 대중에 매몰되어 사는 대중적 취미의 삶을 니체는 역사적 인간의 삶이라 했습니다. 니체는 사유하고 숙고하고 비교하고 분리하고 결합하여 다시 역사를 만드는 힘, 과거를 망각하고 삶의 적극적 해석을 수행하여 과거라는 시간의 무게에서 벗어나는 힘, 이 힘을 가진 개인을 비역사적 개인이라 하였습니다. 통상적인 역사적 인간이 아니라는 것이지요.

타인이 그물 친 기존 가치 체계를 찢어버리고 실존적 인간으로 거듭날 때 비로소 비역사적 인간이 탄생한다고 본 것입니다. 말하자면 골동품적 가치의 역사를 해체하고 비판적 시각으로 역사를 읽어낼 때 비로소 비역사적 존재로 거듭 태어나게 된다는 말입니다. 이럴 경우 이것은 기념비적 존재로서, 모범적 사례로서, 삶을 위로 받을 수 있는 존재로서 인정받을 수 있습니다. 타협과 자기 안위에 봉사하는 삶, 거부를 모르는 태도가 아니라 과거 인습을 파괴하거나 해체할 인식과 용기의 소유자, 단호히 과거를 법정에 세워 유죄 판결을 내릴 수 있는 준엄함, 이것은 실존적 자기 삶에 자양분이 됩니다. 이런 태도를 니체는 진정한 역사성의 소유자라 한 것이지요.

직접 그의 말을 들어보지요. "우리는 역사가 필요하다. 그러나 다른 역사, 즉 지식의 정원에서 한가하게 놀고 있는 버릇없는 게으름뱅이가 원하는 것과는 다른 역사가 필요하다."고 한 말을 주의 깊게 들을 필요가 있지요.

마키아벨리의 『군주론』은 군주가 되고 싶어 하는 사람들의 교과서입니다. 독일 수상 비스마르크는 물론이고, 처칠, 무솔리니, 히틀러도 이 책을 소장하고 있었다나요. 나폴레옹은 전쟁터의 마차에 이 책을 싣고 다녔다 합니다.

이 책에는 원칙이나 도덕에 얽매이지 않고 뻔뻔스러워야 권력을 잡을 수 있다고 하면서 목적은 수단을 정당화함을 강조하더군요. "일반적으로 인간은 배은망덕하고 변덕스러우며 가식적이고 위선적이며 비겁하고 탐욕스럽다고 할 수 있다."는 그의 말은 그러니까 통치를 할양이면 이런 유의 인간들과 같이 행동하거나 그 이상의 행동을 할 수 있어야 함을 강조하고 있습니다. 과연 그럴까요.

메르켈 수상은 18년 동안 능력, 수완, 헌신과 성실로 8 천만 독일인들을 이끌었습니다. 통치하는 동안 위반과 비리는 물론 어떤 친척도 관리에 임명하지 않았습니다. 인기 발언이나 언론에 등장하기 위한 가식적 행동은 물론이고, 패션 의상, 부동산, 자동차, 요트 같은 것에도 관심이 없었습니다. 기자가 물었습니다. "우리는 당신이 항상 같은 옷만 입고 있는 것을 주목 했는데, 다른 옷이 없나요?" 그녀는 대답했습니다. "나는 모델이 아니라 공무원입니다."

총리가 된 메르켈은 총리 관사가 아닌 작은 아파트에서 재혼한 남편과 함께 살았고, 장을 직접 보아 남편을 위해 요리를 하는 여인이었습니다. 정치적 판단은 원칙에 기반하면서 심사숙고를 거친 신중한 결정을 하였으므로 국민으로부터 신뢰를 얻었으며, 푸근한 성품, 공감의 정치를 보여 독일 국민들은 그를 '엄마(Mutti)'라고 불렀다 하지 않습니까.

니체가 말한 역사성은 통상관례의 삶에서 벗어날 때를 의미하였다면 마키아벨리 식의 통치 기술은 여타의 정치가가 그러하였듯이 목적을 위해 가식적으로 수완을 부리는 것이라 할 수 있지요. 메르켈은 여태까지의 정치인 상(像)을 부수고 바람직한 새로운 정치인 모습으로서의 현신이었기 때문에 장기간 박수 받으며 수상 직을 수행할 수 있었습니다. 메르켈의 정치는 기술이 아니라 가식이 없는 평범이었고, 관례대로의 정치가 아니라 관례를 부순 새 정치였습니다. 여태 볼 수 없었던 수상의 모습이었습니다. 이것이 비범함으로 대우 받으면서 독일 정치 역사를 새로 적고, 그녀는 박수 속에서 수상 자리를 떠난 셈입니다.

우리도 이런 대통령을 구경하면서 살았으면 하는 생각 안 듭니까.

사랑의 승리자를 위하여

사랑은 삶의 의미와 밀도를 부여하는 인간행위입니다. 사랑을 얻기 위해 노력한 인간행위 과정은 간단하든 복잡하든 고통의 절차가 숨어 있지요. 전사자 제로인 전쟁이 없듯이 사랑을 얻기 위해서는 아픔이 있고 고통이 있게 마련이라 이 말이지요. 사랑을 소재로 한 위대한 소설일수록 사랑의 시련, 사랑의 비극, 사링의 이탈, 시랑의 이별 등이 등장하면서 주인공의 고뇌하는 모습을 보여줍니다. 사랑하는 두 사람이 사랑을 위해 어떻게 영웅적 행동을 보여주는가. 내가 이런 지경에 처한다면 나는 어떤 행동을 할 것인가를 생각하게 합니다. 이게 명작 사랑 소설입니다.

재난에 대비하여 보험에 들듯이 사랑의 비극을 염려하여 보험 같은 것의 안전장치가 있으면 좋겠지요. 그러나 이 보험은 각자의 마음속에 내재해 있습니다. 사랑의 비극 중 하나는 사랑이 자신의 전유물로 인정하는 경우입니다. 사랑의 성취도에 미달한다 생각이 드는 경우, 분노를 감추지 못하여 자살과 살인으로 번지는 일이 왕왕 있습니다. 사랑에 익숙하지 못한 사람들은 이런 난처한 행동을 하지요. 그러나 사랑의 진미를 느끼는 사람들은 서로간의 놀라운 노력을 통해 이

질성을 동질성으로 바꿉니다. 하나의 질서 속에 병합하기 위해서는 지불해야할 마땅한 절차가 있다 이거지요. 희생이고 양보고 인내입니다.

소소한 삶의 즐거움으로 사랑 생활을 즐기다가도 돌발적 사고가 예고도 없이 나에게 올 때 여러분은 어떻게 할 겁니까. 이런 경우에 직면하면 애초 선포한 사랑의 맹세는 녹이 슬고 부식될 위험에 직면하겠지오. 그러나 이런 경우라 해도 위험에 처하지 않은 경우가 있어 우리를 감동하게 합니다. 인간의 진실성이 불변적 가치로 나타나 사랑을 간직하는 대목에서 우리는 왈칵 감동의 눈물을 흘리게 하는 사건들이 등장하지요.

마사코 여사(한국명 이남덕)가 8월 13일 향년 101세 나이로 운명하였습니다. 이분은 고 이중섭 화백의 아내입니다. 1940년 25살 이중섭이 일본 유학 중 후배인 마사코를 만났고 3년에 걸쳐 사랑을 그림 엽서로 나누었다지요. 1945년 봄 고향인 원산에서 마사코에게 전보를 칩니다. 내 고향으로 와 달라고. 마사코는 조선으로 떠나는 마지막 연락선을 타고 옵니다. 둘은 결혼합니다. 부모들이 쾌히 승낙했을까요. 그러나 그들은 부부가 되었지요. 1946년 첫 아이를 낳았지만 잃고, 47년 49년 두 아들을 얻으면서 그런대로 행복했습니다. 문제가 생깁니다. 1950년 한국전쟁이 발발하자 이 가족들은 화물선을 타고 부산으로 왔습니다. 피난민 분산정책으로 제주도로 갑니다. 먹을 게 없어 게를 잡아, 운 좋은 날은 고기도 잡아먹고 살았습니다. 종이 살 돈이 없어 담뱃갑 속에 있는 은박지에다 게와 아이와 물고기 그림을 그렸습니다.

51년 부산으로 이주하여 부두 노동자로 생활하다가 장인 별세 소식을 접하자 3차 일본인 송환선을 타고 아내와 아들 둘을 일본으로 보냅니다. 54년 이중섭은 일주일간의 체류 조건으로 선원증을 갖고 히로시마에 살던 가족을 만납니다. 이 일주일이 마지막 가족으로서의 행복한 순간이었지요. 혼자 외롭게 살던 이중섭은 1956년 간염으로 사망하지요. 향년 41세, 당시 마사코는 34세였습니다. 마사코는 재봉틀을 돌리며 아들 둘을 잘 키웠습니다.

태진아가 부른 '사랑은 아무나 하나'에 이런 말이 나옵니다. "사랑은 아무나 하나 어느 누가 쉽다고 했나" 그렇지요. 사랑을 지키는 일은 어렵습니다. 이중섭과 그의 아내 마사코의 절절한 사랑, 쉽지 않았던 사랑 승리자 이야기는 여기서 줄입니다.

용기와 명예에 사는 사람들

『삼국유사』는 역사책이긴 하지만 역사 기록에 그치지 않고 많은 인문학적 가치를 포함하고 있어 보배롭습니다. 향찰로 된 향가 14수의 원문이 설화와 함께 실려 있어 신라문학을 이해할 수 있고, <구지가>·<해가사 海歌詞>·<치당태평송 治唐太平訟>과 일연의 찬시(讚詩) 등 한시(漢詩) 작품까지 포함하고 있기 때문에 당시 시가 연구에도 한문학 연구에도 크게 기여합니다. 뿐 아니라 수록된 신화와 설화들은 우리나라 산문문학의 원류를 밝히는 데 중요한 단서가 되고, <조신몽 調信夢>·<김현감호설화 金現感虎說話>·<거타지설화> 등은 후대 소설의 소재적 원천이 되었습니다. 설화, 관습과 제의 행위 등 민속학적 측면에서도 중요한 자료적 가치를 가집니다. 또 있습니다. 신라 불교가 어떠했던가. 승려들은 어떤 인물, 어떤 행동의 주인공들이었든가를 이해하게 해줍니다.

서양에서는 헤로도토스(Hherodotos BC 480~420 무렵)가 힘들여 쓴 『역사』(Historiae)가 있습니다. 이 책은 페르시아와 그리스 사이에 벌어졌던 전쟁에 관한 기록이긴 하지만 전쟁 과정과 결과는 물론, 두 나라 관습과 풍물, 언어, 제도, 전쟁 목적 등에 관해 기록되어 있기 때문에 2,500년 전의 동지중해를 두고 마주쳤던 두 나라뿐 아니라, 당시 세계사적 상황을 이해하는 데 크게 기여하고 있습니다.

오늘은 『역사』에 나타난 인간들의 정신적 측면을 알아보기로 하지요. 페르시아 군대가 전쟁에서 패하고 그리스를 떠나자 페르시아 왕이 남기고 간 값진 소파, 테이블, 식사용 접시, 포크 등을 보고 그리스인들은 놀랐습니다. 특히 그리스인들은 간단한 라코니아 풍 식사를 하는 것과는 달리 페르시아 왕이 먹다 남긴 산해진미를 보고 또 놀랐습니다. 그리스인들은 소박한 삶을 살면서 지혜(sophia)와 용기(arete)를 정신적 가치로 삼았던 터라 이런 호화로움에 놀랄 수밖에요.

아르테미시온 해전이 벌어져 수많은 사상자가 나고 식량이 바닥나자 소수의 그리스의 아르카디아 인들이 식량을 구하기 위해 페르시아 진영에 들어갔다 붙잡혔습니다. 페르시아 왕 앞에서 심문을 받았는데 그리스 군의 동태를 물었더니, 그리스인 들은 올림피아 제전의 체육 경기, 전차 경기를 관람하느라 정신이 없다고 답했습니다. 이 경기에 출전하는 선수들은 상당한 훈련을 쌓아야 하고 위험 또한 감수해야 했지요. 이런 위험한 경기의 우승자에게 주는 상품에 관해 묻자 그들은 올리브 가지로 엮은 관이 전부라 하자 트리탄타이크메스(페르시아의 실력자 호위대장 아르타바노스의 아들)는 이렇게 말합니다.

> 아아 마르도니오스(페르시아 군사령관)여, 그대는 어찌하여 우리로 하여금 하필이면 이런 인간들과 싸우게 만들었는가? 금품이 아닌 명예를 걸고 경기를 향하는 (미친) 사람들과!"

이 대목을 기록하면서 헤로도토스는 두 나라 사이의 상이한 가치관 때문에 놀랐겠지요. 그리스인들이 추구하는 가치는 물질적 보상과는 무관한 비굴하지 않은 용기(arete)에 찬사를 보내고, 우승자 머리에 명예를 상징하는 올리브 가지로 엮은 관이 상품의 전부라 하니 그렇지 않은 페르시아 군인의 입장에서는 이해가 선뜩 가지 않았겠지요. 이것을 이해하기 위해서는 『역사』의 첫머리에 나오는 아테네의 현자 솔론과 리디아 왕 크로이소스 간의 대화에서 엿볼 수 있지만 설명을 줄입니다.

크로이소스는 막대한 재산을 소유한 채, 백성들을 지배하는 전제 군주였지요. 당시 오리엔트 사회에서는 이런 소유와 지배가 이상적 가치로 여겼습니다. 그러나 솔론을 위시한 아테네 시민들은 인간의 자유를 보장하는 민주사회를 지향하고, 물질적으론 빈곤일망정 정신적 풍요와 명예를 지향하였지요. 물질 위주의 페르시아 정신과는 달랐다 이겁니다. 명예를 위하여 목숨까지 각오하는 장면은 『일리아드』에도 나옵니다. 영웅 서사시 『일리아드』 주인공 아킬레우스는 전쟁에 참가하지 않고 편안하게 살 것인지, 아니면 죽음을 무릅쓰고 전쟁에 참가할 것인지를 고민하다가 조국을 위해 죽음을 각오하고 전쟁터로 나갑니다. 불멸의 명예를 위해 죽을 수 있고, 죽더라도 영원히 살아 있는 존재가 되기를 원했던 것이지요.

그리스는 철학적 신념이 대단하였던 것 같습니다. 스토아학파는 의혹과 번뇌를 버려 마음의 안정을 바랐고, 모든 것을 하늘의 뜻에 맡기고자 하는 안심입명(安心立命)이었다면, 에피쿠로스학파는 고요함과 내적인 평화를 추구하였습니다. 그리스군사들은 전쟁에서 지면, 자유와 평등을 상실하게 됨을 알았습니다. 자신들의 자유와 평등을 지키기 위해 필사적으로 싸워 이 전쟁에서 이겼습니다. 하지만, 페르시아는 신 중심이었고, 그리스만큼의 일정 사상 체계가 없었고, 전제 군주제였습니다. 아니 자신을 위해 싸우는 사람들과 군주를 위해 싸우는 사람들과의 전쟁이니 그리스가 이길 수밖에요.

집단이든 개인이든 인간은 자기를 남에게 보이기 위해 행동을 합니다. 설빙의 바위에 둘러싸인 알프스 아이거(Eigar) 북벽은 속칭 죽음의 벽이라고들 하지요. 여기에 도전했다가 수많은 사람들이 추락사하거나 동사했습니다. 히말라야를 등반하다가 눈사태 때문에 산채로 매몰된 사건이 한 두건이 아닙니다. 그런데 여기에 도전하는 산악인들은 무슨 정신에서일까요. 죽음을 무릅쓰고 거기 도전하는 용기는 아무나 갖는 건 아닙니다. 그리고 등정에 성공하였을 때의 명예, 이것 또한 이런 명예를 경험한 사람만이 느끼는 삼정입니다. 이것은 타인과 구별되는 자존이고, 그러지 못하는 사람들의 부러움입니다.

그리스 올림피아의 체육 경기, 전차 경기를 관람했던 그리스인들은 단체 혹은 개인의 용기백배한 투지력에 놀라면서 심적으로 편들고 있는 상대를 대신 제압해 주는 선수에 대한 고마움을 박수로 환호하였습니다.

이 경우와 조금 다른 경우도 있지요. 얼마 전(2021.11.23.) 충돌로 불이 붙은 자동차에 지나가던 택시 기사, 사다리차 기사가 겁도 없이 달려가 문을 부수고 탑승자를 구해내었습니다. 언제 자동차가 폭발할지 모르는 위험한 순간, 나와 연관 없는 타인의 목숨을 구해내는 용감한 사람들을 봤습니다. 위험에 노출된 인명구조는 이걸 구경하는 사람 모두가 한편이 되어 누군가가 구출해주기를 갈구할 때, 불쑥 이걸 타개한 영웅들이 등장한 겁니다. 이런 용감한 행위는 인간승리이고, 인간으로서의 자부심이고 명예가 아닐까요.

그리스인들이 아니더라도 내 삶의 가치는 명예에 있고 비굴하지 않는 용기에 있다고 한다면 이 정신의 향유자는 시대와 장소를 초월하여 언제나 인간사회 속에 환영 받을 것입니다.

자신을 보호하기 위한 독

동물 중에는 자신의 생명을 보호하기 위해 독을 가지고 있는 경우가 흔합니다. 독사 종류는 말할 것 없고, 전갈, 개구리, 복어 등 강력한 독을 갖고 있는 것들이 많지요. 남미 아마존 숲속에 서식하는 독개구리(poison dot frog)는 색깔이 알록달록하여 먹잇감으로는 훌륭해 보이지만 강력한 독을 갖고 있습니다. 개구리를 잡아먹는 동물들은 이 개구리에 대해 학습이 되어 그런지 이 개구리를 피한다고 합니다. 개중에는 학습이 덜 된 포식자가 이 개구리를 잡아먹고는 최후를 맞이하는 경우도 있다하네요. 얼마 전 플로리다 주립 공원에서 바위왕관뱀이 아이티왕지네를 꿀꺽하다가 지네의 독으로 최후의 만찬이 되었다는 기사가 있었습니다.

국가 간에도 이와 비슷한 경우를 봅니다. 1990년 8월 2일 이라크의 후세인은 실지 회복이라는 구실로 쿠웨이트를 기습 침공하였습니다. 애초 쿠웨이트는 이라크 땅이었지요. 그러나 이 땅 역시 아프리카 여러 나라가 그랬듯이 열강들에 의해 분할되어 쿠웨이트 독립국가가 되었습니다. 쿠웨이트의 유전은 미국을 비롯한 여러 나라들의 이권에 연관되어 있습니다. 쿠웨이트가 함락 되는가 했더니 다국적군에 의해 단번에 이라크의 수도 바그다드가 붕괴되고 말았습니다. 그리고 침략자 후세인도 비참한 최후를 맞았지요. 쿠웨이트는 다국적 기업이라는 독을 미리 준비했던 거지요.

중국 내전에서 패한 장개석이 대만으로 도피하여 만든 나라가 대만입니다. 그런데 중국은 대만을 병합하기 위해 노력하고 있지만 대만은 미국이란 우방을 독으로 갖고 있습니다. 잘못하다간 지네를 잘못 먹은 뱀 신세가 될 우려가 큽니다. 바로 우크라이나와 러시아의 전쟁이 이것을 실증하고 있습니다.

우크라이나와 러시아는 키에프 공국으로 한 나라였습니다. 1240년 몽골제국의 침략으로 인하여 주민 일부는 동북부로 이주해서 러시아 제국의 기초인 모스크바 공국이 되었습니다. 우크라이나 역시 이런저런 곡절을 거친 뒤 독립국이 되었습니다. 소련 연방에 합류했다가 소련이 해체되면서 독립국가로 재탄생한 나라가 우크라이나입니다.

핵보유국이었던 우크라이나는 미국과 서방의 안전보장과 경제지원을 받는 대가로 핵탄두, ICBM 등 대량살상무기를 러시아에 돌려줬습니다. 친러 정권 대통령 빅토르 야누코비치는 서방의 경제 지원을 더 받기 위해 친서방 정책을 썼다가 후에 이를 철회하자 극심한 국론분열을 겪었고, 2013년 의회의 탄핵으로 권좌에서 물러납니다. 여기에 크림 자치공화국을 표방하고 나선 친러 정권과 우크라이나 정부군과 내전을 겪게 되는데 이틈을 타서 러시아가 침공한 겁니다.

소련시대 러시아는 유럽으로 수출하는 가스관을 평지가 넓은 우크라이나에 설치했습니다. 2014년 우크라이나에 친 서방 정권이 들어서자 러시아는 우크라이나가 유럽 세력권에 편입되면 가스 수출 구조에 치명타를 입는다 생각하여 우크라이나 땅인 크림 반도를 병합시켰습니다. 이런 꼴을 당한 우크라이나는 나토 가입에 적극성을 보이기 시작한 것이 이 전쟁의 발단입니다.

하루아침의 해장거리라 생각하고 러시아가 우크라이나를 쳐들어갔지만 저항이 완강한데다 유럽 각국에서 무기와 구호품을 제공하고 우크라이나 피난민들을 수용하자 러시아에게 불리한 전쟁으로 전환되었습니다. 우크라이나는 미국과 서방의 안전보장과 경제지원을 약속받은 것과 다량 생산하는 식량, 거기다 러시아가 수출하는 가스와도 연관되어 있는 전쟁이지요. 이게 우크라이나가 가진 독이라면 독인 셈이지요. 그렇지 않아도 재정적 곤란을 겪고 있는 러시아는 전쟁을 오래 끌 수가 없고, 내부갈등에 휘말릴 위험까지 있어 곤혹스런 국면에 진입한 것 같습니다.

독개구리에게도 가짜산호뱀(false coral snakes)이란 천적이 있습니다. 이 뱀은 독개구리의 독에 면역성을 갖고 있습니다. 전갈의 천적은 노란두꺼비입니다. 혹시 러시아는 해독하는 힘을 비축하고 있는 가짜산호뱀이나 노란두꺼비로 착각한 데서 이런 전쟁을 전개한 것일까요.

베네룩스 3국은 네덜란드 땅이었지만 여러 곡절을 거쳐 세 나라로 독립하였습니다. 서로 협조하면서 지금 잘 살고 있지 않습니까. 파키스탄 역시 인도 땅이었지만 종교가 다르다는 이유로 분할 독립해서 잘 살고 있지요. 이게 현명한 일입니다.

남북한은 근 80년을 두 나라로 살아왔습니다. 이 기간 동안 북한은 남침을 감행하여 피차 간에 엄청난 피해를 입었고, 수시로 도발까지 하여왔습니다. 긴장을 늦출 수 없는 두 나라 관계가 되었지요. 북한은 누구의 침략도 용납하지 않겠다는 뜻에서 무리하게 핵탄을 독으로 가졌습니다. 이걸 가졌다 해도 남한을 향해 사용했다간 북한은 지구상에서 없어집니다. 왜냐하면 우리에겐 미국이란 동맹국이 있기 때문입니다. 이게 우리가 가진 독이라면 독인 셈입니다.

남에서는 통일부란 행정처가 북에서는 노동당 통일전선부가 있지만 이름만 통일이지 통일을 겨냥한 실질적 논의 같은 것은 없습니다. 대화창구 정도밖에 안 된다면 통일부를 없애고 외무부 소속 전담팀을 구성하는 게 맞다는 말이 이래서 나온 겁니다. 통일이 우리만의 의지로 성사되기도 어렵습니다. 이것이 현실이라면 두 나라 간에 협조해서 서로 잘 살 길을 모색해야 합니다. 이것이 현명한 일 아닙니까. 그러나 이것조차도 현재로선 어려우니 한심하지요.

과도한 분업체계, 그리고 독단의 폐해

제2차 세계대전 중 아돌프 히틀러가 이끌었던 국가 사회주의 독일 노동당이 독일 안에서와 독일점령지에서 유대인, 슬라브족, 집시족, 동성애자, 장애인, 정치범 등 약 1천 1백 만 명을 학살한 사건이 있었습니다. 일러 홀로코스트(Holocaust)라 합니다. 특히 유대인들의 희생이 컸지요. 어린이 약 1백만 명, 여자 약 2백 만 명, 남자 약 3백만 명을 죽인 것으로 파악됩니다. 유럽 거주 900만 명의 유대인 중 2/3가 죽임을 당했지요.

독일인들은 이렇게 잔인한 종족인가. 아니 히틀러를 정점으로 나치 이데올로기로 무장한 지도자들, 이 사람들은 과연 사람인가 하는 의문이 생깁니다. 나치집단이 저지른 독단의 참사, 인간이 이렇게 잔인할 수 있다는 끔찍한 사건을 두고 미국 컬럼비아 대학 교수 철학자 한나 아렌트(Hannah Arendt 1906~1975)의 주장은 이렇습니다. 관료제의 특징 중 하나는 '과도한 분업체계'인데, 이 사건은 이것에 의해 저질러진 참사이고, 나치가 아닌 다른 조직체계 속에서도 이런 만행은 가능해진다고 본 것입니다. 유대계 미국인 역사학자 마이클 베렌바움(Michael Berenbaum 1945~)은 그의 저서에서 "독일의 정교한 관료제 모든 부서가 학살과정에 관여하였다. 독일 교회와 내무부는 유대인들의 출생기록을 제공하였고, 우체국은 추방과 시민권 박탈 명령서를 배달했으며, 재무부는 유대인들의 재산을 몰수하였고, 독일 기업들은 유대인 노동자를 해고하고 유대인 주주들의 권리를 박탈했다."고 썼습니다. 그뿐이 아니지요. 대학교에서는 유대인 지원자들의 입학을 거부하였고, 유대인 재학생들에게는 학위를 수여하지 않았으며, 유대인 교수들을 해고하였습니다. 교통부는 강제수용소로 이송할 특별기차 편을 운영하였고, 독일제약 회사들은 강제수용소에 수용된 유대인들에게 생체실험을 하였고, 집단 학살 수용소에 들어가면서 남긴 소지품들을 재분류해서 재활용하였으며, 독일 중앙은행은 비공개 계정을 통해 유대인 학살 피해자들에게 갈취한 재산을 세탁하는데 일조 하였다는 보고가 있습니다.

여기 참여한 사람들 누구나 유대인 학살에 부분적인 공헌자들이지요. "저는 명단을 작성해 보고한 것 뿐입니다." "저는 단지 명령에 따라 수송을 전담한 것 뿐입니다." "저는 상부방침에 따라 유대인 노동자들을 해고한 것이지요." "저는 그게 무슨 밸브인지 모르고 밸브를 열라고 해서 밸브를 열었습니다. 그게 독가스관의 밸브인 줄 몰랐습니다." 다들 이런 말들을 할 수 있었다는 것입니다. 이것은 과도한 분업체계의 한 일원으로 명령에 복종한 것이지 유대인 학살과는 무관하거나 연관된다 해도 결정적 역할은 아니었다는 주장입니다. 사실 이러한 일부분들이 모여 전체가 이루어진다는 사실을 애써 외면하고 기꺼이 부분 수행이 자기 직분상의 책임이고 이걸 회피하기 어려웠다 이런 말을 준비하였겠지요. 이것이 과도한 분업체계의 맹점이라는 겁니다.

이 과도한 분업체계에 복무하는 당사자는 명령을 거역할 힘도 없거니와 거역하였다가는 조직에서 쫓겨나는 국면이니 복종할 수밖에 없는 것 또한 분업체계의 맹점이라 할 수 있습니다. 그렇다 해도 여기서 주목할 일이 있습니다. 상부의 명령 이것이 범죄가 된다는 걸 몰랐다면 말이 안 되고, 알았다면 그리고 부분들이 모여 큰 덩어리로 집합하였을 때의 국가 범죄행위임을 자각하였다면(이걸 또 몰랐다면 말이 안 되지요.) 여기에 지성적 힘이 양심적 반기가 살아 있어야 했지요.

사태가 이러함에도 침묵한 이것은 공범이지요. 「크라이자우 서클」이란 단체가 나치 당시에 있었습니다. 이 서클은 폴란드 작은 마을 Kreisau에서 전직 정치가나 관료, 변호사, 성직자들로 구성된 반 나치 활동 그룹입니다. 양심을 속일 수 없고, 역사 앞에 부끄럽지 않아야 한다고 반 나치 활동을 전개한 단체입니다만 애석하게도 이들 모두 처형당했지요. 반 나치 활동은 목숨을 건 행동이었으니까요. 이 서클의 일원이며 교육학자였던 아돌프 라이히바인이 종전을 얼마 남지 않은 시점에서 처형되었는데, 죽기 직전 11살의 딸에게 남긴 「마지막 편지」를 읽으면 죽음 앞에서 담담한 아버지 모습을 볼 수 있습니다.

> 언제나 사람들에게 친절하게 대해라.
> 돕거나 베풀어야 하는 사람에게 그렇게 하는 것이
> 인생에서 가장 중요한 일이란다.
> 점점 강해져서 즐거운 일도 점점 늘어나고
> 많이 공부하게 되면
> 그만큼 사람들을 도울 수 있게 된단다.
> 힘 내거라. 안녕.
> 아빠로부터

문 대통령이 월성 1호기 가동 중단을 시사하자 2018년 6월 한국수력원자력은 이사회에서 중단 결정을 했습니다. 7000억 원을 들여 개보수 작업을 마쳐 가동 시한인 2022년 11월까지 4년 넘게 남은 시점이었지요. 백운규 전 산업통상부 장관에게 월성 원전 1호기의 '한시적 가동' 필요성을 용기를 내어 보고한 산업부 담당 공무원에게 "너 죽을래"라고 말하여 입을 닫도록 하였고, 이후 백 전 장관이 '즉시 중단'으로 보고서를 수정해 청와대에 올리라고 지시했다는 사실이 감사원 감사에서 밝혀졌습니다. 결국 월성 1호기는 2019년 12월 가동을 정지했지요. 경제성을 불합리하게 저평가한 자료를 근거로 폐기한 것입니다. 감사원이 본격적으로 감사하려 하자 관계자들은 증거자료들을 폐기까지 했습니다. 원전 가동중단에 따른 경제 손실을 감사원 발표 시점까지 1조 2천 억 원에 달한다니 대통령 말 한 마디가 이런 손실을 가져 왔습니다.

건설 중인 원전 신고리 5·6호기는 2016년 6월에 공사를 시작했으나 탈원전 정책을 공약한 문재인 정부가 들어서면서 2017년 7월 공론화 과정이 필요하다 하여 공사가 중단 됐다가 곡절을 거쳐 10월에 공사재개가 되었고, 공사 지연에 따른 1091억 원의 손실이 또 발생하였습니다. 토지매입비와 주요 기기 제작비 등으로 7790억원이 투입된 시점에서 신한울 3·4호기는 별도의 절차 없이 공사를 중단했습니다. 신한울 1호기는 원전 완공 15개월 만인 지난 9일에야 운영허가를 받았지요.

이러한 일련의 원자력 발전소 문제는 대통령의 공약이었다 해도 이 공약 때문에 당선 된 것이라 생각할 것까지야 없지요. 설령 그런 판단이라 해도 이것의 타당성에 대해 다시 검토를 했어야 했습니다. 이런 일련의 사태가 국가 이익에 반한다는 의견을 수렴해야 했습니다. 이사진은 존폐여부에 대해 양심껏 의결해야 했습니다. 해당 실무진은 이런 조치에 완강한 반대 의견들을 내야 했습니다. 산업부 담당 공무원의 충정을 "너 죽을래"라는 말로 윽박지르기보다 대통령에게 합리적 판단, 이를테면 탄소 중립을 위해선 원전이 최선의 방안이고, 경제적 가치를 따지더라도 원전 폐기는 고려되어야 한다고 설득해야 했습니다. 그럴 자신이 없으면 그 자리에 있지 말아야 했지요.

비단 원전 사건만이 아닙니다. 일이 커져서 책임소재를 따지는 절차에 들어가면 "나는 위 사람 명령에 따라 시키는 대로 찬성에 도장만 찍었을 뿐입니다." "나는 뭐가 뭔지도 모른 채 명령대로 컴퓨터에 손을 대었습니다." "나는 주는 자료를 가지고 보고서 작성에만 참가했을 뿐입니다." 라는 투의 변명이 미리 그려집니다. 한 개인의 독단은 언제나 위험이 도사리고 있지요. 더욱이 국가를 책임진 입장이라면 판단에 신중해야 함을 증명하는 사건이었습니다. 이럴 때 양심과 소신을 재산으로 여기는 그런 당찬 사람, 그런 사람의 외침이 그리워 한 소리 했습니다.

국격을 손상시킨 잡배

누구에게나 자기 운명의 주인은 자신이고 주인 노릇만 잘 하면 성공할 수 있다는 꿈을 가지고 삽니다. 노력은 성공의 어머니란 말을 신빙하면서 우리들은 살아왔지요. 그런데 살다 보니 이 말이 정말 유효한 말인가에 대해 회의가 있을 때가 있더군요.

인간은 삶 속에서 자기 의지와 상관없이 뜻하지 않는 행운 혹은 불행을 맞을 때가 더러 있습니다. 선택과 능력을 초월하여 가끔은 행운이나 불행이 시도 때도 없이 찾아와 웃곤 울곤 하지요. 나에게도 기대 이상의 행복한 순간이 올 것 같은 아니면 예상할 수 없는 불행이 올 것 같은 막연한 생각을 할 때가 있습니다. 농부가 열심히 노력했다면 거기에 따른 보상은 수확의 풍성함이어야 합니다. 그런데도 왕왕 반대 결과가 도래합니다. 열매를 맺게 하고 익게 하는 건 날씨에 달려 있습니다. 그것만이 아니고 역병이 번져 농사를 망치는 이것, 나아가 태풍의 진로 방향에 따라 어느 지역엔 실농하고 어느 지역엔 풍년이 됩니다. 그리고 근면이 성공의 절대치가 아니고 나태가 가난의 대명사가 아닌 경우마저 인간들에게는 있어 왔습니다. 복권 당첨 이건 뜻하지 않았던 행운 아닙니까.

인간은 삶의 현상을 종교적으로 해석하는 경우도 있습니다. 인간의 능력과 의지를 넘은 신의 은총과 신의 징벌이 있다고 믿는 경우지요. 오랜 가뭄 끝에 내리는 빗방울이 선행의 결과로 보상한 은총이든, 가뭄이 사악의 결과의 처벌이든, 뜻하지 않는 조류독감으로 닭들이 죽어가는 현상이 천벌로 이해하든 인간 삶에는 자기 의지와 무관한 현상들에 의해 희비가 엇갈리고 행불행이 예고 없이 찾아옵니다.

뉴욕 세계 무역센터에 9.11 테러가 감행되자 이것은 미국이 행사해온 죄에 대한 신의 응보라 해석하든, 후쿠시마 원전 사고가 일본이 물질적 노예로서의 전락에 대한 천벌이라 해석하든, 코로나 바이러스의 창궐 역시 신을 능멸하고 조롱한 인간 행위에 대한 징벌이라 하든, 인간 사회의 뜻하지 않은 이변은 언제나 그럴듯한 종교적 해석을 기다립니다. 그리하여 신을 섬김에 정성을 다하는 것, 이를테면 교회가 갖는 의식 절차인 세례, 기도, 미사, 성사참례, 찬송 등은 참가자들에게 신의 축복과 은총을 기대하는 한 가닥 희망일 수 있고, 연옥에서 허송하는 시간을 줄이기 위해 또는 지옥으로의 나락을 면하기 위해 구원을 돈으로 사려하는 행위나 극락을 염원하는 요령으로 한 보따리의 헌금을 불상 앞에 놓아 자기 갈구를 얻으려 하는 행위는 한 순간 자기 위안이 될지 모르지요.

부자는 부자일 이유 때문에 부자이고 가난뱅이는 가난할 이유 때문에 가난뱅이 신세를 못 면한다는 논리는 맞는 것인가. 행복한 존재자는 미덕의 결과 때문인가 우리는 이런 의문도 잠시 잠깐 하고 삽니다.

인간은 스스로가 적극적 역사의 주역으로 등장하기를 원하기도 합니다. 자신을 다른 차원의 인간으로의 성숙을 표방하려는 바램이지요. 자신의 깨달음을 위해서 채식을 고집하고 참선을 계속하는 수도승이나 세속적 추구를 금욕적으로 외면하고 살았던 중세 수도사들은 영적인 귀족주의자들입니다. 이러한 행동이 굳이 깨달음과 구원으로 연결된다는 믿음이 아니라 해도 자기 구제를 위한 각고이면서 자기 성숙을 위한 바램이 그의 행동엔 숨어 있다 봅니다.

인간 사회를 먹칠하는 부정에 맞서는 사람들 역시 자기 역사의 주역이 되고자 하는 사람들이지요. 예를 들면 마틴 루터 킹 목사가 흑백 분리주의자들의 완강한 저항을 뚫고 시위를 주도할 수 있었던 것은 인간 승리를 달성하기 위한 처절한 도전이었지요. 침략주의자를 퇴치하기 위해 목숨을 던진 안 중근, 논개 같은 의사 역시 정의 수호를 위해 기꺼이 희생을 감행한 인물 아닙니까.

그런데 말입니다. 자기 역사를 스스로 몰락시키는 인물이 등장하여 심심한 인간 역사를 재미있게 구경시키는 경우마저 있습니다. 자기 위치의 책무를 망각하고, 자신의 안위를 우선으로 생각하여 보호받아야 할 조직을 망가뜨리는 인물의 등장은 언론 판매의 주역이 되지요. 지금 한창 시끄러운 김명수 대법원장 이야기입니다. 대법원장의 헌법상 책무는 사법부와 법관 독립 수호입니다. 대법원장을 두고 최고 정의자(The Chief Justice of the Supreme Court)라 합니다. 이런 신분인데 이미 무죄 판결을 받은 임성근 부장판사가 건강이 좋지 않아 사표를 내자 국회에서 임 부장판사에 대해 탄핵 이야기가 있다는 이유로 사표를 반려한 사건입니다. 한 달 후면 퇴임할 사람, 탄핵 이야기가 본격적으로 거론도 되지 않는 상황(본격적으로 거론 되었다 해도 그렇지) 그리고 수사 중이거나 징계중이 아닌데도 정치권력의 눈치를 먼저 알아차리고 자기 호신을 위해 사표수리를 반려해놓고는 그런 사실이 없었다고 오리발 내밀다가 거짓말로 들통 났습니다. 법과 양심과는 거리가 먼 인물이고 조직의 권위를 망가뜨렸기 때문에 대법관으로서의 자질에 한참 못 미치는 인물로 판명 나고 말았습니다.

김 대법원장은 세월이 약이라는 말을 믿고 잠시는 우스갯거리 인물이 되었다 해도 곧 잊힐 사건이라고 확신하면서 그 자리 버티고 앉아 있으면 어떻게 될까요. 그렇다면 그는 이미 대한민국의 국격을 손상시킨 인물에 그치지 않게 되지요. 양심과 가책을 모르는 시정잡배로 추락하겠지요. 그리고 이런 현상이 발생하면 사람들은 앞서와 같이 구구한 해석을 붙일 것입니다. 주군을 잘못 둔 데서 기인한 한국의 흉조, 신과 민족을 거역하는 무리의 추종 세력에 대한 징벌적 징후 이런 별난 해석을 할지도 모르지요. 여하간 추미애 씨 말 대로 사람들은 소설 쓰기에 바쁘겠지요.

과학과 삶, 그리고 자본주의

호모 사피엔스(Homo sapiens)는 약 20~30만 년 전 등장하여 7만 년 전부터 불을 사용하였습니다. 식량 구하기 어려웠던 석기인들은 하루 한 끼 식사에 만족해야 했지요. 1만 2천 년 전부터는 경작을 하였다고 합니다. 그러나 옛 그리스인, 페르시아인, 로마인 역시 하루 한 끼 배부른 식사(사실인진 모르지만)로 하루를 견뎠습니다. 일부 부유층들만은 두 끼 식사를 하였다 네요, 하루 세 끼 식사 습관은 1800년 전쯤 영국 빅토리아 시대부터였습니다. 이때에 와서야 먹거리가 좀 나아지기 시작하였다 이겁니다.

옛 로마는 이웃 다른 나라에 비해 부자나라였지만, 로마 시민들의 평균 수명은 28세였습니다. 40세 넘어 사는 사람 수는 전체 출생자의 30%도 못 미쳤습니다. 무엇보다 먹거리가 넉넉하지 못했기 때문 아닌가 합니다. 잘 먹으면 병에 대한 저항력도 커집니다. 성인 하루의 열량은 2400 Cal 정도면 충분하다 하겠습니다. 그런데도 세계에서 제일 잘 산다는 미국인들 중 많은 사람들은 초과 열량 섭취로 비만을 걱정합니다. 감미롭고 영양이 풍부한 음식물 섭취는 그 자체가 즐거움 중 하나지요. 거기다 고단백 식품은 섹스의 즐거움을 선사한다고 하여 이것의 섭취가 행복의 기초이면서 목적으로 여기는 사람들도 적지 않습니다.

의학이 발달하고 먹거리가 개선되고 방역이 단단해지자 지금 지구촌은 고령자들이 득시글거리는 노인촌이 되어가고 있습니다. 여기서 더 나아가 유전공학, 재생의학 거기다 나노기술에 의해 죽음마저 극복할 수 있을 것이라는 예측이 등장하고 있습지요.

태어나면 언젠가는 죽어 자기 역할을 마감하고 뒤를 이을 후손들에게 활동 마당을 넘겨주어야 하는데, 앞선 존재들이 죽지 않고 버티고 사는 것이 과연 옳은가. 오래 살기 위해 노화된 세포조직들은 새것으로 바꾸고, 부자연스런 손이나 다리, 눈, 뇌마저 새것으로 바꾸어 마치 부품 갈아 끼우듯 조립한 인간들이 등장한다면 이 지구촌은 어찌 될까요. 괜찮을까요. 부품을 바꿔 신품처럼 꾸민다 해도 그것은 신품 흉내의 짝퉁에 지나지 않습니다. 짝퉁이 판을 치는 세상, 이것 참 어처구니없는 세상이 되는 거지요.

인간의 퇴화는 이런 장난치는 과학 때문에 빨라질 수가 있을 것이라고 걱정하는 학자들이 많습니다. 여기서 더 나아가 이제는 유전체를 편집해서 입맛에 맞는 맞춤형 아기(designer babies)가 가능하다는 논문이 등장하였습니다. 미국 매사추세츠 공과대학(MIT)이 발행하는 과학기술 전문지 ≪테크놀로지 리뷰≫에 의하면 DNA 조각을 잘라 원하는 위치에 붙이는 유전자 가위 기술(Genome editing) 즉 유전체 편집 또는 유전체 교정의 발전으로 질병이 없고 신체적으로 완벽한 맞춤형 아기 탄생이 가능하다는 것입니다. 키는 얼마 눈동자와 피부색은 어떻게 지능은 어느 정도를 시험관 안에서 만들어 기른다면 이런 인간들의 등장은 또 바람직한 걸까요. 그렇게 되면 과학은 인간을 장난감으로 만드는 공구인 셈이지요. 안 그렇습니까.

결혼식 주례선생님은 죽음이 두 사람을 갈라놓을 때까지 서로 사랑하고 함께 살기를 당부하지만, 죽지 않은 인간들끼리 부부되어 백년을 훨씬 넘게 살다 보면 지겨울 것 아닙니까. 이렇게 되는 세상이면 5년은 너무 하고 10 년마다 배우자를 갈아치우는 게 당연한 세상이 될지 모르지요. 이런 세상 괜찮은 걸까요. 북한의 김일성과 그 아들 김정일이 평생을 통치하였습니다. 김정일 아들 김정은도 평생을 통치하다가 김정은 아들이 통치할 때쯤엔 죽지 않는 세상이 되어 언제까지나 이자가 북한을 통치한다면 이런 짓거리 오래 보고 사는 북한 인민들은 즐거울까요.

그리스 철학자 에피쿠로스 지론대로 신을 숭배하는 건 낭비일 뿐이고 사후 세계 같은 건 없기 때문에 현실 세계를 사는 동안 쾌락 추구가 행복이라는 주장에 수긍하여 쾌락에 빠져 삶을 산다면 이것 또한 바람직한 일일까요. 교육으로서 인간 삶의 의미와 가치를 깨닫게 하고, 보건복지제도를 잘 갖추어 국민의 건강과 삶의 질을 개선하는 것은 궁극적으로는 국력증진의 한 수단입니다. 국방력을 키울 건강한 군인, 생산을 위한 건강한 노동자를 배태시킬 여성의 튼튼한 자궁 그리고 남성의 활기찬 남근, 그래서 튼튼한 아이의 탄생, 이것 또한 국가의 엄청난 자산이고 확실한 미래 아닙니까.

자본주의의 발달의 부산물로 돈, 명예, 그리고 쾌락 추구 경향이 두드러졌습니다. 이것들의 맹목적 추구는 오히려 세상살이를 슬프게 만들지요. 여기서 소외된 사람들은 엉뚱한 일을 저지른다 이 말입니다. 2019년 보고에 의하면 10만 명 당 하루 26.9명이 자살하여 OECD 국가 중 최고 수치라고 하네요. 한국은 이제야 선진국 대열에 가까스로 들어섰지만, 사회와의 소통과 조화가 어려운 경우, 이를테면 승자독식의 치열한 경쟁, 사회 양극화로 인한 빈부격차와 상대적 빈곤, 가족 간의 갈등, 외로움 등등 이유 때문에 극단적 선택을 하게 됩니다. 이것을 둔화시키거나 막아야 합니다.

과학은 가치의 문제를 해결하기 보다는 이치의 문제를 해독하는 사실적 학문세계입니다. 여기엔 인간의 감정이 스며들 틈이 없습니다만 자본취득 수단으로서의 과학, 기능만능으로서의 과학, 이것 경계해야 합니다. 과학은 윤리와 도덕을 기반으로 해야 하고, 인간 삶의 가치와 질을 높이는 데만 과학이 동원되어야합니다.

쾌락 추구를 자제하고 소외계층에 대한 배려가 두터워져야 바람직한 인간살이라 할 수 있지 않을까요. 이걸 지구촌 촌민들 모두가 이 문제에 신경 써야 한다고 봅니다. 오래 살기보다는 짧게 살아도 가치 있는 삶의 주인공 이게 중요하다는 것이지요. 쾌락의 종 되기보다는 사회 발전의 종 되기를 원하는 그런 사람이 많으면 많을수록 그 사회는 건전과 안정을 확보하게 된다고 봅니다. 동의해주십시오.

하이데거와 아렌트 그리고 서정주

1923년 마르틴 하이데거(Martin Heidegger, 1889 ~ 1976)가 마르부르크 대학 교수로 재직할 때, 여학생 한나 아렌트(Hannah Arendt 1906 ~)를 만났습니다. 당시 스승 하이데거는 35세이고, 제자 아렌트는 18세 소녀였지요. 하이데거는 처자식이 있었지만 둘은 열심히 연애하였습니다. 밀회를 즐기자니 자기들만의 신호를 개발하여야 했지요. 전등을 두 번 켰다 껐다 하면 나 혼자라는 의미라든가. 그래도 주위로부터 비난이 두려워 하이데거는 아렌트를 하이델베르크 대학 야스퍼스 교수에게로 가서 공부하도록 하였습니다. 비록 둘은 떨어져 있었지만 사랑을 계속하고자 하는 아렌트에게 하이데거는 결별을 통고합니다.

하이데거는 1927년 현상학의 기관지에 ≪존재와 시간≫을 발표하여, 독일 철학계에 신선한 충격을 주었지요. 1928년 하이데거는 스승 후설의 후임으로 프라이부르크 대학 교수가 되었습니다. 1933년 히틀러가 독일 총리가 되자 공공연히 나치 지지발언을 해댔습니다. 그 덕분인지 하이데거는 프라이부르크 대학 총장이 되었지요. 유대인 한나 아렌트는 이러는 하이데거의 태도가 원망스러웠겠지요. 하이데거는 그의 스승인 후설, 그리고 친구인 야스퍼스로부터 외면당

합니다.

나치 독일이 패전한 후 청문회에 하이데거는 불려나갔습니다. 그때 그의 애인 유대인 한나 아렌트가 적극 하이데거를 옹호한 끝에 그는 5년 동안 학문 활동을 금지당하는 처벌을 받아 휴직하였다가 1950년에 복직하여 명예 교수까지 되었지요.

육당 최남선, 춘원 이광수는 일제 강점기 한국을 대표한 문인들입니다. 두 사람은 일본 유학을 하면서 서구문화의 충격 앞에 한국의 미래는 가망이 없다는 데 일치하였던지, 한국이 일본화 되어야 한다는 생각을 한 것입니다. 다르게 말하면 명리에 눈 먼 하이데거가 그랬듯이 이들 역시 아둔한 현실감에 매몰되어버렸다 이거지요.

어쨌든 육당은 역사연구는 두고라도 신체시를 발표하고, 고시조에서 벗어나 근대시조를 새로 출발하게 한 시조집 『백팔번뇌』을 출간하였습니다. 춘원은 근대소설을 개척한 『무정』, 『흙』을 썼습니다. 조금 뒤 서정주가 나타납니다. 한국 현대시를 논할 땐 서정주를 뺄 수 없습니다.

1915년 전라북도 고창 출생. 고승 박한영 문하에 입산. 서울 대한불교전문강원에 입학해 중앙불교전문학교에서 수업. 1936년 동아일보 신춘문예에 「벽」(壁)이 당선. 같은 해에 김광균, 오장환과 함께 동인지 『시인부락(詩人部落)』을 창간. 1941년 첫 시집 『화사집』을 출간. 1960년 이후 동국대학교 교수로 재직. 2000년에 사망. 이것이 서정주의 약력입니다.

그의 젊은 시절 1942년부터 1944년까지 시·소설·잡문·평론 등을 통해 일제에 협력했고, 『매일신보』(1942)에 다츠시로 시즈오(達城靜雄)

라는 창씨 개명한 이름으로 친일문학지 『국민문학』, 『국민시가』의 편집에 참여하고, 문제의 수필 「징병 적령기의 아들을 둔 조선의 어머니에게」(1943), 「인보(隣保)의 정신」(1943), 「스무 살 된 벗에게」(1943), 일본어 시 「항공일에」(1943), 단편소설 『최제부의 군속 지망』(1943), 시 「헌시(獻詩)」(1943), 「오장 마쓰이 송가」(1944) 등 11편을 발표했는데, 내용은 태평양전쟁 성전(聖戰)에 학병지원을 권유하면서 징병의 필요성을 강조하였으니, 그는 확실하게 친일문학을 한 사람입니다.

그의 시 의식은 생명탐구에 집중되어 있습니다. 본능적인 이미지, 내면적 자아와 현실적 자아 사이의 끊임없는 물음을 보여주었지요. 유행가 '애수의 소야곡' 같은 감상주의 시풍에서 벗어나 한국 현대시의 그 현대라는 의미를 확보한 시인이 바로 서정주입니다.

과거 고교 국어책에는 서정주의 「국화 옆에서」가 실렸고, 작문 책에 따라 「무등을 보며」, 「추천사」, 「광화문」, 「상리과원」 등 대표작들이 수록되었지요. 현재 고교 국어책(2015년 개정 교육과정 총 11종) 중에 한 권만 서정주 시 한 편, 「외할머니의 뒤안 툇마루」가 실려 있다 합니다.

독일에서는 행적이야 그렇다 치고 실존철학을 공부한다면 하이데거를 뺄 수 없기 때문에 하이데거를 연구하는 학생들은 여전히 많다고 하네요. 마찬가지로 서정주가 친일 행적이 뚜렷하다 해서 그의 시를 연구하는 것이 주춤할 필요는 없고, 그의 명작을 국어책에서 배제할 필요 또한 없는 것입니다. 다만 그의 생애는 생애대로 지적하는 것은 당연하고, 친일과 무관한 그의 명작들까지 그의 친일 행각과 연유해서 해석할 필요나 평가 절하할 필요 또한 없어야 합니다.

아렌트는 하이데거로부터 버림받은 애인이었지만 그녀는 미국 예일 대학에서 하이데거 철학을 강의하는 한편, 하이데거 저서가 미국에서 출판될 수 있게 노력하였습니다. 배신을 당한 건 억울하고 슬프지만 그의 학문 세계를 존중하였을 뿐만 아니라 인재 하이데거가 연구를 계속해서 업적을 쌓을 수 있도록 청문회에서 변명해준 아렌트, 참 근사한 여성 아닙니까.

서정주나 하이데거는 국가이성의 강요가 틀렸음을 알지 못한 한낱 시인이고 철학자에 불과한 존재들이지요. 우리가 그들에게서 지사적 영혼까지 요구할 수는 없지요. 권장할 수 없는 불행한 그들의 과거는 과거대로 남겨두고, 독자는 그의 시를 철학을 생애와 유관하게만 읽을 필요가 없습니다. 다만 하이데거 철학과 그 인간을 옹호한 아렌트같이, 서정주 시와 인간을 옹호한 인물이 누구인지, 있기나 하는 건지 이게 궁금하긴 하네요.

함석헌과 스피노자

역사 속에는 현실의 안주를 거부하고 고된 생을 자초하면서까지 자기 신념을 지키며 살다 간 사람들이 있습니다. 이 신념은 나만의 것이 아니라 역사 발전에 기여하는 인류의 삶에 근거하기 때문에 그를 두고 위인이라 말합니다.

스피노자(Baruch Spinoza1632~16770)의 선조들은 일찍이 에스파냐인들의 종교 박해를 피해 네덜란드로 쫓기어와 살았습니다. 스피노자 아버지는 각고의 노력 끝에 상당한 부를 축적하였지요. 어릴 적 스피노자가 남다른 총기를 보이자 아버지는 스피노자에게 가업 잇기를 권했지만 듣지 않자, 그러면 유대교 율법 교사 랍비가 되기를 권했지요. 그러나 스피노자는 춥고 배고픈 철학, 그것도 당시 유대인 사회에서는 환영 받지 않는 엉뚱한 철학에 관심을 두었습니다.

어린 시절 그의 독서 중심은 왜 지동설을 주장한 브루노(Bruno Giordano, 1548~1600)는 종교 재판을 받고 화형에 처해야 했던가, 그것의 궁극적 이유와 모순에 대해 깊이 고민하는 한편, '방법적 회의'가 학문의 근본이라는 데카르트 철학에 깊은 관심을 두었습니다. 그래서 그런지 유대인 스피노자는 유대교에 의심을 품었습니다. 아랍인들은 이슬람교를 신봉해야 하고 유대인은 유대교를 믿는 것이 당연하다는 일방적 논리는 신앙의 자유와 어긋난다는 생각부터 했는지, 유대인 스피노자는 그와 유대교 신관과는 불일치함을 선언하고 말았습니다. "천사가 어디 있느냐. 그것은 환상에 불과하다."라든가, "신은 하나가 아니라 세상 만물에 깃들어 있다."는 범신론의 주장은 유일신 신봉자들인 유대교인들을 무척 당혹하게 했지요. 이미 그는 상당한 지식인으로 인정받는 터인데 이런 인물의 이런 발언은 유대교인들에겐 여간 성가신 일이 아니었을 겁니다.

이 일을 어쩌나. 유대교인들은 이런 말 더 계속하면 감옥에 가두겠다고 우선 으름장을 보냈지만 소용없자 다음 카드를 내밀었습니다. 조용히 있으면 일신이 편할 것이고 생활비도 얼마 주겠다는 회유였지만 이것 역시 별무하사 이번에는 암살을 시도했습니다. 암살 고용자가 칼 쓰는 솜씨가 서툴러 약간의 부상을 입히는 걸로 끝났습니다.

유대교에서 파문을 당한 스피노자, 그리고 유대인 누구와도 접근할 수 없는 외톨이 스피노자는 암스테르담 교외에서 렌즈 세공으로 생계를 유지해야 했지요. 과거 그의 선조가 유대인이라는 이유로 에스파냐인들로부터 종교 박해를 피해 네덜란드로 이주해야 했듯이 스피노자는 신앙의 자유를 부정하는 같은 유대인들로부터 박해를 받으며 힘들게 살았지요.

그는 성경을 부정하는 것이 목적이 아니라 성경의 맹목적 숭배를 비판하였습니다. 이 내용이 익명으로 출간된 『신학정치론』에 나와 있습니다. 그의 사후에 발간된 『에티카(Ethica)』에서는 인간의 행복은 자유의 실현이고, 신과 자연을 사랑하는 것이 행복에 이르는 길임을 역설하면서 무엇보다 자연을 물적 재산으로 생각하기보다 자연에서 지식을 얻어야 할 가치적 존재이고, '신은 곧 자연.'임을 강조했습니다. 그의 주장은 '신은 자연의 실체'인 셈이지요.

그의 아버지는 대부분의 재산을 스피노자에게 남겨줬지만 유산에 탐을 내는 누이에게 유산 대부분을 주었습니다. 평생 그는 최소한의 음식과 소박한 의복을 걸치고 살았습니다. 쾌락은 뜬 구름이고 진리와 지식 추구야말로 진정한 삶의 즐거움이라 말했습니다.

스피노자는 동성애자가 아니었고, 평생 여자를 사귄 적도 없으면서 금욕적 삶을 추구한 이상주의 철학자였습니다. 앞서 말한 『에티카(Ethica)』는 존재에 대한 논증, 도덕과 윤리에 대한 명제를 다루었다는 점에서 근대 합리론의 정수에 이르렀다는 평을 받고 있습니다.

함석헌(咸錫憲, 1901~1989) 선생(이하 함석헌)은 1916년 양시공립보통학교를 졸업하고, 평양고등보통학교에 입학, 3학년 재학 중 3·1운동을 맞아 독립선언서를 평양에 배포한 사건으로 퇴학당하자, 1921년 정주 오산학교에 편입, 1923년 이 학교를 졸업했습니다. 이때 안창호·조만식·이승훈 등의 영향을 받았다고 합니다.

1928년 도쿄고등사범학교 문과를 수석 졸업, 1927년 도쿄에서 김교신·유석동 등과 함께 『성서조선』을 창간합니다. 유학시절 일본인 신학자 우치무라 간조[内村金監三]의 영향을 받아 무교회주의자가 되었지요.

1928년 귀국 후 오산학교 교사로 근무, 1942~43년 고향인 용천에서 필화사건으로 서대문형무소에서 복역했습니다. 1947년 월남, 1958년 『사상계』에 발표한 '생각하는 백성이라야 산다'라는 글이 자유당 정권의 비위를 건드려 필화사건으로 번졌습니다. 5·16군사쿠데타 이후, 종교인으로서 한일회담에 반대하는 등 정치문제에 적극 참여합니다.

1961년 7월『사상계』에 '5·16을 어떻게 볼까'라는 5·16군사정변에 대해 비판하는 글을 발표해 또다시 필화를 입었지요. 1970년 월간지『씨올의 소리』를 창간하여 10년 간 발행인·편집인·주간으로 있으면서, 1980년 1월 폐간당할 때까지 많은 글을 발표하는 한편, 강연 등을 통해 민중계몽운동을 폈습니다.

『이 나라가 뉘 나라냐』(1970, 삼일각)에 나오는 글 중에는 '5.16을 어떻게 볼까.' '삼천만 앞에 울음으로 부르짖는다.' '왜 말을 못하게 하고 못 듣게 하나.' 등의 글들이 실렸고, 당시 재야단체, 종교단체, 학생들에게 많은 영향을 주었지요. 비록 그의 삶은 구차하고 많은 고초까지 당해야 했지만 행동하는 양심으로 부끄럼 없이 살다 갔습니다.

정신은 반발하는 것이다. 버리고 나서는 것, 운명에 대해 대드는 것이 정신이다. 뜻을 찾는 것이 정신이다. 그저 나도 살겠다는 것만으로는 부족하다. 내세우는 뜻이 있어야 한다. 내가 뜻을 이루는 것이 아니라 뜻을 찾으면 나를 알려주고 나를 위해 하게 된다.(1950년 성광문화사에서 낸 '성서적 입장에서 본 조선 역사'의 재판인『뜻으로본 한국 역사』 2014, 한길사, p 160)

사람은 저항하는 거다. 저항하는 것이 곧 인간이다. 저항할 줄 모르는 것은 사람이 아니다. 왜 그런가. 사람은 인격이요 생명이기 때문이다.

인격이 무엇인가? 자유하는 것 아닌가? 우선 나는 나다하는 자아의식을 가지고, 나는 나를 위한 것이다 하는 자주하는 의지로써, 내 뜻대로 내 마음 껏, 나를 발전시켜 완전에까지 이르자는 것이 인격이다.(『이 나라가 뉘 나라냐』 1970,삼일각, p104)

저항하지 않은 사람은 사람으로서의 자기 인격을 망실한 것이라는 그의 소신은 누구나 무조건 아무데서나 저항하라는 말이 아닙니다. 지성을 자처하는 인물이 남의 나라를 강탈한 일제에 침묵하는 것, 자유당독재, 군부독재에 저항하지 않는 것은 인격 상실이라는 것이 함석헌의 주장이었습니다. 수시로 감옥을 들락거려야 했던 야인 함석헌. 이것이 자신에게 주어진 시대적 사명이라 느꼈는지 모릅니다. 그뿐 아니라 교회가 교회 중심의 이기에 빠지는 것을 경계하여 차라리 무교회가 기독교의 진실일 수 있다고 한 분이 함석헌입니다.

스피노자는 아버지가 남겨준 돈을 갖고 평안히 살 수 있었음에도 빈곤을 자처했고, 유대교 교인들의 집단행동은 성경 정신에 위배됨을 주장하다 박해를 받았습니다. 그에게 가한 종교인의 이런 행동이 바로 종교의 한계라는 점을 입증한 셈이지요.

함석헌은 불의에 저항하지 않고 백성들의 아픔을 외면하는 기독교는 '사랑의 허울'에 지나지 않아 기독교 정신에 위배된다고 생각했던 것 같습니다. 조용히 강연이나 하며 배운 바를 교직에서 행사했더라면 누구 못지않은 학자로 교육자로 잘 살았을 그였지만 그는 늘 불의 앞에 저항하였기 때문에 삶이 고달팠습니다. 스피노자의 검소한 삶이 그러했듯이 함석헌은 늘 회색 두루마기와 흰 고무신으로 평생을 살다 갔습니다.

함석헌과 스피노자는 통속적 쾌락을 단절하고, 금욕적 삶에서 만족을 느끼고, 불의와 모순 앞에 주저 없이 저항했다는 점에서 공통점이 있습니다. 이분들은 지성인이 행사할 당위의 세계를 가르쳐 준 스승인 셈이지요.

역사는 인간의 스승

로마 귀족들은 카이사르(Caesar BC100~44)가 죽으면 로마 공화정이 회복될 것이라는 희망을 갖고 카이사르를 암살하였습니다. 그러나 계산대로 안 되고 말았지요. 카이사르에게 충성하였던 집정관(최고 관직)인 안토니우스(Antonius BC 83~BC 30)가 권력을 가로채고 말았습니다.

이때, 카이사르의 유언장이 새로운 문제의 발단으로 등장합니다. 유언장에는 옥타비아누스(Octavianus BC 63~AD 14)를 양자 겸 후계자로 삼고, 유산을 그에게 넘겨주라는 당부가 적혀 있었습니다. 옥타비아누스는 카이사르 누이의 외손자이고 당시 나이 18세에 불과하였지요. 세상에 이럴 수가? 춘풍추우를 견디면서 심복 노릇한 자기를 배제하다니. 안토니우스는 불만을 느꼈을 겁니다.

원정을 위해 그리스 아폴로니아에 파견되어있던 옥타비아누스는 카이사르 죽음 소식과 후계자 지명 소식을 듣고 단숨에 로마로 돌아왔지 않겠습니까. 유언이 그렇다 해도 막강 안토니우스와의 대결은 무모한 짓임을 알고, 그와 손을 잡고 로마를 안정시키고 후일을 도모하는 게 낫다는 생각을 한 것입니다. 옥타비아누스는 안토니우스와의 동맹을 위해 그의 누이 옥타비아와 결혼시켰지요.

안토니우스가 원정을 가 있으면서 이집트 여왕인 클레오파트라(Cleopatra BC 69~BC 30)와 이집트 수도 알렉산드리아에서 시간을 낭비하는 동안 옥타비아누스는 로마에서 차츰 세력을 확장해나가고 있었습니다. 기회는 내가 만드는 것이 아니라 상대의 실수가 만들어 주는 경우는 역사에 흔한 일 아닙니까. 클레오파트라와 결혼하면서 안토니우스는 결혼 선물로 자신이 정복한 땅 일부를 클레오파트라에게 주었지요. 그리고 안토니우스는 옥타비아와 이혼을 합니다.

이걸 본 옥타비아누스는 안토니우스가 미리 작성한 유언장을 입수, 이를 공개합니다.(사실은 이 유언장의 진위 여부는 아직도 논란거리입니다.) 유언장엔 카이사르와 클레오파트라 사이의 아들 카이사리온(Caesarion BC 44~BC 30)을 카이사르의 적법한 후계자로 지정해줄 것과 자신이 죽으면 로마가 아닌 이집트 알렉산드리아, 그것도 클레오파트라 옆에 묻어달라는 내용이었습니다. 이건 옥타비아누스를 카이사르의 후계자가 못 된다는 이야기지요. 이 같은 내용이 알려지자, 로마 시민들은 로마를 배반한 인물로 안토니우스를 질타하기 시작했지요. 아니 로마 군인이 피 흘려 차지한 땅을 한 계집에가 갖다 바친다? 이 놈이 미쳐도 많이 미쳤군! 로마 시민들은 이렇게 생각했겠지요.

BC. 32년 원로원은 안토니우스를 해임합니다. 그리고 클레오파트라에게 선전포고를 하지요. 안토니우스는 로마 1인자 자리를 포기할 수 없어 클레오파트라아와 함께 500척의 대 함대를 편성하였습니다. 안토니우스는 지상전이 유리함을 알았지만 클레오파트라는 대 함대가 있어 승리할 것이라 판단하여 해전을 고집한 것이 비극이었습니다. 이 해전이 바로 악티움 해전(BC 31) 아닙니까. 안토니우스 함대는 규모만 컸지 군사의 수도 적고, 그것마저 해상 전투 경험도 없는 오합지졸들이었지요. 반면, 옥타비아누스의 배는 작지만 기동력이 있고, 해상 전투 경험이 있는 수병들로 무장하였으니 이 전쟁은 애초부터 판가름 난 전쟁이었습니다. 결국 참패당하고 말았지요. BC. 30년 8월 로마군이 이집트에 상륙한다 하자 안토니우스와 클레오파트라는 자살하고 맙니다.

옥타비아누스는 26세 때 원로원에서 아우그스투스 칭호를 받고 제정시대의 첫 황제에 등극합니다. 공화정 시기의 공직과 민회는 황제의 결정권을 인정하는 하위집단으로 전락하고 말았지요.

이 로마 이야기를 우리나라 정치사와 견주어 보는 것도 재미있을 겁니다. 박정희가 암살되자 이 사건은 곧 군부독재의 끝이라 생각하여 여야 정치권에서는 차기 대통령 될 꿈을 야무지게 꾸면서 흥분한 사람들이 여럿 있었지요. 그러나 박정희 총애를 받던 전두환이 군부독재자로 등장하고 맙니다. 이건 카이사르의 죽음 뒤에 카이사르를 따랐던 군인들이 정권을 장악한 것과 유사하지요.

여자 잘 만나 운수 대통한 이야기도 많겠지만 여자 때문에 엉망이 된 영웅은 안토니우스 그리고 당 현종이 대표적 사례가 될 것 같습니다. 이 같은 영웅들은 정치를 떠나 여인을 사랑한 한 남자로서의 진솔한 느낌은 남아있습니다. 대통령 후보 이재명은 어떻습니까. 여배우 김 모를 잘못 건드려 지금도 시끄럽고, 야당 대표 이준석은 성 상납이다 뭐다하는 저질 이야기의 주인공이 되고 있어 안타깝습니다.

한국 정치사에 36세 나이로 야당 대표가 된 예가 없었는데 이준석은 야당 대표가 되었습니다. 대단한 일입니다. 그런데 이준석은 옥타비아누스처럼 기회를 기다리는 참을성이 부족한 데다, 자기 존재감만을 강조하는데 치우쳐, 지금 대표직 고수가 난처한 입장이 된 것 같습니다.

이번엔 여자가 국가 명예를 살린 이야기를 해보지요.

지중해 연안의 나라는 로마의 속주가 되어 있었지만, 이집트와 현재의 이스라엘 조그마한 유대 땅만이 로마에게 막대한 조공을 바치는 조건으로 독립국의 명맥을 유지하고 있었지요. 클레오파트라는 자기를 희생하여 이집트가 로마의 속주로 전락하는 걸 막아냈습니다.

독일 메르켈 총리는 유럽연합이 견고해질 수 있도록 큰 역할을 했으며, 독일이 모든 유럽 이웃 국가들로부터 신뢰받는 나라임을 확신시킨 인물입니다. 2015년 시리아 내전으로 100만 명의 난민들이 유럽으로 넘어왔을 때, 다른 나라에서는 주저하고 있었지만 메르켈 총리는 난민 수용에 앞장섰지요. 2016년 미국 트럼프 대통령이 미국 경제 재건을 한답시고 미국 우선주의를 내세웠을 때, 메르켈 총리는 세계와의 협력이 우선이어야 한다고 주장해서 글로벌 지도자로서의 위상을 발휘하였습니다. 메르켈은 독일의 국격을 높힌 인물이지요.

박근혜 전 대통령은 한국에서도 처음이고 중국이나 일본에서도 예가 없었던 여성 대통령이 되었습니다. 박근혜가 클레오파트라 방식과는 다르게 자신을 희생시키면서까지 국가를 먼저 생각하였다거나, 메르켈처럼 국격을 높이는 정치력을 펼쳤더라면 탄핵 당할 수가 없지요. 박근혜는 자기 아집에 매몰되어 외부로부터 수입해야 할 지혜를 스스로 차단하였기 때문에 비극을 자초하였지요.

이렇게 보면 역사는 우리들에게 두 가지를 가르친다 봅니다. 이런 인간이 되어야 한다와 이런 인간이 되면 안 된다를 가르쳐 주는 훌륭한 교과서, 스승 이게 바로 역사서라 이 말입니다.

대양을 항해하자

초판1쇄 발행 2023년 3월 31일

지은이 임종찬
펴낸이 이길안
펴낸곳 세종출판사

주소 부산광역시 중구 흑교로 71번길 12 (보수동2가)
전화 463 – 5898, 253 – 2213~5
팩스 248 – 4880
전자우편 sjpl5898@daum.net
출판등록 제02-01-96

ISBN 979-11-5979--576-3 03810

정가 20,000원